大学体育与健康教程

DAXUE TIYU YU JIANKANG JIAOCHENG

▶ 主　编　黄正喜
▶ 副主编　王　曦　陈　晔　董　波　李　夏
▶ 参　编　胡　蓉　汪红琼　胡淑琼　刘　颖　嵇　恺　周静雯　苏　宁
　　　　　谭军辉　杨　蕾　何小华　周　雯　金　艳　丁　敏　田　波
　　　　　熊　坤　蔡开疆　莫文涛　汪　亮　陈科宇　周保兵　杨　帆

华中科技大学出版社
http://www.hustp.com
中国·武汉

图书在版编目(CIP)数据

大学体育与健康教程/黄正喜主编.—武汉：华中科技大学出版社,2017.9(2021.8重印)
ISBN 978-7-5680-3260-5

Ⅰ.①大… Ⅱ.①黄… Ⅲ.①体育-高等学校-教材 ②健康教育-高等学校-教材
Ⅳ.①G807.4②G647.9

中国版本图书馆 CIP 数据核字(2017)第 187210 号

大学体育与健康教程
Daxue Tiyu yu Jiankang Jiaocheng

黄正喜　主编

策划编辑：曾　光
责任编辑：徐桂芹
责任监印：朱　玢
出版发行：华中科技大学出版社(中国·武汉)　　电话：(027)81321913
　　　　　武汉市东湖新技术开发区华工科技园　　邮编：430223
录　　排：武汉创易图文工作室
印　　刷：武汉市籍缘印刷厂
开　　本：787mm×1092mm　1/16
印　　张：17.25
字　　数：442千字
版　　次：2021年8月第1版第3次印刷
定　　价：49.00元

本书若有印装质量问题，请向出版社营销中心调换
全国免费服务热线：400-6679-118　　竭诚为您服务
版权所有　侵权必究

前 言

大学体育课程是高等学校课程的重要组成部分。《中共中央国务院关于深化教育改革,全面推进素质教育的决定》明确指出,学校教育要树立健康第一的指导思想,切实加强体育工作,使学生掌握基本的运动技能,养成坚持锻炼身体的良好习惯。教育部也强调要把学校体育工作的重心放到全面提高学生的身心健康水平上来。基于上述要求,我们根据教育部颁发的《全国普通高等学校体育课程教学指导纲要》的精神,针对目前我国高等学校体育教学的实际情况,紧紧把握健康第一和以人为本的指导思想编写了本教材,旨在不断增强大学生的体育参与意识,提高他们的运动技能,培养他们坚持锻炼身体的良好习惯。

在编写本教材的过程中,我们力求使本教材能成为在校大学生学习体育知识的指导性教材。概括起来,本教材具有以下特色。

第一,本教材摒弃了以往教材以"竞技体育"为主的指导思想,紧紧围绕体育锻炼与增进健康的关系进行阐述,使学生在学习本教材的过程中,充分认识到体育锻炼的益处和坚持锻炼身体的重要性。

第二,突出体育的文化内涵,使人文体育深入人心。本教材充分借鉴了国内最新的大学体育方面的研究成果,内容精炼、实用。

第三,本教材介绍了许多种体育项目,目的是引导学生发挥主观能动性,根据自己的个性特点选择适合自己的健身方式,培养坚持锻炼身体的良好习惯。

本教材的内容分为体育理论和体育技能两部分。体育理论部分以大学体育与健康教育为基本点,介绍了体育锻炼的原则与方法、运动损伤与体育保健等方面的内容。体育技能部分介绍了健身效果较好的常规体育项目,以及一些学生非常喜欢的运动项目。

本教材由武汉学院的教师编写而成,在编写过程中参考了大量的文献资料,并引用了众多国内体育学者的研究成果,在此向相关的文献作者和体育学者表示感谢。

由于编写团队磨合时间不长,交流、讨论尚不充分,再加上编者水平有限,教材中存在一定的不足之处,恳请专家、同行和读者批评、指正。

编 者
2017 年 6 月

目录

第一章 体育与健康概述 (1)
- 第一节 体育概述 (1)
- 第二节 健康概述 (6)
- 第三节 大学体育与健康课程 (8)

第二章 体育锻炼与健康 (12)
- 第一节 体育锻炼对人体机能的影响 (12)
- 第二节 体育锻炼对心理健康的影响 (14)
- 第三节 体育锻炼与合理营养 (16)

第三章 体育锻炼的原则与方法 (21)
- 第一节 体育锻炼的原则 (21)
- 第二节 体育锻炼的方法 (23)

第四章 运动损伤与体育保健 (27)
- 第一节 运动损伤的发生原因及预防 (27)
- 第二节 运动损伤的急救和处理 (29)
- 第三节 运动处方 (39)
- 第四节 运动性疾病的体育疗法 (41)
- 第五节 女子体育卫生 (45)

第五章 运动竞赛欣赏与高校体育竞赛 (48)
- 第一节 运动竞赛概述 (48)
- 第二节 运动竞赛欣赏 (49)
- 第三节 高校体育竞赛 (52)

第六章 田径运动 (55)
- 第一节 田径运动的起源、分类与特点 (55)
- 第二节 跑的技术 (57)
- 第三节 跳跃技术 (64)
- 第四节 投掷技术 (70)

第七章 篮球运动 (75)
- 第一节 篮球运动概述 (75)
- 第二节 篮球运动基本技术 (76)
- 第三节 篮球运动的基本战术与练习方法 (86)
- 第四节 篮球运动的主要规则 (96)

第八章 排球运动 (99)
第一节 排球运动概述 (99)
第二节 排球运动基本技术 (100)
第三节 排球运动的基本战术与练习方法 (108)
第四节 排球运动的主要规则 (114)

第九章 足球运动 (117)
第一节 足球运动概述 (117)
第二节 足球运动的基本技术 (117)
第三节 足球运动的基本战术与练习方法 (133)
第四节 足球运动的主要规则 (139)

第十章 乒乓球、羽毛球、网球运动 (144)
第一节 乒乓球运动 (144)
第二节 羽毛球运动 (151)
第三节 网球运动 (160)

第十一章 健美操运动 (174)
第一节 健美操概述 (174)
第二节 健美操基础训练 (175)
第三节 大学生健身健美操 (179)

第十二章 武术运动 (193)
第一节 武术概述 (193)
第二节 武术基本功 (193)
第三节 实用攻防动作 (199)
第四节 24式简化太极拳 (205)

第十三章 体育舞蹈 (214)
第一节 体育舞蹈概述 (214)
第二节 体育舞蹈的基本知识 (215)
第三节 体育舞蹈的练习方法 (217)

第十四章 户外运动 (221)
第一节 定向运动 (221)
第二节 攀岩 (224)
第三节 野外生存 (229)

第十五章 帆船运动 (233)
第一节 帆船运动的起源和发展 (233)
第二节 帆船运动的特点与帆船分类 (237)
第三节 帆船基础知识及驾驶原理 (239)
第四节 帆船绳结与帆船维护保养 (248)
第五节 安全设备及安全知识 (252)
第六节 帆船竞赛的分类及竞赛规则 (256)

附录A 国家学生体质健康标准(2014年修订)(节选) (261)
参考文献 (267)

第一章 体育与健康概述

第一节 体 育 概 述

任何科学都是由概念组成的理论体系,都是以社会发展的需要为根本依据的。体育是一种内容极为丰富的社会活动,它是为适应人类生活的需要而产生和发展起来的,它的发展必然受到社会生活各方面的影响。体育作为一门社会学科,具有它存在的价值和意义。在阶级社会中,体育特别受到政治、经济的影响。我们只有准确地认识体育,才能正确认识体育的社会作用。

一、体育的概念

体育最早的含义是"身体教育"。随着人类社会的发展,体育的概念也在不断地被丰富。根据现代体育发展的特点,体育的概念可以从广义和狭义两个角度来表述。

广义的体育被称为体育运动。它是为适应人类和社会的需要,以身体练习为基础手段,以增强人的体质,促进人的全面发展,丰富社会文化生活为目的的一种有组织、有意识的社会活动。它是社会总文化的一部分,更是社会文化教育的组成部分,其发展受到一定的社会政治和经济的制约,也为一定的社会政治和经济服务。

狭义的体育则被称为体育教育,是指增强体质,传授锻炼身体的知识、技能、技术,培养道德和意志品质的有计划、有目的、有组织的教育过程。它与德育、智育、美育相结合构成整个教育体系。

广义的体育包括三个组成部分——竞技体育、学校体育、社会体育,三者之间既有区别,又有联系。

(一)竞技体育

竞技体育又叫竞技运动,是指为了最大限度地发挥和提高人体在体格、体能、心理和运动技能等方面的潜力,取得优异的运动成绩而进行的科学的、系统的训练和竞赛活动。它是社会文化不可或缺的一部分。其特点是对抗激烈,竞争性强,是人的智能、运动才能的极端表现形式,具有极高的观赏性;有严格的规则和场地要求,比赛规则国际通用,具有公信力。由于竞技体育极易吸引广大观众,极富感染力又容易传播,因此其在丰富社会文化生活,振奋民族精神,提高国际威望,促进各国人民之间的交流等方面有着特殊的作用。

(二)学校体育

学校体育即狭义的体育,也就是体育教育,是学校教育的重要组成部分。它是一种学习和掌握体育知识与技能,提高身体素质,增强体质的教育过程。它作为教育和体育的交叉点,是国家体育事业发展的战略重点。具体来说,学校体育是指按照学校教育的规律,围绕增强体质这个中心,有组织、有计划地向学生传授体育知识、技术和方法,全面提高学生的身体素质和运动水平,培养学生的道德和意志品质,使学生拥有良好的身体素质,掌握一定的体育锻炼技能。通过体育教学和体育活动等形式,学校体育可以与德育、智育、美育相结合,使学生成为德、智、体、美全面发展的高素质专业人才。

(三)社会体育

社会体育又称为群众体育,它是指以健身、休闲、娱乐、医疗和保健康复为目的而进行的体育活动。它的对象主要为一般民众,具有活动内容广、表现形式新、趣味性强、参加人数多等特点。它与人们的日常生活紧密相连,可以缓解人们紧张的情绪。它是丰富社会文化生活的一种重要手段,也是现代人生活方式中不可缺少的内容。它作为学校体育的延伸,可使人们的体育生涯得以继续维持。

这三者之间相互交叉,相互渗透,有许多共同点。体育一经产生就蕴含着丰富的内容,它的发展并不是孤立的,而是人类本身和社会发展的需要。学校体育、社会体育是竞技体育的基础,基础越好,竞技水平越高。这三者属于不同的范畴,既有共性,也有特性;既有区别,又有联系。它们相互影响,相互依存,相互促进,构成了现代体育的整体。

二、体育的产生和发展

(一)体育的产生

随着人类社会的发展与进步,现代体育的发展水平也有了很大的提高。但是体育究竟是怎样产生的呢?其决定因素是生产劳动,人类生存和社会发展的需要是体育产生与发展的根本动力。在原始社会,人类为了获得食物需要采集野果、狩猎、捕鱼等,为了抗御自然灾害需要跋涉迁徙,为了追捕野兽需要奔跑,为了捕杀猎物需要投掷石块,为了防止狩猎时被野兽伤害需要进行格斗。走、跑、跳、投掷、爬、格斗以及游泳等身体活动,在生产力不高、生产工具简陋的原始社会,都是原始人类为了生存必须要掌握和具备的基本活动技能。人类身体和大脑的进化使动作和思维精细化、复杂化,从而推动了生产劳动的进步和发展。随着生产力的发展,在原始社会后期,为了掠夺财产和奴隶而发生的冲突日益增多,需要改善生产工具和狩猎技术,使之成为谋生的手段且世代相传,同时,人们也意识到必须提高谋生和防御能力本身所需要的智力和体力,于是成年人开始向少年、儿童传授各种生活与生存技能,以及锻炼身体的方法,这种萌芽状态的体育是之后体育运动发展与演变的基础。

体育还萌芽于原始崇拜的活动中。原始人类在祭祀活动中,要做出各种困难、复杂的动作,随着社会的发展,动作难度不断加大,这就使得人们开始开展体力、体能竞赛,并且为了获胜,人们开始注重锻炼身体。

(二)体育的发展

西方体育的发展经历了体育的勃兴(公元前1000年—公元前100年)、体育的衰落(公元前99年—1300年)、体育的复兴(1301年—1800年)和体育的迅速发展(1801年以后)四个阶段。

古希腊的斯巴达人,为了使男子拥有健壮、敏捷的身体,从7岁开始就将他们集中起来专门进行赛跑、跳跃、击剑、骑马、游泳、掷铁饼、投标枪、狩猎等训练。这些活动的直接目的是培养合格的武士。因为在奴隶社会初期,战争频繁发生,生存还是死亡,做征服者还是臣民、奴隶,就看谁是战争中的胜利者。要成为强者,就必须在战争中取胜,培养造就强壮、敏捷的身体,以及超常的体力,成为战争和社会的需要。体育的产生不仅与军事有关,而且其发展直接受军事的影响,特别是在冷兵器时代,体育的部分手段更是与军事紧密相连。

19世纪,西欧由于资本主义发展不平衡和民族主义倾向,各国之间接连发生战争,出于强国强民的需要,各国开始重视体育,一批体育著作相继出版。在英国,由于其独特的社会条件和自然条件,体育发展迅速。英国人认为参加户外运动是一件理所当然的事,是人生的一部分,斯宾塞更是指出饮食与运动对幸福的重要性。随着英国殖民主义的扩张以及斯宾塞著作的流传,体育运动逐渐在美国以及其他国家发展起来。

由于生产力的发展,社会生产方式逐渐向高度专业化和高科技方向转变,从事脑力劳动的人日益增多,生产过程中的科技成分也日益增加。科学技术的发展,使生产过程的自动化、电气化和智能化进程加快,繁重的体力劳动大大减少,生活中的各种费力的事情都由机器来完成,洗衣服用洗衣机,上楼乘电梯,出门坐汽车,身体活动的机会越来越少,这样必然会导致体力下降。再加上现代社会物质非常丰富,人们每天从食物中摄入的营养大大超过消耗量而造成营养过剩,肥胖的人日益增多,一些人体能下降,患上了心血管疾病,还有一些人体质虚弱,成为"亚健康人"。人们对体育活动增强体质、防病治病、延年益寿等功效的认识不断深化,"生命在于运动"的口号响遍全球,世界各地的人们积极参与各种各样的运动。

体育中的一些项目是人们在娱乐过程中发展起来的,如体育舞蹈、拔河、踢毽子,以及各民族盛行的带有民族色彩的一些体育项目。现代的羽毛球、乒乓球等运动项目也是由英国贵族在娱乐休闲过程中逐渐发展起来的。另外,还有一些体育项目是在生产、生活中发展起来的,如登山、划船、赛马、攀岩等。

由此可见,体育是由初级的体育活动和教育、军事、医疗保健、生产劳动、休闲娱乐等结合而逐步形成的独立体系。我们在研究体育的发展时,不仅仅要看到上述因素,还必须认识到政治、经济对体育发展的影响,体育总是和一定的社会政治与经济密切联系,并受一定的社会政治和经济制约。

三、体育的本质和功能

(一) 体育的本质

体育是人类社会的一种身体保健教育活动和社会文化活动,其本质特点就是以锻炼身体为手段,增强体质,促进人的全面发展,为社会发展服务。它在社会发展过程中,受一定的政治、经济制约,并为一定的政治、经济服务。

体育具有自然和社会两种属性。自然属性包括方法、手段等,社会属性包括思想、制度等。体育理论界对体育的社会属性有以下四种观点:第一,体育是社会上层建筑;第二,体育是生产力;第三,体育具有社会上层建筑和生产力的双重属性;第四,体育是一种社会实践活动。总之,体育是社会文化教育的重要组成部分。

(二) 体育的功能

体育的功能就是体育活动对社会进步和人类发展所产生的特殊作用和影响。随着人类社会的进步与发展,人们对体育的功能的认识与理解进一步加深,并且可以充分利用体育的功能创造精神财富与物质财富,进一步促进人类自身的发展。世界上各发达国家都十分重视体育事业的发展,目的是更好地利用体育的多种功能。研究体育的功能,可以使人类更好地认识体育,较好地发挥其作用和功效,进一步开发运用体育的基本手段与方法,为人类社会服务。

1. 体育的生物功能

1) 健身、养生功能

随着物质生活条件的改善,现代人对身体健康与寿命延长的期望越来越高。实践证明,用高档的营养品与药物滋补身体,不如长期坚持锻炼身体效果好。"生命在于运动"这句话充分地说明了体育的健身、养生功能。

体育能全面提高人的身体素质和活动能力。系统的体育锻炼,既可以全面提高人的速度、力量、耐力、灵敏性和柔韧性等身体素质,使人能承受较大生理负荷的体育竞赛和劳动,也可以全面提高人的走、跑、跳、投掷、攀登、旋转、支撑等活动能力,使人能适应各种复杂的劳动与运动。

体育可以提高人适应自然和抵抗疾病的能力。有时候大自然的变化会直接影响人的健康,例如,气温过高或过低、自然环境被严重污染等,都会威胁人的健康。长期坚持体育锻炼,不仅可以提高各器官、系统的机能,而且在很大程度上可以提高人适应自然和抵抗疾病的能力。

2) 健美功能

爱美之心,人皆有之,但每个人寻求美的方式不同,只有通过体育锻炼塑造出来的健康美,才具有魅力,才能持久。例如,艺术体操运动员和体育舞蹈运动员协调、匀称的身材,往往能激起人们对美的向往之情。

体育可以塑造形体美。比较系统的体育锻炼和一定的专项训练,可以使人的身材匀称、线条优美。健美操、体育舞蹈、艺术体操、花样游泳等,都可以塑造形体美。

体育可以塑造姿态美。体育锻炼不仅可以矫正人先天或后天局部的缺陷,而且可以纠正人在生活与劳动中许多不正确的姿态。人们常常会觉得艺术体操和体育舞蹈运动员走起路来姿态十分优美,甚至说话的姿态也让人觉得很优美,这就是体育的魅力。

3) 健心功能

体育的健心功能使现代人受益匪浅。体育锻炼不仅可以培养人良好的心理品质和高尚的道德情操,还可以消除烦恼,延年益寿。

体育可以培养人高尚的道德情操。参加体育锻炼和竞赛的人,要懂得尊重同伴、对手、裁判和观众,要有高尚的道德情操。

体育可以调节人的情绪。人们在日常生活中,会遇到各种各样的事情,有时候会使情绪产生很大波动,控制不好就会影响健康。过于悲痛、愤怒,对健康是很不利的。事实上,体育锻炼可以很好地调节人的情绪,使人心情舒畅、愉快。

体育可以培养人良好的心理品质。参加体育锻炼和竞赛,需要克服各种困难,这就需要人具有勇敢、顽强、坚定、自信等良好的心理品质,但这些心理品质不是生来就有的,是需要后天培养的。经常参加体育锻炼或竞赛,可以培养人良好的心理品质。一般来说,遇到突发状况时,有良好的心理品质的人不会惊慌、害怕、束手无策,他们会冷静地思考问题,以最快的速度做出正确的反应。

2. 体育的社会功能

1) 教育功能

体育是教育重要的组成部分,是培养人才的重要手段。现在,许多发达国家都把体育纳入教育体系之中。

体育能培养全面发展的人才。从体育教育的效果来看,体育除了能增强青少年的体质外,还能培养青少年的各种能力,以及优良的道德品质。

体育作为一种文化形式,对提高国民的素质起着十分重要的作用,特别是在提高国民的道德修养和文化修养、增强国民的爱国热情方面具有显著的效果。一方面,当运动员奋力拼搏,在重大比赛中夺得冠军的时候,我们的民族自豪感会大大地被激发,进而激励我们努力学习、工作和生活;另一方面,开展全民健身运动,有利于提高人们的道德修养。

2)政治功能

体育既受政治制度的制约,也为一定社会的政治服务。在不同的政治制度下,体育所表现出的功能是不一样的。

体育可以使国家扩大国际影响力,提高民族威望。体育事业的发展水平,标志着一个国家的发达程度。当一个国家的运动员在国际大赛上频频取得优异的成绩时,一方面向世界展示了本国政治安定、民族团结、教育事业发达的局面,另一方面也扩大了本国的国际影响力。通过举办和参加体育竞赛,可以提高人们的民族责任感,这就有利于国家的发展和强盛,有利于政治的安定和民族的团结。

体育可以发展国际文化,为外交事业服务。世界各国尽管政治制度不同,语言不同,但是通过体育竞赛,可以实现文化、感情和经济等方面的交流,达到互通有无,促进国际文化的发展的目的。

体育可以促进民族的和睦和世界的和平。众所周知,奥运会是全世界各民族团结的盛会,也是世界各国人民团结的盛会,奥林匹克五环标志,是世界和平的象征。我国的全运会也是全国各民族团结的盛会。通过举办全运会让全国人民参与其中,可以加深各民族之间的感情,促进民族的和睦。通过举办这种重大的体育盛会,还可能在世界范围内抑制,甚至是制止战争的发生和发展,促进世界的和平。

3)经济功能

体育既受国家经济发展的制约,也为国家的经济发展服务。这是现代体育发展的主要特点。

社会的进步、经济的发展,从根本上来说要靠人去推动。如果人的体质差,所创造的社会财富就有限。体育锻炼可以增强人的体质,提高人的整体素质,使人思维敏捷,精力旺盛,工作效率高,自然会给个人和社会带来良好的经济效益。

体育不仅可以促进体育产业(包括体育服装产业、运动饮料产业、体育器材产业、体育广告产业、体育彩票产业、体育娱乐产业、体育医疗产业、体育书籍产业、体育录像产业等)的发展,而且在很大程度上可以促进相关产业的发展。体育事业的发展,给许多产业带来了广阔的发展前景,只要把握时机,合理利用,就会产生巨大的经济效益。

4)娱乐功能

现在,许多国家都开设有体育俱乐部、体育游乐场等,为人们提供了大量的娱乐场所。人们在学习与工作之余通过参加体育娱乐活动可以消除疲劳,使身心得到积极的调节。这不仅有利于体力的恢复,而且是一种精神上的享受。

第二节 健 康 概 述

一、健康的定义与标准

（一）健康的定义

健康的定义是随着人类对客观世界认识的不断加深而不断变化的。过去,由于受社会发展的限制,人们对健康的认识非常肤浅,他们认为没有疾病就是健康。随着人类社会的发展,人们对健康的认识不断加深,但是到目前为止,人们对健康还是没有一个统一的认识。1989 年,世界卫生组织提出,健康包括体质健康、心理健康、道德健康和社会适应良好四个方面。这也是目前世界各国学者公认的全面、明确、科学的定义。

（二）健康的标准

世界卫生组织提出了健康的十项标准,具体如下。

(1) 精力充沛,能从容不迫地应付日常生活和工作。

(2) 乐观、积极,敢于承担责任。

(3) 睡眠良好。

(4) 应变能力强,能适应各种环境。

(5) 对一般的感冒和传染病有一定的抵抗力。

(6) 体重适当,身体各部位比例协调。

(7) 眼睛明亮,眼睑不发炎。

(8) 头发有光泽,无头屑。

(9) 牙齿清洁,牙龈正常,无出血现象。

(10) 肌肤有光泽,有弹性。

在日常生活中,人们可以对照"五快三良好"的检验标准判断自己是否健康。

(1) 吃得快,指胃口好,不挑食,吃得迅速。吃得快表明内脏功能正常。

(2) 便得快,指上厕所时很快排完大、小便。便得快表明肠胃功能良好。

(3) 睡得快,指上床后马上就能入睡,醒来时精神饱满,头脑清晰。

(4) 说得快,指语言表达准确、清晰、流畅。说得快表明思维敏捷,反应快,心肺功能正常。

(5) 走得快,指行动自如,动作敏捷。

(6) 良好的个性,指性格温和,意志坚强,感情丰富,不会被烦恼、痛苦左右。

(7) 良好的处世能力,指具有良好的自我控制能力,能适应复杂的社会环境,面对事物的变迁,能保持良好的情绪。

(8) 良好的人际关系,指待人宽和,能助人为乐、与人为善。

二、体质健康的标准

体质是指人体的质量,具体来说,是指个体在先天遗传和后天获得的基础上所形成的在形态结构和功能活动方面所固有的、相对稳定的特性。影响体质的因素是多方面的,其中,遗传、环境、体育锻炼这三个方面起到了重要作用。体质的综合评价指标主要包括以下五个方面。

(1) 身体形态发育水平,如体形、姿势等。
(2) 生理生化功能水平,如机体的新陈代谢功能及各器官、系统的工作效能。
(3) 身体素质和运动能力水平,即身体在运动中表现出来的速度、耐力、灵敏性等素质及走、跑、跳等运动能力。
(4) 心理发展水平,如感知能力、判断能力等。
(5) 适应能力,如对环境的适应能力、对疾病的抵抗能力等。

三、心理健康的标准

一般来说,心理健康的人都能够善待自己,善待他人,适应环境,情绪正常。心理健康的人并不是没有痛苦和烦恼,而是他们能适时地从痛苦和烦恼中解脱出来,积极地寻求改变现状的途径。为了教育和引导公众主动关注心理健康,美国心理学家马斯洛和米特尔曼提出了十项经典的心理健康的评价标准。

(1) 有充分的安全感。
(2) 充分了解自己,并能对自己的能力做出适当的评价。
(3) 理想与目标切合实际。
(4) 不脱离周围现实的环境。
(5) 能保持人格的完整与和谐。
(6) 善于从经验中学习。
(7) 能保持良好的人际关系。
(8) 能适当地表达与控制情绪。
(9) 在符合社会规范的前提下,能有限度地发挥个性。
(10) 在不违背社会规范的前提下,能恰当地满足个人的需求。

四、道德健康的标准

道德健康是指处在一定社会环境中的人在与人交往时,能遵循一定的社会规范和行为准则,个人的信仰、品德、情操、人格等处于积极向上、高尚的状态。道德健康的基本标准详述如下。

(1) 有坚定的信念。
(2) 作风正派,遵纪守法。
(3) 坚持真理,敢于斗争。
(4) 努力工作,乐于奉献。
(5) 严于律己,团结群众。
(6) 生活简朴,以苦为乐。
(7) 对朋友、家庭、社会善于承担责任。
(8) 善于学习,积极进取。
(9) 谦虚谨慎,戒骄戒躁。
(10) 能容纳他人的进步与发展。

五、社会适应良好的标准

进化论学说的创始人达尔文指出,大自然的法则是优胜劣汰,适者生存。环境是人类赖以生存的场所,我们必须尽最大的努力去适应环境,只有这样,我们才能生存和发展。

每个人都会不断地面临新的情况和环境,每一个发展阶段都会对我们提出新的要求,如适应生活或学习环境的改变、选择正确的职业、正确地处理人际关系等。社会适应的基本要素包括以下几个方面。

(1) 承认社会的可变性与复杂性。人走向社会,不能故步自封,必须承认社会的可变性与复杂性,并想办法适应社会,否则,将处于一种不健康的状态。

(2) 不断改变自己的工作、生活与学习习惯。一个人要想很好地适应社会,有时必须改变自己的各种不好的习惯。

(3) 不断地学习新知识,接受新事物。社会每天都在发展,新事物会不断地出现,如果不能接受新事物,就会造成不能适应社会的状态。

(4) 不断调整理想与现实的差距。个人的理想是在一定的社会条件下产生的,当社会的发展与个人的理想存在差距时,必须调整自己的理想,或者改变实现理想的方法和途径,只有这样才能使自己的身心不断适应社会的进步与发展。

(5) 注重锻炼身体。健康而强壮的身体是人适应社会的物质基础。人只有拥有了健康的身体,才能更好地适应社会和改造社会。

第三节 大学体育与健康课程

一、大学体育的发展概况

(一) 国内大学体育简介

国内的大学体育起步较晚,鸦片战争后,欧洲文化开始影响中国高等学校的办学思想。1902 年颁布的《钦定京师大学堂章程》是我国高等教育最早的纲领性文件,它要求在学校教育中开设体操课程。五四运动后,我国高校的体育课程逐渐增加了田径、球类、游戏等体育项目。

(二) 国外大学体育简介

国外的大学体育有着悠久的历史,无论是在教学目标、教学计划、教学大纲等方面,还是在课程设置、教学方式和教学内容等方面,国外的大学体育与国内的大学体育都存在着一定的差异。现以美国和俄罗斯为例来进行说明。

在教学目标方面,美国强调学生自主发展的完整性,包括增强学生的体质、发展学生的个性和主动精神、提高学生的运动技能、培养学生的竞争能力等,俄罗斯除了要求学生掌握基本的运动技能外,还提出了意志品质、道德规范等方面的培养要求。

在教学大纲、教学内容、课程设置等方面,美国各州可以自己制订教学大纲,教学内容主要与竞技运动和娱乐活动相关,学生可以自选运动项目,学生除了要掌握运动技能外,还要掌握与健康相关的知识,俄罗斯大学体育课程分为必修课和选修课两种。

（三）大学体育的发展趋势

1. 健身与娱乐相融合

随着社会的发展和体育教育理念的更新，大学体育应该在使学生掌握运动技能和健身方法的同时，重视体育活动的娱乐功能，通过培养学生的兴趣和爱好，变被动学习为主动学习，培养学生坚持体育锻炼的习惯。

2. 集体学习与个性化发展共存

体育教学一般采用集体学习的组织形式，许多运动项目也具有集体性，如篮球、排球等，这些集体项目能增加学生与人交往的机会，这对学生的心理发展有积极的意义，可以为其以后踏入社会积累经验。体育教学在强调集体学习的同时，必须兼顾学生的个性化发展。

3. 采用多种组织形式满足学生的需要

目前，大部分学校尽管在教学形式上进行了改革，但仍然难以满足学生的需要，这与教学大纲、课程设置等多种因素有关。未来的大学体育可能会成为课程计划和学生的需要相结合的产物。学生自由选择课程内容、上课时间、上课教师、上课形式、考核方法、评价手段也会变得灵活多样。

二、大学体育的目的、任务和实现途径

（一）大学体育的目的与任务

高等学校教育的目标是培养德、智、体全面发展的专业人才。高等学校体育的目标应与高等学校教育的目标保持一致，前者要体现出后者在体育方面的要求。根据德、智、体全面发展的教育方针，根据素质教育对新型人才培养的要求，根据大学生身心发展的特点，我国高等学校体育的目的是：以育人为宗旨，以健康第一为指导思想，以发展身体为主要手段，培养大学生的体育与健康意识，提高大学生的体育文化素养，促进其身心和谐、健康发展，使其成为德、智、体全面发展的社会主义现代化事业的建设者和接班人。为了实现上述目的，应努力完成下列任务。

1. 锻炼身体，增强体质，增进健康

提高身体与心理素质，增进健康是大学体育的首要任务。体质和健康水平除了受遗传因素的影响外，还可以通过体育锻炼得到改善。合理的体育教育和科学的体育锻炼可以使学生在身体形态、生理机能、身体素质等方面得到发展，从而促进身体的正常生长和发育，增强学生对自然环境和社会环境的适应能力。

2. 学习和掌握体育与健康知识，培养锻炼身体的习惯

大学体育是中、小学体育的继续。大学阶段注重对体育与健康知识的学习，强调锻炼身体的习惯的养成，不仅要通过理论讲授对学生进行体育与健康知识的教育，还要通过科学的体育锻炼，提高学生的体育素养，使学生养成锻炼身体的习惯，并且能运用所学的知识进行自我调控、自我检测和自我评价，达到终身受益的目的。

3. 进行思想品德教育，培养健康的心理素质

体育本身具有教育的功能，是对学生进行思想品德教育的重要手段。高等学校体育有着丰富的内涵，不仅要育"体"，还要育"心"，在体育活动和体育竞赛中，可以对学生进行爱国主义、集体主义教育，培养学生勤奋好学、勇敢顽强、团结合作、锲而不舍的品质，促进学生全面发展。

4. 普及与提高相结合，为国家培养竞技运动后备人才

高等学校应在广泛开展群体活动的基础上，对部分体育基础较好并有一定运动专长的大学

生进行有计划的课余运动训练,并举办各类体育竞赛活动,这样既可以丰富校园文化生活,又可以为国家培养竞技运动后备人才。

(二)大学体育的实现途径

《中华人民共和国体育法》第18条规定,学校必须开设体育课,并将体育课列为考核学生学业成绩的科目。大学体育的组织形式主要有体育课、课外体育活动、课余体育训练和体育竞赛,它们是实现大学体育的基本途径。

1. 体育课

体育课是我国高等学校教学计划中的基本课程之一,是大学体育工作的中心环节。

2002年,中华人民共和国教育部颁发了《全国普通高等学校体育课程教学指导纲要》。其中,第一条指出:体育课程是大学生以身体练习为主要手段,通过合理的体育教育和科学的体育锻炼过程,达到增强体质、增进健康和提高体育素养等目标的公共必修课程;是学校课程体系的重要组成部分;是高等学校体育工作的中心环节。第五条规定:普通高等学校的一、二年级必须开设体育课程(4个学期共计144学时),修满规定学分、达到基本要求是学生毕业、获得学位的必要条件之一。第三条规定了体育课程的基本目标,分为五个领域目标。

(1)运动参与目标:积极参与各种体育活动并基本形成自觉锻炼的习惯,基本形成终身体育的意识,能够编制可行的个人锻炼计划,具有一定的体育文化欣赏能力。

(2)运动技能目标:熟练掌握两项以上健身运动的基本方法和技能;能科学地进行体育锻炼,提高自己的运动能力;掌握常见运动创伤的处理方法。

(3)身体健康目标:能测试和评价体质健康状况,掌握有效提高身体素质、全面发展体能的知识与方法;能合理选择人体需要的健康营养食品;养成良好的行为习惯,形成健康的生活方式;具有健康的体魄。

(4)心理健康目标:根据自己的能力设置体育学习目标;自觉通过体育活动改善心理状态,克服心理障碍,养成积极乐观的生活态度;运用适宜的方法调节自己的情绪;在运动中体验运动的乐趣和成功的感觉。

(5)社会适应目标:表现出良好的体育道德和合作精神;正确处理竞争与合作的关系。

为了实现体育课程的基本目标,应使课堂教学与课外、校外的体育活动有机结合,要把有目的、有计划、有组织的课外体育锻炼、校外活动等纳入体育课程,形成课内、课外、校内、校外有机联系的课程结构。

体育课教学要充分发挥学生的主体作用和教师的主导作用,努力创造开放式、探索式教学。在教师的指导下,学生可以自由选择课程内容、上课教师、上课时间。学校应根据场地、设备、师资力量安排部分体育项目让学生自由选择。总之,要能营造生动、活泼、主动的学习氛围。

2. 课外体育活动

课外体育活动是体育课的延续和补充。《中华人民共和国体育法》第20条规定,学校应当组织多种形式的课外体育活动,开展课外训练和体育竞赛,并根据条件每学年举行一次全校性的体育运动会。开展多种多样的课外体育活动,可以对巩固和提高体育课程的教学效果、增强大学生的体质、丰富校园文化生活、增强凝聚力、促进精神文明建设等起到良好的促进作用。课外体育活动主要有以下几种形式。

(1)早锻炼。大学生坚持早锻炼,不仅可以锻炼意志,促进身体健康发展,还可以为从事脑力劳动做好准备。可是,目前,大多数大学生都没有早锻炼的习惯,主要原因是:①没有正确认识到早锻炼的作用;②惰性战胜了意志。这对大学生的身体健康是十分不利的,必须引起大学生的重视。

(2) 课间操。课间操的目的在于活动身体,消除疲劳,使学生在下一堂课的学习中精力更加充沛。

(3) 体育协会或体育俱乐部活动。体育协会、体育俱乐部是大学生根据自己的兴趣、爱好自主选择、自愿参加的课余体育组织。体育协会、体育俱乐部是贯彻实施全民健身计划的重要组织形式,其职能是组织、指导组织成员参与课余体育锻炼,提高组织成员的运动技术水平。

3. 课余体育训练

《学校体育工作条例》规定,学校应当在体育课教学和课外体育活动的基础上,开展多种形式的课余体育训练,提高学生的运动技术水平。

课余体育训练是指利用课余时间,对部分身体素质较好并有运动专长的大学生进行科学、系统的训练的一种专门的教育过程。

大学开展课余体育训练是贯彻普及与提高相结合原则的重要措施。它一方面可以把有体育才能的大学生组织起来,在进一步增强体质的基础上,进行专项训练,提高其运动技术水平,使其在各种比赛中获得优异的成绩,为学校争光,为国家争光;另一方面可以通过培养体育骨干来推动学校体育活动的蓬勃发展,丰富校园文化生活,促进校园精神文明建设。

4. 体育竞赛

大学开展体育竞赛,是检验体育教学和训练效果、交流经验、促进运动技术水平提高的有效途径,是丰富大学生的课余文化生活,增强大学生的体育意识,培养大学生勇敢顽强、奋发向上、团结友爱、遵纪守法等优良品质的重要方法。

大学体育竞赛分为校内竞赛和校外竞赛两种,以校内竞赛为主。大学要经常开展校内群众性的体育竞赛,如篮球比赛、足球比赛、拔河比赛等。

第二章 体育锻炼与健康

第一节 体育锻炼对人体机能的影响

人体是由神经系统、血液循环系统、呼吸系统、运动系统、消化系统、生殖系统、内分泌系统、泌尿系统和感觉器官等组成的,是一个结构复杂并且有多种机能的有机体。人体的各个组织、器官以及系统是相互影响、相互作用、相互促进的,无论我们做什么样的运动,各组织、器官、系统都会受到不同程度的影响。体育活动需要人体各器官、系统协调配合才能完成。体育锻炼可以促进人体各组织和器官的新陈代谢,使人体的机能得到改善,从而增强体质,促进健康。

一、体育锻炼对呼吸系统的影响

呼吸系统由鼻、喉、气管、支气管组成的呼吸道和肺两部分组成。我们通常将鼻、喉称为上呼吸道,将气管和支气管称为下呼吸道。整个呼吸过程包括外呼吸、气体运输和内呼吸三个环节。体育锻炼对呼吸系统的影响表现在以下几个方面。

(1) 经常参加体育锻炼,特别是做一些伸展、扩胸运动,可以使骨性胸廓和呼吸肌得到良好的发展。由于呼吸肌的机能得到改善,胸围会增大,呼吸频率会降低,从而促进肺组织的生长发育和肺的扩张,而膈肌的收缩和放松功能增强又会使肺活量增大。实验表明,经常参加体育锻炼的人,其肺活量明显高于普通人。

(2) 随着体育锻炼水平的提高,肺通气量也会相应增大。

(3) 呼吸系统的功能增强,可以促使呼吸深度加大,呼吸频率降低,这样可以使呼吸器官有更多的休息时间,从而保证在较长时间内呼吸器官的工作能力不会下降,并且可以适当地满足较剧烈的运动对呼吸系统的要求。

二、体育锻炼对消化系统的影响

消化系统由消化道和消化腺两部分组成。消化道是指从口腔到肛门的粗细不一的管道,包括口腔、咽、食道、胃、小肠、大肠和肛门等。消化腺分为小消化腺和大消化腺,它们借助于导管,将分泌物排入消化道内。

适当的体育锻炼可以加速机体消耗能量的过程,增强消化系统的功能,提高消化能力。人在运动时,体内的代谢活动增强,能源物质被大量消耗,机体必须通过消化系统摄取营养,为运动提供动力。运动时,膈肌会大幅度地上下移动,对胃、肠产生一种按摩作用,从而增强胃、肠的消化功能。

三、体育锻炼对血液循环系统的影响

血液循环系统是血液在体内流动的通道,包括淋巴系统和心血管系统两部分。淋巴系统是静脉系统的辅助装置,心血管系统是由心脏、动脉、毛细血管及静脉组成的一个封闭的运输系统。体育锻炼对血液循环系统的影响表现在以下几个方面。

(1) 体育锻炼可以增强心脏的功能。经常参加体育锻炼的人,在平静状态下心跳的次数比一般人少10~20次。这是因为经常参加体育锻炼能促使心肌纤维变粗,心脏容量变大,心脏的每搏输出量增加,从而提高心脏的工作效率。

(2) 体育锻炼能增强血管的功能。经常参加体育锻炼能提高血管壁的弹性,增大血管的管径,从而增强血管的功能,使其有更大的潜力来保证剧烈运动时的能量和物质供应。

(3) 坚持体育锻炼可以改善血液成分,提高血液中红细胞和血红蛋白的含量,增加血浆中缓冲物质的含量,从而提高血液对运动后所产生的酸性物质的缓冲能力。

四、体育锻炼对运动系统的影响

运动系统由骨、关节和骨骼肌组成,约占成人体重的60%。全身各骨靠关节连接形成骨骼,起支持体重、保护内脏和维持人体基本形态的作用。

1. 改善骨骼的形态结构,增强骨骼的机能

经常进行体育锻炼,能促进新陈代谢和血液循环,同时可以使骨密质增厚,骨骼的形态结构得到改善,从而提高骨骼对扭转、弯曲、拉伸以及压缩等外力的抵抗能力。

2. 促进骨骼的生长

从事不同的体育锻炼项目,对人体各部分骨骼的影响也不同。经常从事以下肢活动为主的项目,如跑、跳等,对下肢骨的影响较大;经常从事以上肢活动为主的项目,如举重等,对上肢骨的影响较大。体育锻炼的效果并不是永久的,当体育锻炼停止后,对骨骼的影响也会渐渐消失,因此,应该经常进行体育锻炼。青少年时期,由于骨骼的新陈代谢旺盛,经常参加有规律的体育锻炼,可以直接使骨骼受到良性刺激而促进骨骼的生长。体育锻炼的项目要多样化,以免造成骨骼的畸形发展。

3. 改善关节周围的环境

关节是骨与骨之间相连接的地方,是人体运动的枢纽,分为活动关节和不动关节两种。关节由关节囊、关节面和关节腔构成。关节囊包围在关节外面,关节内的光滑骨面称为关节面,关节内的空腔部分称为关节腔。一般情况下,关节腔内有少量液体,其作用是减少关节运动时的摩擦。经常参加体育锻炼能增强关节周围肌肉的力量,提高关节周围韧带和肌肉的弹性,从而增大关节活动的幅度,提高关节的灵活性和稳定性。

五、体育锻炼对神经系统的影响

神经系统由中枢神经系统和遍布全身的周围神经系统两部分组成。任何身体活动,都是在神经系统的支配下完成的。体育锻炼能够改善神经系统的功能,使其反应变得灵活、迅速、准确、协调。

1. 提高神经系统的反应能力

人在进行体育锻炼时,中枢神经系统迅速动员和发挥各器官、系统的机能,使之协调以适应

肌肉活动的需要。这些快速的变化形成的条件反射,可以使中枢神经系统对刺激的反应能力明显提高。研究表明,运动员与非运动员的反应能力有明显的差别。

2. 消除大脑疲劳,提高工作和学习效率

中枢神经系统是由神经细胞构成的,而大脑皮层又是中枢神经的最高部位,大脑皮层的活动是依靠脑细胞的兴奋与抑制这两种功能的不断转化,相互平衡来实现的。体育锻炼能促使中枢神经系统的兴奋性增强,从而改善神经系统的均衡性和灵活性,提高大脑皮层的分析能力。也就是说,体育锻炼可以消除大脑疲劳,提高工作和学习效率。

3. 预防神经衰弱

经常参加体育锻炼,可使身体在神经系统的指挥下,动作灵活、准确,反应快,并使脑细胞的兴奋与抑制功能保持平衡,从而预防神经衰弱。

第二节　体育锻炼对心理健康的影响

一、心理健康的含义

心理健康是指能积极调节自己的心理状态,适应环境的变化,并能富有建设性地发展和完善个人的生活。

二、心理健康的具体表现

心理健康具体表现在以下几个方面。

(1) 智力正常。观察力敏锐、思维活跃、想象力丰富、注意力集中、记忆力强等都是心理健康的重要组成部分。

(2) 有安全感。心理健康的人能够接纳自己的一切,很少受情绪的支配,能承受挫折、恐惧和不幸。

(3) 心情愉快,情绪稳定。心理健康的人,满意、快乐等积极情绪多于忧伤、痛苦等消极情绪,并且能够调节、控制自己的情绪,不会狂喜狂怒,不会忽悲忽喜。

(4) 意志坚强。心理健康的人有决心,有信心,有恒心,有理想,不怕困难,不畏艰险,勇于克服人生道路上的种种困难。

(5) 对自己有充分的了解,并能做出恰当的自我评价。心理健康的人能客观、正确、全面地认识自己,摆正自己的位置。

(6) 具有较强的适应能力。心理健康的人,不怕到新的环境中去学习、工作和生活,能够积极、主动地适应环境的变化。

(7) 乐于学习,勤于工作,不逃避现实,能正确、客观地对待和处理所遇到的问题。

(8) 人际关系和谐。心理健康的人乐于帮助人,关心人,也能相应地得到别人的帮助和关心,与周围的人相处融洽、愉快。

(9) 人格健全,通情达理,友善亲切,睡眠正常,很少失眠。

(10) 有良好的生活习惯,不酗酒,不赌博,饮食有规律。

三、大学生增进心理健康的方法

随着社会的高速发展,生活节奏不断加快,竞争日益激烈,人们的心理压力也越来越大。大学生面临着巨大的学习、就业等方面的压力,这样可能会引发各种各样的心理障碍或心理疾病。

大学生为了增进心理健康,应该做到以下几点。

(1) 掌握一定的心理卫生保健知识,增强心理卫生意识,加强自我保护,提高自我调节能力。

(2) 培养良好的心理素质。

(3) 确立正确的人生观、价值观。

(4) 学会控制自己的情感和情绪,提高自己的情商。因为积极的情绪会对人体产生积极的影响,而消极的情绪会导致心理失衡和失常,所以学会控制自己的情感和情绪是大学生增进心理健康的关键。

(5) 制定合理的学习、生活以及休息制度,掌握学习方法,学会利用业余爱好和娱乐活动来放松、调整自己,做到劳逸结合。

(6) 目标的确立要切合实际。大学生在确立目标时应注意不要好高骛远,而应将目标确立在力所能及的范围内。这样,大学生经过努力,便可以实现目标,从而获得成功的喜悦,否则,事与愿违,会使自己丧失信心。

四、体育锻炼对心理健康的具体影响

体育锻炼对心理健康有很大影响,主要表现在以下几个方面。

(一) 体育锻炼可以促进智力的发展,提高智力水平

正常的智力是正确认识客观世界的前提条件,是心理健康的基础。经常参加体育锻炼,可以促进大脑的开发,促进神经系统功能的增强,使大脑获得更多的营养物质,提高大脑的记忆和思维等能力,提高人的智力水平。研究表明,就一般人而言,智力因素相差很小,非智力因素则相差很大。体育锻炼可以使人的情绪稳定,性格开朗,这些非智力因素对人的智力发展起着促进作用。

(二) 体育锻炼可以调控情绪,改善情绪状态

情绪状态是衡量体育锻炼对心理健康的影响的最主要指标,是人对客观现实的态度的体现,心理健康与个人的情绪状态密不可分。健康的情绪状态是治疗疾病、增进健康的良药,而患得患失、忧郁、沮丧、焦躁、烦恼的不良情绪则是疾病的诱因。体育锻炼一方面可以帮助转移不愉快的情绪,另一方面可以使不良情绪得到充分的发泄,从而调控情绪,改善情绪状态。经常参加体育锻炼的人可以感受到打球、跑步等可以使自己的情绪向着乐观、健康的方向发展,并经常处在一种稳定、愉快的状态中。

(三) 体育锻炼有助于培养良好的意志品质

意志品质既是在克服困难的过程中表现出来的,也是在克服困难的过程中培养起来的。良好的意志品质不仅是大学生提高学习效率的重要保证,也是大学生走上工作岗位后获得成功的基础。体育运动具有竞争性、艰难性等特点,参加体育运动有助于培养个体勇敢顽强、坚持不懈的意志品质。体育锻炼是培养人的意志品质的重要途径。

（四）体育锻炼有助于改善人际关系

随着社会经济的发展以及生活节奏的加快，许多生活在大城市的人越来越缺乏适当的社会联系。体育锻炼既可以使人与人之间相互产生亲近感，从而有利于改善人际关系，也可以使个体社会交往的需要得到满足，这有利于个体忘却工作、生活上的烦恼，减轻精神压力，消除孤独感。

（五）体育锻炼可以预防和治疗心理疾病

研究表明，体育锻炼可以预防和治疗心理疾病。美国的一项调查显示，1750名心理医生中，有80%的人认为体育锻炼是治疗抑郁症的有效方法之一，有60%的人认为应将体育锻炼作为一种治疗方法来消除焦虑症。

（六）体育锻炼可以增强竞争和协作意识

竞争和协作是体育锻炼的要素之一，竞争和协作意识是现代人必须具备的。竞争与协作是推动人类发展的一个重要机制，未来社会的竞争将会更加激烈，培养竞争与协作意识可以为人们参与社会竞争做好心理上的准备。在体育锻炼中，有些活动是通过比赛的形式进行的，比赛既可以调动人的积极性，使其充分发挥自己的能力，也可以增强人的竞争与协作意识。

（七）体育锻炼能消除疲劳

疲劳是一种综合性症状，与人的生理和心理因素有关。当一个人从事活动时，情绪消极，或者当任务的要求超出个人的能力范围时，人就很容易在心理和生理上产生疲劳感。如果个体在参加体育锻炼时保持良好的情绪状态，保证中等强度的活动量，就能消除疲劳。

第三节　体育锻炼与合理营养

机体的生长发育，以及各种生命活动和体育活动的进行，都依赖于体内的物质代谢过程，因此，机体必须不断地从外界摄取新的构成细胞的物质，这些物质主要是从食物中摄取的。在体育锻炼的过程中，机体需要消耗更多的能量来满足肌肉活动的需要。为了满足机体对能量的需求，人们必须摄取充足的营养，营养是保证机体生命延续的重要条件。

一、营养对体育锻炼的影响

营养对体育锻炼的效果有着很大的影响。体育锻炼造成的能量消耗，要在运动结束后通过合理的膳食得到补充。如果缺乏营养保证，消耗的能量得不到补充，机体就会处于一种"亏损"状态，久而久之，会使锻炼者的生理机能及运动能力下降，出现乏力甚至疾病状态。在这种情况下，要想提高锻炼效果是一件很困难的事情。

合理的营养与体育锻炼是维持和促进身体健康的两个重要条件。以科学、合理的营养为物质基础，以体育锻炼为手段，用锻炼的消耗过程换取锻炼后的超量恢复过程，可以使机体集聚更多的能源物质，提高各器官的机能。此时获得的健康，比单纯以营养获得的健康上升到了一个更高的水平。

二、营养素与健康

营养素包括蛋白质、脂肪、糖类、维生素、矿物质和水六大类。营养素与健康有着密切的关系。

(一)蛋白质

1.蛋白质在人体内的主要作用

蛋白质是人的生命活动中最重要的物质,它在人体内的主要作用是:构成机体组织,促进生长发育;构成酶和激素,调节酸碱平衡;增强机体的免疫能力;供给热能等。机体一旦缺乏蛋白质,就会影响机体的生长发育,出现肌肉萎缩、贫血、抵抗力下降、内分泌紊乱、易疲劳、伤口不愈合等现象。

2.蛋白质的来源与日常需要量

日常膳食中的肉、蛋、奶等是动物性蛋白质的主要来源,豆类是植物性蛋白质的主要来源,米、面等谷类食物含蛋白质较少,但由于在我国其在人们食物中所占的比例较大,所以也是植物性蛋白质的重要来源。一般认为,动物性蛋白质及植物性蛋白质在食物中各占50%比较合适。

(二)脂肪

1.脂肪在人体内的主要作用

脂肪在人体内的主要作用是构成细胞膜及一些重要组织,参与代谢,供给热能,保护内脏,保持体温,促进脂溶性维生素的吸收。

2.脂肪的来源与日常需要量

动物性脂肪来源于各种动物油、奶油等,植物性脂肪主要来源于各种植物油。另外,核桃、花生等也可为机体提供较丰富的脂肪成分。就我国目前的生活水平来看,普通膳食即可满足人们对脂肪的需求。

(三)糖类

1.糖类在人体内的主要作用

糖类在人体内的主要作用是供给热能,人体所需能量的60%是由糖类供应的。除此之外,糖类还可以构成组织并参与其他物质的代谢。

机体缺糖会使血糖下降,影响大脑的机能,使其兴奋性下降,还会使人四肢无力,动作的协调性下降,甚至晕厥。

2.糖类的来源与日常需要量

糖类的来源比较广泛,如米、面等。人们还可以从糖果及含糖饮料中摄取糖类物质。一般,日常膳食即可满足人们对糖类的需求,不必另外大量补充。

(四)维生素

维生素是调节人体机能,维持人体生命不可缺少的一类营养素。它们在体内的贮存量很少,必须经常从食物中获得。维生素的种类很多,按其性质可以分为脂溶性维生素与水溶性维生素两大类。前者包括维生素A、D、E、K等,后者包括维生素B、C等。各种维生素在体内不构成组织,也不供给能量,它们有各自的功用,总的来说是调节物质、能量代谢,保证生理机能。

1.维生素A

维生素A的主要功能是维持正常的视力和维持组织结构的完整性。如果缺乏维生素A,视力及暗适应能力就会下降。维生素A最好的来源是各种动物的肝脏、鱼卵、乳制品等。

2.维生素D

维生素D对机体的钙磷代谢和骨骼的生长发育极为重要。缺乏时,钙的吸收会受到影响。

维生素 D 的主要来源是鱼肝油、蛋黄、乳制品。

3. 维生素 E

维生素 E 可增强机体对缺氧的耐受力,减少组织细胞的耗氧量,扩张血管,改善血液循环,增强心脏的功能。如果维生素 E 与维生素 C 结合使用,能缓和及预防动脉硬化。维生素 E 主要来源于动物性食品,小麦胚芽、玉米以及绿叶蔬菜中也含有较丰富的维生素 E。

4. 维生素 B

维生素 B 可以在糖类的代谢中发挥重要作用,促进肝糖原、肌糖原的产生。充足的维生素 B 可有效地缓解机体疲劳。维生素 B 广泛地存在于五谷杂粮中。

5. 维生素 C

维生素 C 能加快体内的氧化还原过程,使机体得到更多的能量来维持运动,减缓疲劳,促进体力恢复,并能促进伤口愈合,参与解毒过程,增强机体的抗病能力。维生素 C 广泛地存在于蔬菜和水果中。

(五)矿物质

矿物质是构成机体组织、调节生理机能的重要物质。人体内较多的矿物质元素有钙、镁、钾、钠、磷等,其他如铁、氟、锌等含量很少,称为微量元素。人体在物质代谢的过程中,每天都有一定量的矿物质通过各种途径排出体外,因此,必须从食物中补充矿物质。矿物质在食物中的分布极广,正常膳食一般都能满足机体对矿物质的需要。最易缺乏的矿物质是钙和铁。

1. 钙和磷

钙在人体内的主要作用是构成骨骼与牙齿,参与凝血过程等。成人每日需要摄入钙 0.6 克,儿童、孕妇、老年人对钙的需求量较高。含钙较多的食物有海带、豆制品、芝麻、山楂等。由于钙和磷在人体内的关系非常密切,二者在血液中必须达到一定的浓度水平才能共同完成其生理机能,所以,在补充钙的同时,还要注意从富含蛋白质的食品中摄入磷。

2. 铁

铁在人体内的主要作用是构成血红蛋白。成年男子每日需要摄入铁 12 毫克左右,青少年、妇女每日需要摄入铁 15 毫克左右。含铁较多的食物有动物肝脏、动物血液,其他食物,如蛋黄、肉类、豆制品、红糖等,也含有比较丰富的铁。

(六)水

水在人体内的主要作用是:参与全身所有的物质代谢,完成机体内的物质运输,调节体温。人体内的水分必须保持恒定,不能储存多余的水,也不能缺水。缺水若不及时补充,将影响正常的生理机能。大量出汗后,在补充水分的同时,也要补充适量的盐分。

三、平衡膳食

通过摄取营养使机体获得充足的能量是保持运动能力的基础。平衡膳食可使能量的供求关系保持相对平衡,预防和延缓运动疲劳的产生。机体能量的消耗与摄入不平衡,首先会反映在体重的变化上,然后可能会发展为身体机能下降,影响健康,引发疾病等。

(一)平衡膳食的基本要求

1. 含有人体所需要的营养成分

平衡膳食是指膳食中必须含有人体所需要的各种营养成分,且含量充足,比例适当,能全面满足身体的需要,维持正常的生理功能,促进生长发育。人体生长发育需要多种营养物质,任何一种单一的食物都不能完全满足人体的需要,因此必须有多种食物来源。

2. 对人体无毒、无害

食物中含有很多有害因素,如病原体、残留的农药、食品添加剂等,它们对人体的健康影响很大,甚至会危及生命。人们应十分重视食物的卫生情况,凡是不符合卫生标准、腐烂变质、不清洁的食物,均不能食用。

3. 易于消化、吸收

合理的加工与烹调有利于人体吸收、利用食物中的营养素,但在加工、烹调的过程中应注意减少食物中营养素的流失。

(二)平衡膳食的调配

平衡膳食要求食物中含有的营养素种类齐全,数量充足,比例适当。

1. 保持热能平衡

食物供给的热能要与机体消耗的热能保持平衡,以保持理想的体重为宜。

2. 蛋白质、脂肪、碳水化合物的比例适当

蛋白质、脂肪、碳水化合物是人体主要的供能物质。在一般膳食中,蛋白质、脂肪、碳水化合物供能占人体所需总热能的百分比分别为 11%～14%、22%～30%、55%～70%。

3. 氨基酸的比例适当

膳食中除了应含有必需氨基酸外,还要含有非必需氨基酸,必需氨基酸与非必需氨基酸的比例应为 2∶3。

4. 氮、钙、磷的比例适当

膳食中氮、钙、磷的比例应为 12∶0.6∶1。

5. 其他营养素

各种营养素在代谢过程中相互影响,相互间可能有促进作用,也可能有抑制作用。过量的铜、钙会抑制锌的吸收,脂肪过多会影响钙和铁的吸收。适当的膳食纤维也是必需的,缺乏膳食纤维会使某些生理功能失调,导致疾病;膳食纤维过多则会影响其他营养素的吸收。

(三)平衡膳食的组成

根据目前我国一般人的膳食情况,可将食物分为四类:粮谷类、动物性食物及豆类、蔬菜水果类、油脂类。

1. 粮谷类

这一类食物包括小麦、大米、玉米、小米等,是热能、维生素 B 和矿物质的主要来源,也是蛋白质的主要来源。在一般膳食中,这一类食物应占膳食总量的 30%～40%。

2. 动物性食物及豆类

这一类食物包括肉、蛋、水产品、黄豆、蚕豆、豆制品等,它们是优质蛋白质的主要来源,也是许多维生素及矿物质的重要来源。在一般膳食中,这一类食物应占膳食总量的 25%～30%。

3. 蔬菜水果类

这一类食物是维生素、矿物质及膳食纤维的重要来源,在膳食中宜占 30%～40%。

4. 油脂类

这一类食物的主要生理功能是供给热能,促进脂溶性维生素的吸收。这一类食物在一般人的膳食中宜占 3% 左右。

(四)运动员膳食的调配

调配运动员的膳食时应注意以下几个方面。

（1）运动员的膳食应营养全面，色、香、味俱全。

（2）运动员的膳食中应含有较多的碳水化合物，以保证充足的能量供应。

（3）运动员应尽量少摄取动物性蛋白质，多摄取植物性蛋白质。植物性蛋白质对人们的健康一般没有不良影响，不像动物性蛋白质会引起动脉堵塞、血脂增高。

（4）运动员进餐的时间必须与运动相适应。运动员在剧烈运动后，至少应休息45分钟方可进餐，马上进餐会影响消化。进餐后要休息一段时间才可进行剧烈运动，因为饭后消化器官需要大量的血液消化食物，如果饭后马上进行剧烈运动，会使大量的血液流向四肢，抑制消化作用，此外，运动时肾上腺素分泌增加，使胃、肠的蠕动能力减弱，消化液分泌减少，也会影响消化。

第三章　体育锻炼的原则与方法

第一节　体育锻炼的原则

人体的生长发育是一个由量变到质变的过程,它通过人体的新陈代谢来实现。生长是指身体由小到大的变化过程,发育是指人体的各种器官、系统的功能逐渐完善的过程。科学地进行体育锻炼能够促进身体的生长发育,改善各种器官、系统的功能,全面提高身体素质,增强人体适应自然环境和抵抗疾病的能力。

人的健康状态和工作效率,不仅取决于全身各器官、系统的功能,而且取决于整个身体对自然环境和社会环境的适应能力。实践证明,对环境的适应能力在一定程度上与体育锻炼有关。"生命在于运动"这句话没错,但是,如果体育锻炼不科学、不合理,就会对健康不利,甚至会引起疾病。因此,在进行体育锻炼时,必须遵循一定的原则。

一、目的性、积极性原则

目的性原则是指人们在自觉地进行某一项运动之前,必须明确进行这一项运动的原因和想要达到的目的。

动机产生于人的需要。在体育锻炼中,人们的需要是多方面的,归纳起来,主要有两种:一是促进身体的正常生长和发育,增强体质,预防和治疗疾病;二是丰富文化生活,调整情绪,增强意志。总而言之,人们进行体育锻炼是出于身体与精神这两方面的需要。

明确锻炼身体的目的的重要意义主要体现在以下两个方面。

第一,对体育锻炼的内容、方法的选择和运动负荷的安排起指导作用。人们进行体育锻炼,总是有一定的目的的,目的不同,对体育锻炼的内容、方法的选择和运动负荷的安排也就不同。

第二,对调动人们进行体育锻炼的积极性起着重要作用。人们明确了进行体育锻炼的目的,就会提高锻炼的积极性与自觉性。

积极性原则是指人们在进行体育锻炼时要认真、主动、坚持不懈。

二、从实际出发原则

锻炼身体时应根据实际情况来确定锻炼的目的、内容、方法和运动负荷。脱离实际,锻炼身体就失去了科学性。

在贯彻从实际出发原则时,应注意以下几个问题。

(1)考虑自身的实际情况,不同性别、不同年龄段的人在锻炼的内容、方法、运动负荷的选择上是有差别的。

(2)考虑外界环境的实际情况,如气候的变化、场地条件、环境卫生条件等。锻炼身体的一个重要目的是使人体更好地适应外界环境。人们常常利用气候条件的变化来进行体育锻炼以培养自己的适应能力和意志品质,但也应该认识到恶劣的气候条件对人体健康是有不良影响的。实践证明,在气候条件很差的情况下锻炼身体,会对健康产生不良影响,甚至会引起疾病。因此,锻炼身体必须注意气候的变化,同时考虑场地条件、环境卫生条件等。

(3)考虑营养、作息制度和职业特点等实际情况。营养是保证能量供给的,而锻炼身体则是消耗能量的。一般来说,这两方面应该保持平衡。人们在选择锻炼的内容、方法和运动负荷时,应注意考虑作息制度与职业特点,否则,难以获得理想的锻炼效果。

三、持之以恒原则

持之以恒原则是指人们在进行体育锻炼时必须坚持到底,使其成为日常生活中的重要内容。在贯彻持之以恒原则时,应注意以下两个方面。

(1)坚持有规律地锻炼身体。每周锻炼身体的次数最好为2~3次。每次锻炼身体时,运动负荷不宜过大,以免造成长时间的肌肉酸痛。对于经常锻炼身体的人来说,最好是在上一次锻炼的疲劳与肌肉酸痛基本消除后再进行下一次的锻炼。对于中老年人来说,每次锻炼身体的运动负荷不要太大,否则,身体会受不了。

(2)没有时间锻炼身体的人,可以有意识地将日常生活中的体力劳动视为锻炼的内容。

四、循序渐进原则

循序渐进原则是指体育锻炼内容的安排、方法的选择和运动负荷的加大应有合理的顺序,安排体育锻炼的内容时要注意由简到繁、由易到难,安排运动负荷时要注意由小到大,逐渐提高。

五、全面锻炼原则

全面锻炼原则是指人们要通过体育锻炼全面增强身体的各个部位、各个器官的机能,全面提高身体素质与运动能力。

人体是在大脑皮层统一调节下的有机整体。体质的好坏反映在许多方面,各个方面又是相互联系、相互影响的。某一个方面的锻炼,对其他方面会有影响,但又不能完全代替其他方面的锻炼。例如,长跑对增强心肺功能有很好的效果,但上肢力量的锻炼和全身肌肉的协调发展,光靠长跑是不够的,还需要采用力量性项目,如举重、体操等。因此,应坚持贯彻全面锻炼原则。

在贯彻全面锻炼原则时,应注意以下几个方面。

第一,锻炼身体要求全面影响人体,并且在各个年龄段应有所侧重。体育锻炼的内容和方法是多种多样的,而每一个人锻炼身体的时间是有限的,每个人的爱好也不完全相同,因此,我们要根据实际情况有针对性地选择最有效的内容与方法进行体育锻炼。

第二,形神结合,动静结合,内外结合。"形神结合"的"形"指的是身体,"神"指的是精神、心理。身体和精神是相互依存、相互联系的。只有把锻炼身体和培养乐观主义的精神有机地结合起来,才能取得良好的锻炼效果。

第三,要充分利用外界环境不断提高人体适应外界环境的能力。在锻炼身体的过程中,要注意把提高人体对外界环境的适应能力作为全面锻炼身体的重要任务之一。

六、适宜负荷原则

适宜负荷原则是指体育锻炼要有恰当的生理和心理负荷。参加体育锻炼时,最重要的是合理安排运动负荷。一个人在不同的机能状态下,机体对运动负荷的承受能力是不同的。同样的运动负荷对一些人适宜,对另一些人可能就不适宜。对同一个人而言,在锻炼的初期要安排一些小负荷的运动,经过一段时间的锻炼后,随着身体素质的提高,可以适当加大运动负荷。实践证明,运动负荷太小,对机体的刺激强度不够,不能很好地改善人体各组织、系统的生理机能;运动负荷太大,容易超过机体的承受能力,不仅不能增强体质,反而会影响健康,造成过度疲劳。在每次锻炼时都要合理地选择运动负荷,使身体得到全面的发展。

第二节 体育锻炼的方法

体育锻炼的内容和方法是多种多样的,了解不同锻炼内容的特点,有助于锻炼者根据自身的条件和要求,选择合适的锻炼内容和科学的锻炼方法,这样有助于达到事半功倍的效果。本节将对运动的分类、选择运动项目的基本要求、体育锻炼的一般方法、身体素质的锻炼方法进行简单的介绍。

一、运动的分类

运动可以分为以下五类。

(1)健身类运动,是指以健身为目的的运动,其特点是动作轻缓,强度在中等以下,如健身走、健身跑、太极拳等。

(2)健美类运动,是指以塑造体形为目的的运动,如体操、体育舞蹈等。

(3)休闲类运动,是指以丰富生活,调节身心为目的的运动,如钓鱼、高尔夫球等。

(4)康复类运动,是指患者为了治愈某些疾病或恢复某些身体机能而进行的体育锻炼,如气功、医疗保健操等。

(5)冒险类运动,是指以提高胆量,培养探索精神为目的的运动。此类运动具有一定的冒险性,包括悬崖跳水、攀岩、登山、定向越野、洞穴探险等。

二、选择运动项目的基本要求

(一)重视性别、健康状况差异

一般情况下男生的力气较大,心脏功能较强,可以选择一些较激烈的运动项目,相比之下,女生则适合选择一些韵律性较强的运动项目。

较胖的人,可选择球类、健身跑、游泳、跳绳等运动项目,以减少体内的脂肪;较瘦的人,宜选择可以促进消化和吸收的运动项目,如俯卧撑、举重等。

(二)重视劳动性质和工作条件差异

有些人因为工作关系容易患某种职业性疾病。例如,售货员、交通警察、理发师等,由于工作时需要长时间站立,所以易患下肢静脉曲张等疾病。从事这类工作的人,可以选择体操、球类等运动,促进下肢血液回流。

(三)充分利用自然条件

充分利用山丘、森林、湖泊、河流等自然条件,选择登山、游泳、定向越野、攀岩等项目,对促进身心健康有良好的效果。另外,适当地利用日光、空气、水等自然条件,进行日光浴、空气浴、冷水浴等,对于增强神经系统的功能、增强对寒冷和炎热的适应能力有很好的效果。

三、体育锻炼的一般方法

（一）重复锻炼法

重复锻炼法是指在相对固定的条件下，根据完成动作的基本要求进行反复练习的方法。重复的次数和时间要根据所选择的项目来确定。在重复锻炼的过程中，要注意克服厌倦情绪，以免影响锻炼效果。

（二）间歇锻炼法

间歇锻炼法是指严格规定每次练习的内容、运动强度和休息时间，在身体各器官未能得到完全恢复的情况下就开始进行下一组练习的方法。它是提高锻炼效果的一种常用的锻炼方法。间歇锻炼法的休息时间要根据运动强度合理安排。一般情况下，运动强度大，超过上限时，休息时间要长一些；运动强度小，低于上限时，休息时间就要短一些。当然，锻炼者也可以根据自己的身体状况来合理安排休息时间。

（三）变换锻炼法

变换锻炼法是指在变换锻炼内容、锻炼强度和锻炼环境的条件下进行锻炼的方法。通过变换锻炼条件，可以有效地提高锻炼者的兴奋性，使锻炼者克服疲劳和厌倦情绪。

（四）循环锻炼法

循环锻炼法是指将不同的锻炼内容安排成一组，按照一定的顺序进行锻炼的方法。运用此种方法，必须严格控制运动强度。

四、身体素质的锻炼方法

身体素质是人在运动、劳动和日常活动中，在中枢神经的调节下，各器官、系统功能的综合表现，主要包括力量、耐力、速度、灵敏性和柔韧性五个方面的素质。

（一）力量素质的锻炼方法

力量素质是指肌肉舒张或收缩时克服各种阻力的能力。人体的一切动作都是通过肌肉活动来实现的，这就要求人体各部分的肌肉具有足够的力量来克服各种阻力。

按肌肉收缩的形式，可以将力量分为静力性力量和动力性力量。静力性力量是肌肉作等长收缩（保持一定长度）时所产生的力量，即动作在外观上不发生变化，肢体不产生明显的位移，如体操中的支撑、平衡、倒立等动作。动力性力量是肌肉作等张收缩（长度改变）时所产生的力量，即肢体产生明显的位移，使人体或器械加速运动，如跑、跳、投掷等。动力性力量又可以分为重量性力量和速度性力量。重量性力量是用肌肉工作时所推动的器械的重量来衡量的一种力量，如举重等；速度性力量是用人或器械运动的加速度来衡量的一种力量，如投掷等。

按人体所表现出的力量与本人体重的关系，可以将力量分为绝对力量和相对力量。绝对力量是指在不考虑人的体重的情况下所表现出来的力量；相对力量是指每千克体重所表现出来的力量。

1. 增强静力性力量的方法

根据增强某一部位肌肉力量的需要，确定一定的姿势，保持该姿势不变，用最大的力量对抗固定的物体。

2. 增强动力性力量的方法

动力性力量可以通过以下两种练习得到增强：①克服自身体重的各种跳跃、引体向上等练习;②克服外界阻力的举重、举哑铃等练习。

3. 增强绝对力量的方法

负荷大、重复次数少的练习有利于增强绝对力量。

4. 增强相对力量的方法

人们可以通过练习体操、短跑、摔跤等项目,增强自身的相对力量。

(二) 耐力素质的锻炼方法

耐力素质是指人体长时间进行肌肉活动的能力。它是人体各器官、系统的机能和人的心理素质的综合体现,也是人体健康水平、体质强弱的重要标志。提高耐力素质对提高人的健康水平和增强人的体质有着重要意义。提高耐力素质可以提高中枢神经系统支配人体长时间进行肌肉活动的协调性,提高心血管系统和呼吸系统的机能。

从生理学的角度来讲,耐力可分为有氧耐力和无氧耐力。有氧耐力指机体在供氧充足的情况下克服疲劳的能力。无氧耐力指机体在供氧不足的情况下克服疲劳的能力。

1. 增强有氧耐力的方法

坚持长跑和游泳是增强有氧耐力的最好方法。长跑时将心率控制在150~170次/分,能取得较好的锻炼效果。

2. 增强无氧耐力的方法

高强度、负荷时间短的运动项目,如100米跑、200米跑和400米跑等,有利于增强无氧耐力。

(三) 速度素质的锻炼方法

速度素质是指人体以最短的时间完成动作的能力,它是人基本的身体素质之一。我们通常将速度素质分为反应速度素质、动作速度素质和位移速度素质三种。反应速度素质是指人体对各种刺激做出快速反应的能力,如短跑运动员的起跑反应等。反应速度与神经过程中的反应时有关,反应时短,则反应速度快;反应时长,则反应速度慢。动作速度素质是指人体快速完成某一动作的能力。位移速度素质是指在周期性的运动中,人体在单位时间内快速移动的能力。

1. 提高反应速度的方法

设计一个移动的目标,让练习者看到或听到目标所发出的信号后,迅速地做出各种反应动作。

2. 提高动作速度的方法

练习者可以利用外界助力提高动作速度。例如,短跑练习中的顺风跑、牵引跑等,可有效地提高练习者的动作速度。

3. 提高位移速度的方法

在相对固定的条件下,按照一定的要求和组间的间隔时间,反复做短距离的冲刺练习,可以提高练习者的位移速度。

在锻炼速度素质的时候,应该注意以下几个方面。

第一,速度素质的锻炼应在注意力集中、体力充沛和情绪饱满的状态下进行,这样可以取得较好的锻炼效果。

第二,提高速度素质与增强力量、完成动作的协调性是紧密相关的。周期性动作的每个动作的幅度(如跑步的步幅、游泳的划幅等)是影响位移速度的重要因素。

第三,相对于其他人群来说,十岁以下的人,提高速度素质的效果比较明显。

(四)灵敏性素质的锻炼方法

灵敏性素质是指人在复杂的条件下,灵活、快速、准确地完成动作的能力。它是动作技能和身体素质在运动过程中的综合体现。灵敏性素质包括三层含义:一是掌握复杂动作的协调性的能力;二是迅速学会运动技巧的能力;三是根据情况的变化,迅速而准确地变换运动技巧的能力。

提高灵敏性素质,对提高大脑皮层神经过程的灵活性,提高反应速度,提高动作的准确性、协调性有积极的作用。

提高灵敏性素质可采取很多种方法。熟能生巧,动作技能掌握得越多越熟练,就会越灵敏。在各种复杂的条件下进行练习,有利于提高灵敏性素质。

(五)柔韧性素质的锻炼方法

柔韧性素质是指人体的各个关节的活动幅度,以及肌肉和韧带的伸展能力,是关节的结构、关节周围组织体积的大小,以及跨过关节的韧带和肌肉的伸展性三个因素的综合体现。

提高柔韧性素质的练习分为动力性练习和静力性练习两种。静力性练习是指相对静止的一些练习,要求逐渐拉长肌肉和结缔组织,如压腿等练习。

在锻炼柔韧性素质时应注意以下几个方面。

第一,柔韧和柔软既有联系,也有区别。两者的区别在于柔韧强调"柔中有刚",要求在加大动作幅度的同时加快动作速度和动作力量。

第二,锻炼柔韧性素质易见效,也易消退,贵在坚持。其实,在日常生活中,只要注意增大动作幅度,就能有效提高柔韧性素质。

第三,练习前应做好准备活动,练习时动作幅度应逐渐增大,动作速度应逐渐加快,以防拉伤肌肉。

第四章 运动损伤与体育保健

第一节 运动损伤的发生原因及预防

体育运动过程中发生的损伤,称为运动损伤。了解运动损伤的发生原因、预防措施、治疗方法和康复时间,有利于改善运动条件,改进体育运动的方法,提高运动成绩,使体育锻炼更好地起到促进身心健康的作用。

一、运动损伤的分类

运动损伤通常有以下几种分类方法。

(一)按照受伤的组织结构分类

按照受伤的组织结构,运动损伤可以分为皮肤损伤、肌肉损伤、关节损伤、滑囊损伤、骨损伤、神经损伤和内脏器官损伤等。

(二)按照伤处皮肤或黏膜的完整性分类

按照伤处皮肤或黏膜的完整性,运动损伤可以分为开放性损伤和闭合性损伤。

开放性损伤是指伤处皮肤或黏膜的完整性遭到破坏,有伤口与外界相通,如擦伤、刺伤、开放性骨折等。

闭合性损伤是指伤处皮肤、黏膜仍保持完整,无伤口与外界相通,如肌肉拉伤、关节扭伤、腱鞘炎、闭合性骨折等。

(三)按照伤情的轻重分类

按照伤情的轻重,运动损伤可以分为轻伤、中等损伤、重伤。

轻伤是指受伤后仍能按原计划进行训练的损伤。

中等损伤是指受伤后不能按原计划进行训练,患处需要停止或减少活动的损伤。

重伤是指受伤后完全不能进行训练的损伤。

(四)按照病程分类

按照病程,运动损伤可以分为急性损伤和慢性损伤。

急性损伤是指一瞬间遭受直接暴力或间接暴力造成的损伤,特点是发病急,病程较短。

慢性损伤是指由多次细微损伤积累而成的劳损,或由于急性损伤处理不当转化而来的陈旧性损伤,特点是发病缓慢,病程较长。

二、运动损伤产生的原因

（一）内部原因

1. 身体条件

1）年龄

青少年时期，骨骼发育尚未成熟，因此，青少年的骨骼对外力的抵抗能力较差，易发生骨折。年龄较大的人脊柱和关节的柔韧性降低，所以也容易发生运动损伤。

2）性别

女性雌激素的分泌具有周期性，若月经紊乱，会造成雌激素分泌减少，这是造成女性疲劳骨折的原因之一。

3）体格

体内脂肪多、体重重的人，肌肉不够发达，身体的灵活性也较差，容易造成运动损伤，尤其是在抵御造成损伤的暴力时，体重重的人处于不利地位。

4）其他

在身体状况不良（贫血、感冒、痛经、睡眠不足等）的情况下参加体育运动，容易导致运动损伤。

2. 心理素质

在冲撞性较强的运动（如足球）中，如果注意力不集中，发生运动损伤的可能性会增加。情绪不稳定、急于求成，或在运动中因恐慌、害羞而犹豫不决的人，容易发生运动损伤。

（二）外部原因

1. 运动项目不合适

不顾自身的条件选择不适宜的运动项目，会使运动损伤的发生率提高。例如，年龄偏大的人选择参加足球运动，或试图采用蛙跳增强腿部肌肉的力量，容易出现膝关节损伤。因此，体育锻炼要科学，要注意选择适合自己身体条件的运动项目。

2. 过度训练

运动时间过长、运动量过大、运动频率过高等极易导致过度训练，过度训练是导致运动损伤的主要原因之一。过度训练的症状表现为：静息心率加快、血压升高、睡眠不佳（失眠、多梦、易惊醒）、食欲下降、体重减轻、无训练的欲望、心情烦躁、易怒、记忆力下降等。过度训练如果不及时纠正，就会使人体的免疫机能下降，这样会增加慢性疲劳的发生率。

3. 环境因素

环境因素包括自然环境和人工环境两个方面。

（1）自然环境。雨后路滑、光线不足、气温过高或过低等，容易引起运动损伤。

（2）人工环境。锻炼者使用劣质器械，锻炼服装和鞋子不合适，缺乏必要的防护器具（如护膝、护踝、护腿等），运动场地不平坦，器械安装不牢固，器械的高低、大小与轻重不符合锻炼者的年龄、性别和训练水平等特点，都会导致运动损伤。

三、运动损伤的预防

一般来说，在体育锻炼中要预防运动损伤，应做好以下几个方面的工作。

1.从思想上重视运动损伤的预防

体育锻炼者要从思想上重视运动损伤的预防,并遵守体育锻炼的一般原则,同时,要加强身体的全面锻炼,提高机体对运动的适应能力。

2.调节身体,使其处于良好的运动状态

1)锻炼前应做好准备活动

准备活动不但能使血液循环加快、肌肉的应激性提高、关节的柔韧性增强,也能减轻紧张感和压力感,这在很大程度上可以预防运动损伤的发生。

2)锻炼后应注意放松

放松是指在锻炼后通过一定的方法使体温、心率、呼吸等恢复到锻炼前的正常水平。从预防运动损伤的角度来看,放松活动与锻炼前的准备活动一样重要。根据不同的运动项目有针对性地进行放松,可以防止锻炼后出现肌肉酸痛的现象。

3)加强自我保护

锻炼者除了要认真做好准备活动和放松活动外,还要了解初步处理锻炼后肌肉酸痛、关节不适的方法。在锻炼过程中,锻炼者应密切注意自己的身体反应,以便及早发现运动损伤的早期症状。

3.创造安全的锻炼环境

锻炼者在锻炼前应对体育器具、设备、场地等进行严格的安全检查。例如:参加网球运动时,球拍的重量、拍柄的粗细应该适合锻炼者个人的情况;女性锻炼者在锻炼过程中不宜佩戴项链、耳环等;锻炼者应根据运动项目、脚的大小、足弓的高低选择一双合适的鞋子。

4.科学锻炼

科学锻炼包括五大要素,即全面性、渐进性、个别性、反复性、意识性,前三个要素对预防运动损伤较为重要。

全面性是指锻炼者应对体能进行全面的训练,不能反复练习某一特定的动作。

渐进性是指锻炼者应逐步提高运动强度和增加锻炼时间,以防机体不适应而导致运动损伤。

个别性是指锻炼必须因人而异。性别、年龄、体格不同,运动量和运动方法也应不同。

5.加强对易伤部位的训练

加强对易伤部位的训练,是一种很好的预防运动损伤的方法。例如,为了预防腰部损伤,应加强对腰肌和腹肌的训练,提高腰肌和腹肌的力量,并增强其协调性。

第二节 运动损伤的急救和处理

一、急救概述

(一)急救的含义和目的

急救是指对意外或突然发生的伤病事故进行紧急的临时性处理。急救的目的是保护伤病员的生命安全,减轻伤病员的痛苦,预防并发症,并为伤病员的转移和进一步治疗创造条件。

(二)急救的原则

急救时必须抓住主要问题,救命在先,做好休克的防治工作。骨折、关节脱位、软组织严重损伤时,伤病员常因出血、疼痛而发生休克。在现场急救时,要注意预防休克。另外,急救必须分秒必争,力求迅速、准确、有效。

急救人员必须分工明确,并且要具有高度的责任感和救死扶伤的崇高品德;要临危不惧,判断正确,有条不紊地抢救伤病员;要有熟练的抢救技术和丰富的相关工作经验。

二、常用的急救方法

（一）包扎急救法

包扎具有以下作用:限制伤肢活动,避免伤势加重;保护创口,预防或减少感染;使伤肢处于舒适的位置,减轻疼痛,防止或减轻肿胀。包扎时,动作要轻,松紧度应适中,过紧会妨碍血液循环,过松则起不到包扎的作用。

1.绷带包扎法

1）环形包扎法

环形包扎法适用于包扎肢体粗细比较一致的部位,如手腕、小腿下部等。包扎时,先将绷带带头斜放在伤肢上并用拇指压住,然后将绷带绕肢体一圈后,将带头的一个小角反折,再继续绕圈包扎,每圈都盖住第一圈,包扎3～4圈即可,如图4-1所示。

2）螺旋形包扎法

螺旋形包扎法适用于包扎肢体粗细相差不大的部位,如上臂、大腿下部等。包扎时,先用环形包扎法包扎2～3圈,然后将绷带斜向上缠绕,每圈都盖住前一圈的1/2～2/3,如图4-2所示。

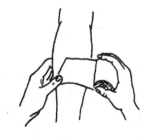

图4-1 环形包扎法

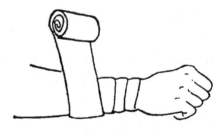

图4-2 螺旋形包扎法

图4-3 "8"字形包扎法

3）"8"字形包扎法

"8"字形包扎法适用于包扎肘、膝、踝等关节处。包扎时,先在关节下方用环形包扎法包扎几圈,然后将绷带由下而上,再由上而下地来回做"8"字形缠绕,使绷带相交处逐渐向关节靠拢,最后用环形包扎法结束包扎,如图4-3所示。

2.三角巾包扎法

三角巾包扎法适用于全身各部位的包扎。下面介绍手部包扎法和头部包扎法。

包扎手部时,先将三角巾平铺,使患者手掌向下,指尖对着三角巾的顶角,手平放在三角巾的中央,底边横放于腕部,然后将三角巾的顶角向上反折,再将两底角向手腕背部交叉缠绕一圈后在手腕背部打结,如图4-4所示。头部包扎法如图4-5所示。

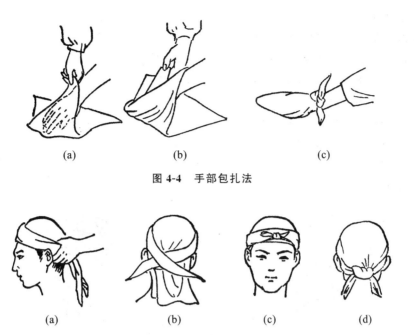

图 4-4　手部包扎法

图 4-5　头部包扎法

（二）止血急救法

血液从损伤的血管中向外流称为出血。按出血的部位，出血可分为外出血和内出血。外出血是指血液从皮肤创口处流向体外，这种出血较为常见。内出血是指血液从损伤的血管内流出后向皮下组织、肌肉、体腔（如胸腔、腹腔等）、胃肠道、呼吸器官内注入。内出血在初期不易被发现，因此比外出血严重。按出血的性质，出血可分为动脉出血、静脉出血和毛细血管出血。动脉出血时，血液呈鲜红色，血液自伤口的近心端呈喷射状流出；静脉出血时，血液呈暗红色，血液缓慢流出；毛细血管出血时，血液在创面上渗出，一般会自行凝固。动脉出血的危险性较大，常因失血过多引起休克。一般所见的出血多为混合型，单纯的动脉出血、静脉出血较少见。

常用的止血方法有冷敷法、抬高伤肢法、加压包扎法、指压止血法、止血带止血法。无论用哪种方法进行临时止血后，都应迅速将伤员送往医院。

1.冷敷法

冷敷法可以使血管收缩，减少局部充血，降低组织温度，达到止血、止痛、减轻局部肿胀的效果。

冷敷法常用于急性闭合性软组织损伤。常用的方法有三种：①用冷水冲洗伤处；②将冷毛巾敷于伤处；③将冰块装入热水袋（或塑料袋）内进行外敷。

2.抬高伤肢法

将伤肢抬高，使出血部位高于心脏，从而使出血部位的血压降低，减少出血。此法适用于四肢毛细血管出血及小静脉出血的止血。

3.加压包扎法

操作方法为先用无菌敷料覆盖出血处，再用绷带包扎。此法适用于毛细血管出血和小静脉出血的止血。

4.指压止血法

指压止血法是指在出血部位上方相应的压迫点处用拇指或其余四指将动脉压向邻近的骨面,以阻断血液来源,从而达到止血的目的。动脉出血时这是最迅速的一种临时止血法。用指压止血法时一定要找准压迫点的位置。千万不要在正常人体上进行压迫(特别是颈部的动脉),以免引起意外。具体来说,指压止血法分为以下几种。

(1)颞浅动脉压迫止血法(见图4-6):在耳屏的前方用拇指摸到搏动后将该动脉压向颞骨面,可用于同侧颞部出血的临时止血。

(2)颌外动脉压迫止血法(见图4-7):在下颌角前约1.5厘米处用拇指摸到搏动后将该动脉压向下颌骨面,可用于同侧面部出血的临时止血。

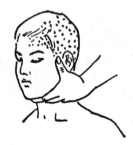
图4-6 颞浅动脉压迫止血法

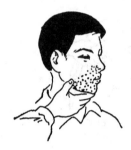
图4-7 颌外动脉压迫止血法

(3)锁骨下动脉压迫止血法(见图4-8):在锁骨上方、胸锁乳突肌外缘用拇指摸到搏动后将该动脉向后正对第一根肋骨压迫,可用于同侧肩部和上臂出血的临时止血。

(4)肱动脉压迫止血法(见图4-9):将手臂向外展开,用拇指或其余四指压迫上臂内侧的中部,可用于同侧前臂出血的临时止血。

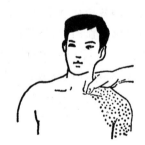
图4-8 锁骨下动脉压迫止血法

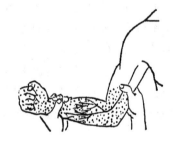
图4-9 肱动脉压迫止血法

(5)股动脉压迫止血法(见图4-10):在腹股沟中点处摸到搏动后将该动脉用掌或拳向下方的股骨面压迫,可用于同侧大腿、小腿出血的临时止血。

(6)胫前、胫后动脉压迫止血法(见图4-11):将食指、拇指分别按压在内踝与跟骨间和足背横纹的中点处,可用于同侧足部出血的临时止血。

5.止血带止血法

止血带止血法适用于动脉出血的止血。用止血带止血时,止血带要绑扎在伤口的近心端,并且要在肢体周周垫上软布后再进行绑扎。上肢出血时,止血带要绑扎在上臂;下肢出血时,止血带要绑扎在大腿靠近伤口的近心端。上肢每隔30分钟放松一次止血带,下肢每隔1小时放松一次止血带,放松时间为2~3分钟,并暂时改用指压止血法止血,以免引起肢体缺血而发生坏死。绑扎止血带的时间不宜超过 3 小时。

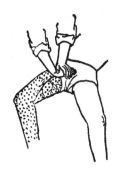

图 4-10　股动脉压迫止血法

图 4-11　胫前、胫后动脉压迫止血法

（三）心跳、呼吸骤停的急救（心肺复苏术）

在某些意外情况下，如触电、溺水、一氧化碳中毒等，心跳、呼吸会骤停，造成血液循环停止。脑细胞对缺氧十分敏感，一般在血液循环停止 4～6 分钟后，就会对大脑造成严重损害，甚至不能恢复，因此，心跳、呼吸骤停时，必须马上通过心肺复苏术恢复血液循环。标准的心肺复苏术包括以下三个部分。

（1）判断病人有无意识，用仰头举颌法（见图 4-12）使病人的呼吸道保持畅通。

图 4-12　仰头举颌法

（2）人工呼吸，如图 4-13 所示。

（3）胸外心脏按压，如图 4-14 所示。

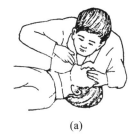
(a)

(b)　　　　　　　　(c)

图 4-13　人工呼吸

采用心肺复苏术抢救病人时要注意以下几点。

（1）采用仰头举颌法时，注意手指不要压迫病人颈前部、颌下的软组织。

（2）进行口对口人工呼吸时，每次吹气量不要过大，否则会使病人的胃内大量充气。

（3）判断病人有无脉搏时，触摸颈动脉不能用力过大，以免颈动脉受压妨碍头部供血，检查时间不可超过 10 秒钟。

图 4-14　胸外心脏按压

（4）进行胸外心脏按压时，用力应平稳、有规律，不能间断,也不能忽快忽慢,按压时手指不要压在胸壁上,否则易引起肋骨或肋软骨骨折。

(5) 进行胸外心脏按压时,应垂直向下用力(特别是肘关节要伸直),不要左右摆动,双手手掌要重叠放置,按压后放松时定位的手掌根部不可离开胸骨定位点。

(四) 溺水的急救

溺水时,水经口、鼻进入肺内,会造成呼吸道阻塞,吸水的刺激也会引起喉痉挛,使气体不能进出,引起窒息,时间稍长,就会有生命危险。

急救步骤如下。

(1) 立即将溺水者救到岸上,清除口腔中的分泌物和其他异物,并迅速进行倒水,急救者一腿跪在地上,另一腿屈膝而立使溺水者匍匐在膝盖上,头部下垂,按压其腹、背部,使溺水者口腔及气管内的水排出。

(2) 立即进行人工呼吸,若心跳已停止,应同时进行胸外心脏按压。人工呼吸和胸外心脏按压以 1∶4 的频率进行,急救者之间应密切配合,积极抢救,必要时及时送医院。

(五) 休克的急救

运动损伤中并发的休克多为外伤性休克,主要是损伤引起剧烈疼痛所致,多见于脊髓损伤、骨折、睾丸挫伤等。

休克的主要症状是虚弱、反应迟钝、面色苍白、尿量减少、血压下降等。严重时会昏迷,甚至死亡。

病人休克时应采取急救措施。

(1) 使病人安静平卧或头低脚高仰卧(呼吸困难者不宜采用),保暖,但不要过热,以免皮肤血管扩张,影响生命器官的血流灌注。

(2) 保持呼吸道通畅,昏迷患者,头应侧偏,并将其舌头牵出口外,必要时可进行人工呼吸。

(3) 针刺或按摩人中、百会、涌泉、内关、合谷等穴位。

(4) 如有外伤出血,应及时采用适当的方法止血;疑有内脏出血,应迅速送医院抢救。

(5) 疼痛剧烈时应注射镇痛剂,以减轻病人的痛苦,防止加重休克。

(六) 关节脱位及急救

关节脱位是指组成关节的各骨的关节面偏离正常的位置,也称为脱臼。

1. 关节脱位的征象

关节脱位有以下几种征象。

(1) 局部疼痛与压痛。发生关节脱位后,由于局部肌肉、韧带和关节囊等软组织破损,会引起较剧烈的疼痛和压痛。

(2) 局部肿胀。发生关节脱位后,由于受伤关节周围的软组织内血管破裂出血及软组织损伤后的炎症反应,会出现明显的肿胀现象。

(3) 关节失去活动功能。由于正常的关节结构被破坏,关节失去枢纽作用,同时伴有软组织严重损伤、疼痛和肌肉痉挛等,损伤的关节会失去正常的活动功能。

通过 X 线检查可进一步确定脱位的程度、方向,以及有无合并骨折、陈旧性脱位,有无缺血性坏死等。此外,关节脱位还可能牵扯和压迫邻近的神经和血管并造成损伤,检查时应引起重视。

2.关节脱位的急救原则和注意事项

1)防治休克

关节脱位或合并其他损伤时,伤员可能会因疼痛、失血等原因而发生休克,急救时要注意预防休克的发生,尽早发现休克并及时处理。

2)固定

用夹板和三角巾固定伤肢后,应尽快将伤员送至医院,争取尽早复位。没有相关技术和经验的救护者,不可随意做试图复位的动作,以免加重伤情,影响关节功能的恢复。

(七)骨折的急救

骨折是指骨与骨小梁的连续性发生断裂,这是一种较严重的运动损伤,发病率约占运动损伤的1.5%。

1.骨折的征象

1)全身表现

骨折的全身表现有以下几种。

(1)休克,多见于比较严重的骨折,如股骨骨折、脊椎骨折、严重的开放性骨折等。

(2)一般骨折后体温正常,对于开放性骨折的伤员,如果其体温升高,应考虑是否有感染。

(3)部分伤员会出现口渴、便秘等现象。

2)局部表现

骨折的局部表现有以下几种。

(1)疼痛和压痛。骨折处剧烈疼痛,在活动肢体时疼痛加剧,触诊时骨折处有局部性压痛。

(2)局部肿胀和瘀血。骨及附近软组织的血管破裂出血,若为闭合性骨折,则在其周围形成血肿,若为开放性骨折,则血液经创口流出,周围软组织肿胀,甚至会在皮肤上产生张力性水泡。

(3)功能障碍。骨折后因疼痛、肌肉痉挛、周围软组织损伤等,肢体会丧失部分或全部活动功能。

(4)畸形。骨折后肌肉的痉挛性收缩会造成骨折断端移位,从而引起骨折肢体的缩短、旋转畸形等。

(5)异常活动和骨擦音。完全骨折后,局部会出现类似关节的异常活动,移动肢体时可能会出现骨擦音,这是骨折特有的症状,但在检查时决不能有意地去寻找异常活动或骨擦音,以免加重损伤,增加伤员的痛苦。

2.骨折的急救原则和注意事项

1)防治休克

对严重骨折要预防休克的发生,密切观察伤员的情况,尽早发现休克并及时处理。

2)早期就地固定

骨折的急救固定可避免骨折断端损伤其周围的软组织、血管、神经或内脏等,减轻伤员的疼痛,便于伤员的转运。固定器材最好为夹板,也可就地取材,如较硬的树枝、木棍、窄木板等,若都不具备,可将受伤的上肢绑在胸部。对于没有固定的伤员,不可任意移动,在没有把握或条件不充分时,禁止做任何试图复位的动作,以免加重损伤,增加伤员的痛苦。

3）先止血再包扎、固定

对于开放性骨折造成的出血,应先根据具体情况采用适当的方法止血,然后清理创口,预防感染。对于暴露在伤口外的骨折断端,未经处理不可复回伤口内,以免将污物带入伤口深处,应盖上无菌敷料并包扎、固定后立即送至医院处理。固定时夹板的长短、宽窄要适当,应能将骨折处上、下两个关节都固定,夹板不可直接接触皮肤,可在夹板的两端、骨突处及空隙处用棉花或软布填塞,避免产生压迫性损伤。四肢骨折固定时要露出指(趾)端,以便于观察肢体的血液循环情况,若发现指(趾)端苍白、发凉或呈青紫色,应马上松开夹板并重新固定。

3.骨折急救的临时固定

1）锁骨骨折的临时固定

将三条三角巾分别折成宽带,将其中两条做成环套于双肩,另一条在背部将两环拉紧打结,然后在腋下放置棉垫等松软物以防腋下组织受压,最后用小悬臂带将伤肢挂起,如图 4-15 所示。

2）肱骨干骨折的临时固定

取两块合适的夹板,分别置于伤肢外侧和内侧,用叠成带状的三角巾在骨折处的上、下两端将夹板固定,再用小悬臂带将前臂挂起,最后用三角巾把伤肢绑在躯干上加以固定,如图 4-16 所示。

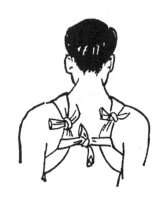
图 4-15　锁骨骨折的临时固定

图 4-16　肱骨干骨折的临时固定

3）前臂骨折的临时固定

使前臂处于胸前中间位置,拇指朝上,肘关节弯曲 90°,在前臂的掌侧和背侧分别用两块有垫夹板固定(夹板的长度应超过肘和手腕),最后用大悬臂带将前臂挂于胸前,如图 4-17 所示。

4）手腕部骨折的临时固定

手握棉花团或绷带卷,将有垫夹板置于前臂和手的掌侧用绷带缠绕固定,最后用大悬臂带将前臂挂于胸前,如图 4-18 所示。

5）股骨骨折的临时固定

将两块长夹板分别置于伤肢的内、外侧,内侧夹板的长度从大腿根部至足跟,外侧夹板的长度从腋下至足跟,然后用 5~8 条宽带固定夹板,在外侧打结,如图 4-19 所示。

图 4-17 前臂骨折的临时固定

图 4-18 手腕部骨折的临时固定

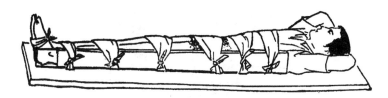

图 4-19 股骨骨折的临时固定

6）小腿骨折的临时固定

将两块长夹板分别置于伤肢的内、外侧，内侧夹板的长度从大腿中部至足跟，外侧夹板的长度从膝上至足跟，然后用 4～5 条宽带固定夹板，在膝上、膝下和踝部外侧打结，如图 4-20 所示。

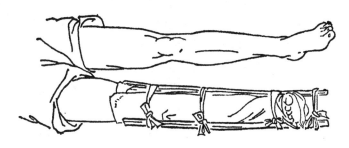

图 4-20 小腿骨折的临时固定

7）颈椎骨折的临时固定

对于颈椎骨折的伤员，应由三人共同进行处理，其中一人专门负责伤员头部的牵拉固定，使伤员的头处于受伤后的位置，不可屈、伸、旋转，其余两人抬伤员的肩、背、腰、腿，三人协力将伤员放在硬板担架上，在伤员颈下放一小垫，头部两侧用沙袋或卷起的衣服固定，如图 4-21 和图 4-22 所示。

（八）脑震荡的急救

在运动损伤中，急性脑损伤是一种较严重的创伤，脑震荡又是脑损伤中较轻、较常见的一种急性闭合性损伤。

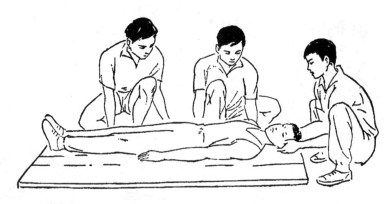

图 4-21　颈椎骨折伤员的搬运

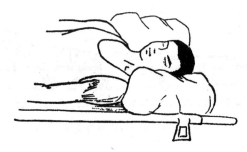

图 4-22　颈椎骨折伤员头部的临时固定

1. 症状

脑震荡的症状是伤员会发生意识障碍,表现为神志不清或完全昏迷,并持续一段时间,但一般不超过半小时。在意识障碍期间,会出现皮肤苍白、出汗、血压下降、肌张力降低、生理反射迟钝或消失等现象。清醒后,有些人不能回忆受伤时乃至受伤前一段时间内的情况,但对往事记忆犹新,这种记忆缺失称为逆行性遗忘,伤后数天会自动消失。此外,还可能会出现情绪不稳定、易激动、不耐烦、注意力不集中、耳鸣、心悸、多汗等现象,通常在短期内会自动好转。

2. 急救方法

急救时应让伤员平卧,头部冷敷,身上保暖。若有昏迷,可用手指掐人中、内关等穴位,呼吸发生障碍时,可进行人工呼吸。

如果伤员昏迷时间超过 4 分钟,或两侧瞳孔大小不一样,或清醒后剧烈头痛、呕吐,都说明损伤较严重,应立即送到医院进行处理。

(九)溺水及其初步抢救措施

1. 溺水的概念

人淹没于水中,由于呼吸道被水、污泥、杂草等堵塞,或因吸水的刺激导致喉头、气管发生反射性痉挛,引起窒息和缺氧,称为溺水。因溺水而引起的窒息和缺氧,可导致呼吸、心搏骤停而致死。溺水常因溺水者未掌握游泳技术而误入深水区,游泳时肌肉痉挛或思想麻痹大意等引起。溺水者一般有身体发绀、面色苍白肿胀、口鼻充满泡沫、四肢冰冷、神志昏迷、腹部胀大、甚至呼吸、心跳停止等临床表现。

2.溺水的初步抢救处理

溺水者被救上岸后,应立即按以下步骤迅速就地抢救。

(1)清除溺水者口腔和鼻腔内的分泌物及其他异物。

(2)控水:对上腹鼓胀、腹内有水的溺水者,可将溺水者腹部置于抢救者的屈膝大腿上,使溺水者头部下垂,然后按压背部,使口腔、咽喉及气管内的水倒出,如图4-23所示。控水时间不宜过长,切不可因控水时间过长而错失心肺复苏的良机。

(3)检查呼吸、心跳情况,如呼吸、心跳停止,立即就地进行人工呼吸和胸外心脏按压。

(4)迅速转送医院,应当尽量在运送途中继续进行人工呼吸和胸外心脏按压术,切忌不做任何抢救就将溺水者送往医院,这样会使溺水者因脑缺氧时间过长而无法挽救生命。

图 4-23 控水

第三节 运动处方

一、运动处方的含义、种类和内容

体育锻炼可以达到预防和治疗疾病、健身的目的。身体状况不同的人应采取不同的锻炼方法,否则会使自己受到伤害,尤其是那些身患疾病的人必须严格按照运动处方进行治疗。

(一)运动处方的含义

处方在医学上指的是医生给病人开的药方,不同的病当然不能使用同一种处方。同样,要科学地锻炼身体,提高健康水平,预防或治疗疾病,也必须"对症下药"。

运动处方是指以处方的形式规定病人或体育锻炼者参加体育锻炼的内容、运动强度、运动时间、注意事项等。它是指导人们有目的、有计划地进行锻炼的一种形式。在有效的运动处方的指导下进行锻炼可以达到下述目的。

(1)增进身体健康,包括两个方面:一是预防疾病,特别是"文明病",如长期在计算机前工作的人易患的颈椎病、腰椎病等;二是改善身体状态,提高对环境的适应能力。

(2)提高身体机能,使肌肉的耐力、爆发力增强,使身体的灵活性、平衡性、柔韧性提高,使运动能力增强。

(3)治疗疾病。严格地按运动处方进行锻炼,可以大大提高运动中的安全感,减少意外情况的发生,同时可以提高疾病的治愈率。

(二)运动处方的种类

运动处方大致可以分为以下两种。

1)治疗性运动处方

治疗性运动处方主要用于治疗某些疾病。例如,某人中等肥胖,体重超标 10 千克,他需要每天爬山 1 小时,经过约 16 周的时间,其体重可以降到标准范围内,这就是治疗性运动处方。

2) 预防性运动处方

预防性运动处方主要用于健身和预防疾病。例如,人到中年,身体机能开始衰退,容易患动脉硬化等疾病。为了预防动脉硬化,运动处方中规定了中等强度的耐力跑,使脂肪和胆固醇等物质不易沉积,从而起到预防动脉硬化的作用,这就是预防性运动处方。

(三)运动处方的内容

运动处方应包括运动目的、运动种类、运动强度、运动时间、运动频率、注意事项与微调整。

1.运动目的

运动目的包括消遣娱乐、强身健体、健美减肥、防治疾病、提高运动成绩等。运动目的主要是根据锻炼者的性别、年龄、职业、爱好和身体健康状况来确定的。

2.运动种类

一般来说,应根据制订运动处方的目的来选择运动种类,此外,锻炼者的体力、运动水平、运动设施及有无指导者也会对运动种类的选择产生影响。适用于一般健康者和慢性病患者的锻炼项目可分为以下五类。

(1)耐力性锻炼项目,如长跑、骑自行车、长距离游泳、爬山等。

(2)力量性锻炼项目,如拉力器练习,哑铃练习,克服自身体重的单、双杠练习等。

(3)放松性锻炼项目,如散步、旅行、按摩、打太极拳等。

(4)一般健身性锻炼项目,如各种球类运动、游戏、广播体操、体育舞蹈等。

(5)专用体操锻炼项目,如医疗体操、矫正体操等。

3.运动强度

运动强度是指单位时间内的运动量,是运动处方的核心部分。不同锻炼者的运动能力是有差异的,需要通过科学的监测来确定适宜的运动强度。运动强度还可根据心率、最大摄氧量、代谢当量、自觉疲劳程度等来确定。

4.运动时间

每次运动的持续时间为15~60分钟,一般须持续20~40分钟。在制订运动处方的过程中,运动量的确定是至关重要的,它会直接影响锻炼的效果。运动量是由运动强度和运动时间共同决定的(运动量=运动强度×运动时间)。当运动量确定时,运动强度与运动时间成反比,运动强度较大,则运动时间较短,运动强度较小,则运动时间较长,前者适合于体力较好者,后者适合于体力较差者。

5.运动频率

每周运动3~5次,运动效果可得到较好的蓄积,锻炼效果较好,原因如下。

(1)每周运动1次,肌肉酸痛和疲劳每次都会发生,运动后1~3天身体不适,且易发生运动损伤,运动效果不易蓄积。

(2)每周运动2次,肌肉酸痛和疲劳减轻,身体无不适感,运动效果有一点蓄积,但不明显。

(3)每周运动3~5次,肌肉较为适应,最大摄氧量增加并且逐步趋于稳定,运动效果蓄积明显。

(4)每周运动6次以上,最大摄氧量增加不明显,并有增加运动损伤的倾向。

以健身为目的进行锻炼时,应选择适合自身情况的运动频率,也可坚持每天锻炼,但最重要的是养成运动习惯,使运动生活化。

6. 注意事项与微调整

为了确保锻炼者的安全,必须在运动处方中提出相应的注意事项。

(1) 提出禁忌的运动项目和易发生危险的动作。例如,心脏病患者不能做高强度的运动,学生不能在缺乏保护措施的器械上做腾空、翻转等动作。

(2) 提出运动过程中出现异常时停止运动的标准。例如,心脏病患者在运动过程中出现全身无力、头晕、气短等,应停止运动。

(3) 每次锻炼前、后要分别做好准备活动和整理活动。

体育锻炼者在实施运动处方的过程中,应根据实际情况进行必要的微调整。运动环境、个人身体条件等的变化会使运动前制订的运动处方可能有不合适的地方,人们只有通过在实践中反复地调整、修正,才能使运动处方更科学、合理,从而保证人们在安全、有效的运动中增强体质。因此,体育锻炼者必须时刻注意调整自己的运动处方。

二、制订和实施运动处方的基本原则

1. 因人而异的原则

运动处方应根据每一个锻炼者或病人的具体情况来制订,切忌千篇一律。

2. 有效的原则

运动处方的制订和实施应使锻炼者或病人的功能状态有所改善。在制订运动处方时,要科学、合理地安排各项内容,在实施运动处方的过程中,要认真完成各项练习。

3. 安全的原则

在制订和实施运动处方时,应严格遵守各项安全规定和要求,以确保安全。

4. 全面的原则

在制订和实施运动处方时,要注意维持人体生理和心理的平衡,以达到身心全面健康的目的。

5. 调整的原则

再好的运动处方,也不一定适合所有的人。一个安全、有效的运动处方应该是自己制订的,而且应该在实施过程中不断调整。一般情况下,按照运动处方坚持锻炼8周就能取得较好的锻炼效果,8周以后,若再按原处方进行锻炼,则效果不大,此时,需要对运动处方进行调整。

第四节　运动性疾病的体育疗法

运动性疾病,一般是指机体对运动不适应造成体内调节平衡的功能紊乱而出现的一类疾病、综合征或功能异常。常见的运动性疾病有运动性贫血、运动性血尿、运动性中暑、停训综合征等。本节主要介绍几种常见的运动性疾病的发生原因、症状、处理方法及预防措施。

一、肌肉酸痛

(一) 原因和症状

不少人有这样的体会,在一次活动量较大的锻炼以后,或是较长时间未锻炼,突然进行体育锻炼后,往往会出现肌肉酸痛现象。

运动后产生肌肉酸痛的原因是运动时肌肉活动量过大,引起局部肌纤维及结缔组织的细微损伤,以及部分肌纤维的痉挛。由于这种细微损伤及痉挛是局部的,所以就整块肌肉而言,仍能完成运动,但存在酸痛感。

(二) 处理和预防

处理肌肉酸痛可采用如下对策。

(1) 热敷。对酸痛的局部肌肉进行热敷,可以促进血液循环,有助于受损伤组织的修复及痉挛的缓解。

(2) 按摩。按摩可以使肌肉放松,促进血液循环,有助于受损伤组织的修复及痉挛的缓解。

(3) 口服维生素C。口服维生素C有助于受损伤组织的修复,缓解酸痛。

(4) 针灸、电疗等手段对缓解酸痛也有一定的作用。

预防肌肉酸痛可采取如下对策。

(1) 根据体质和健康状况,科学地安排运动负荷,运动负荷不要过大,也不宜增加过快。

(2) 锻炼时,尽量避免长时间集中练习某一部位,以免局部肌肉负担过重。

(3) 在准备活动中,除了进行一般性的放松练习外,还应重视进行肌肉的伸展性练习,这种伸展性练习有助于预防肌纤维的痉挛,从而避免肌肉酸痛的发生。

二、肌肉痉挛

肌肉不由自主地发生强直性收缩,就是肌肉痉挛,俗称"抽筋"。

(一) 原因和症状

在体育锻炼中,肌肉痉挛产生的原因通常有以下几种:①肌肉受到强烈的寒冷刺激;②准备活动不充分,肌肉收缩时用力过猛,或收缩和放松不协调;③夏天运动时大量出汗,造成体内电解质平衡失调,从而引起肌肉痉挛。

肌肉痉挛时,局部肌肉变硬,疼痛难忍,如果发生在足部,则脚趾会不由自主地弯曲,难以伸直。

(二) 处理

肌肉痉挛时,对痉挛部位的肌肉做牵引,可以使痉挛缓解或消失。

(三) 预防

预防肌肉痉挛可采取如下对策。

(1) 运动前做好准备活动,对容易发生痉挛的部位做适当按摩。

(2) 游泳下水前,应用冷水沐浴。

(3) 冬季注意保暖,夏季长时间运动时,注意补充盐分和糖等。

三、运动中腹痛

(一) 原因

运动中腹痛多在中长跑时产生,主要原因有以下几种。

(1) 准备活动不充分,开始时运动过于剧烈,内脏器官功能尚未达到竞赛状态,致使脏腑功能失调,引起腹痛。

(2) 运动前吃得过饱,饮水过多,或者腹部受凉,引起胃的痉挛。

(3) 下腔静脉压力上升,引起血液回流受阻。

(二) 处理

如果没有器质性病变现象,一般采用减慢跑速、加深呼吸、按摩疼痛部位等方法处理,可使疼痛减轻或消失。如果疼痛仍不减轻,甚至加重,应停止运动,并口服十滴水,或揉按内关、足三里、大肠俞等穴位,仍不见效,应送医院做进一步检查。

(三) 预防

饭后一小时才能进行运动,运动前要充分做好准备活动,运动量要循序渐进,夏季运动要注意适当补充盐分。对于各种慢性疾病引起的腹痛应到医院检查,病愈之前,应在医生和体育教师的指导下进行锻炼。

四、运动性晕厥

(一) 原因和症状

在运动中,由于脑部突然供血不足而发生的暂时性知觉丧失现象,叫运动性晕厥。

剧烈运动或长时间运动后,大量血液聚积在下肢,流回心脏的血液减少,易导致运动性晕厥。运动性晕厥也和剧烈运动后引起的低血糖有关。

运动性晕厥的症状是全身无力、头晕耳鸣、眼前发黑、面色苍白、失去知觉、手脚发凉、脉搏慢而弱、血压降低、呼吸缓慢等。

(二) 处理

立即使患者平卧,足部略高于头部,并进行由小腿至大腿、心脏方向的按摩或拍击。同时,用手指按压人中、合谷等穴位。如有呕吐现象,应将患者的头部偏向一侧。如停止呼吸,应立即进行人工呼吸。

(三) 预防

(1) 平时坚持体育锻炼,以增强体质。

(2) 久蹲后不要突然站起来。

(3) 不要带病参加剧烈运动。

(4) 快跑后不要立即停下来。

(5) 不要在饥饿的情况下参加剧烈运动。

五、运动性中暑

运动性中暑是在高温环境中运动,体内热量难以散出而引起的一种急性病。

(一) 原因和症状

在炎热的夏季或其他高温环境中进行长时间的运动,特别是在天气闷热、缺乏饮水及烈日直晒头部的情况下进行运动,容易发生运动性中暑。轻者有头晕、头痛、全身乏力、烦躁、恶心、呕吐等症状,若不及时处理,则会出现高热、皮肤灼热无汗、面色发红、呼吸急促等现象,严重者会出现昏迷不醒、面色苍白、出冷汗、血压下降、瞳孔扩大等症状,甚至会有生命危险。

（二）处理

将患者迅速撤离高温环境,送到阴凉通风处休息,解松衣服,扇风降温,头部可冷敷,上身用温水擦洗按摩,同时让患者补充生理盐水和葡萄糖等。

（三）预防

在高温环境中锻炼时,应适当减少运动量和运动时间,避免在烈日下长时间锻炼；在室外锻炼时,应戴白色凉帽；在室内锻炼时,应保持良好的通风,并备有低糖、含盐的饮料。

六、运动性血尿

用肉眼或在显微镜下看到尿中有血或红细胞,称为血尿。由剧烈运动引起的血尿称为运动性血尿。运动性血尿在长跑、三级跳远、球类运动和拳击项目中较多见。

（一）症状

运动后立刻出现血尿,其明显程度与运动量和运动强度的大小有关。出现血尿后若停止运动,一般不超过3天,血尿会消失。

（二）处理和预防

凡出现肉眼可见血尿的患者,应立即停止运动；镜下出现少量红细胞而无自觉症状者,应减少运动量。患有运动性血尿的人可以参加锻炼,但要安排好运动量,加强医务监督,可服用维生素C、维生素K等。对器质性疾病所引起的血尿,应积极治疗。

七、游泳性中耳炎

（一）原因及症状

产生游泳性中耳炎的原因有以下几种。
(1) 游泳池水质不清洁,游泳后耳内有水残留,使鼓膜被水泡软,细菌趁机入侵中耳。
(2) 在鼓膜破裂的情况下游泳,细菌从外耳道直接进入中耳。
(3) 游泳时呛水,水从咽部的咽鼓管进入中耳。
(4) 上呼吸道发炎,感冒时游泳也会引起游泳性中耳炎。
症状是耳内剧烈疼痛、听力减退、发烧、恶心、呕吐、食欲不振、大便干燥、便秘等。

（二）处理

卧床休息,适当多喝水,吃流质食物,注射青霉素。如鼓膜已破,可用双氧水洗涤,并用消毒棉花塞外耳道。

（三）预防

游泳时注意正确呼吸,避免呛水；用橡皮耳塞塞外耳道,防止水进入耳内；上呼吸道感染或感冒者,暂不游泳。

八、停训综合征

骤然停训或明显减量训练会引起体内一些系统和器官的功能紊乱,这种紊乱症状称为停训综合征。

(一)病因

停训综合征多发生在高水平运动员和长期系统训练者身上。产生原因有以下两种:①运动员因急性伤病住院治疗或较长时间卧床被迫突然停止训练;②为了减轻运动员体力和精神上的压力而采取明显的减量训练。运动员由于长时间的运动训练,加上某些有目的的适应性训练(如高原适应性训练、冷、热适应性训练等),机体产生了运动训练的生理适应性改变,具体表现为素质(力量、耐力、速度)、运动技术、心理品质的改善与提高。目前,对心血管系统对运动训练的适应性研究较多,研究表明,有氧运动训练引起的心血管系统的适应并非永久性的,当骤然停止训练或明显减量训练一段时间后,心血管系统的功能会明显下降。这种训练适应性的丧失常伴随着最大运动能力的丧失和心血管系统、消化系统、神经系统的功能紊乱,从而引起停训综合征。

(二)症状

停训综合征的症状详述如下。
(1)心血管系统:常见症状为胸闷、隐痛、心律不齐。
(2)消化系统:常见症状为食欲下降、腹胀、胃部不适、便秘等。
(3)神经系统:常见症状为烦躁不安、乏力、头痛、失眠、易怒等,个别运动员会出现神经性尿频、尿急、脱发、消瘦、皮肤干燥、不出汗等症状。

(三)处理

对已出现停训综合征的运动员应进行心理放松和药物治疗。
(1)心理放松:自我暗示放松、催眠放松、音乐放松、生物反馈等。
(2)药物治疗:口服维生素 B、维生素 C、维生素 E 等。

第五节 女子体育卫生

女子经常参加适宜的体育运动,可以促进体力和智力的发展。适宜的体育运动不仅可以促进身体的生长发育,增强体质,提高各器官、各系统的机能,也可以使身体各部分的肌肉得到协调、均匀的发展。体育运动还能提高神经系统的反应能力,使机体反应灵活、思维敏捷。

女子具有许多决定其主要机能形态的生理特点,在进行体育运动时,必须根据生理特点,选择适宜的运动项目,安排适当的运动量。

一、女子生长发育的特点及生理特点

(一)女子生长发育的特点

女子的一生可分为七个时期,即新生儿期、幼儿期、儿童期、青春期、生育期、更年期和绝经期。各时期之间并无明显的分界线,它与遗传、周围的环境、营养条件等因素有关。女子一般比男子早两年进入青春期,结束也早两年。在体形方面,女子肩部较窄,上窄下宽,不宜承受较大重力。但女子重心较低,有利于维持平衡。女子全身脂肪多,耐寒能力强,但下腹部对寒冷刺激很敏感,故在寒冷季节要注意下腹部的保暖。

(二)女子的生理特点

1. 运动系统的特点

女子的骨骼较轻,全身骨骼的重量比男子轻20%,抗负荷能力为男子的2/3。女子的体形特点是重心较低,下肢较短,骨盆较宽。这些特点决定女子适合进行耐力和平衡类的运动。

女子肌肉的平均体积和重量均小于男子,女子肌肉重量占体重的30%～35%,男子肌肉重量占体重的40%～45%。女子肌肉中含水分和脂肪较多,肌肉力量小,身体上部肌肉的力量仅为男子的30%～50%,身体下部肌肉的力量为男子的70%。因此,女子在完成支撑、负重类的运动时较困难。

2. 心血管系统的特点

女子心脏的特点是重量和容积均小于男子。男子心脏的重量平均为360克,女子心脏的重量平均为220克;男子心脏的容积为600～700毫升,女子心脏的容积为455～500毫升,故女子心脏的每搏输出量比男子少。

女子心肌的收缩力比男子弱,调节心血管系统活动的交感神经的兴奋性较高,因此,女子的心率较快,血流速度也较快。

女子的血压比男子低,血液中红细胞和血红蛋白的含量也低于男子,因此,女子血液运输氧气和二氧化碳的能力不如男子,但女子的造血功能比男子好。

3. 呼吸系统的特点

女子胸廓和肺的容积均小于男子,呼吸肌力量较弱,因此,女子的肺活量和肺通气量都比男子小,具体表现为女子呼吸深度较浅,呼吸频率较快,加上女子心血管系统的功能不如男子,所以女子的最大摄氧量小于男子。这些特点往往会影响女子在运动时的氧供应能力。

4. 身体构成的特点

青春期前,男孩和女孩的体格基本相同。女孩9～10岁时,身高、体重一般都超过尚未进入青春期的同龄男孩;男孩12～13岁时,开始迅速发育,身高、体重、肌肉力量和运动能力很快赶上并超过同龄女孩。发育成熟后,女子的骨盆变宽,皮下脂肪增多,身高平均比男子矮15～20厘米,体重比男子轻13～20千克。

青春期后,女子身体构成的突出特点是脂肪较多,约占体重的28%(男子约占18%),体态较丰满,大量脂肪集中在皮下组织,特别是臀部、乳房和大腿上部,肌肉的比重相对较少。因此,女子要积极参加体育运动,特别要注意进行有氧运动,以增强肌肉的力量,防止过多的脂肪聚积。

二、女子体育锻炼的卫生要求

(一)一般要求

青春期后,由于男子和女子在身体形态与生理机能方面逐渐出现明显的差别,而且女子开始有月经来潮,所以在进行体育教学和运动训练时,必须考虑到女子的生理特点,予以区别对待。为此,提出了以下几个方面的体育卫生要求。

(1) 中学体育课应男、女分班(组)进行教学。教学内容与要求,男生和女生应有所区别,对女生的锻炼标准、运动成绩(跑的速度、跳的高度等)的要求应低于男生。女生使用的运动器械应比男生的轻一些。

(2) 女生心血管系统、呼吸系统的机能较差,所以女生的运动量要比男生安排得小一些。

(3) 女生的肩部较窄,臂力较弱,做支撑及大幅度摆动动作时较为吃力,所以在学习这些动作时,要注意循序渐进,并给予必要的保护。

(4) 女子身体的重心较低,平衡能力较强,柔韧性较好,适合进行平衡木及艺术体操等活动,在教学和训练中,应注意保持和发展其柔韧性,有意识地使她们加强腹肌、腰肌和骨盆底肌肉的锻炼。

(5) 不宜做过多的从高处往下跳的练习,地面不可过硬,并注意落地姿势,以免使身体受到剧烈的震动,影响盆腔脏器的正常位置及骨盆的正常发育。

(6) 根据青春期女生的心理特点,引导和启发她们积极、主动地参加体育锻炼,通过体育锻炼提高她们的身体素质和健康水平,使她们能在今后的生产劳动、体育运动中做出更大的贡献。

(二) 月经期的体育卫生要求

由于月经期子宫内膜脱落,盆腔充血,生殖器的抗感染能力下降,神经、体液方面也有较大的变化,所以此时进行训练或比赛,应注意下列卫生要求。

(1) 月经正常的女子,可适当地参加体育活动,通过运动可改善血液循环,调节大脑皮层的兴奋和抑制过程,从而减轻全身的不适反应。

(2) 月经期的运动负荷应减小,活动时间不宜过长。

(3) 月经期不宜游泳,同时应避免冷刺激。

(4) 月经期应避免做剧烈的、大强度的跑跳动作,以及使腹压明显增高的憋气动作和静力性动作,否则易造成经血过多或子宫移位。

(5) 月经紊乱、经期下腹部疼痛,以及患有内生殖器炎症的女子,应暂停体育活动。

(三) 更年期的体育卫生要求

女子在更年期应保持乐观的心态,注意劳逸结合,避免紧张而繁重的体力劳动,防止劳累过度,同时要合理调配膳食,防止身体肥胖。

更年期的女子可适当参加体育活动,如保健操、健美操、慢跑、气功、太极拳等,运动项目应根据每个人的具体情况来确定,运动负荷不宜过大,要循序渐进,量力而行。

第五章　运动竞赛欣赏与高校体育竞赛

第一节　运动竞赛概述

一、运动竞赛的含义

从广义上来说,运动竞赛是围绕体育比赛所进行的一切活动的总称。从狭义上来说,运动竞赛是在各运动项目裁判员的主持下,根据各运动项目统一的规则组织实施的运动员个体或运动队之间的以争取优胜为目的的竞技活动的总称。

二、运动竞赛的种类

按比赛项目的数量,运动竞赛可分为以下三种。

（1）综合性运动会。其特点是项目多、规模大、竞赛组织工作复杂、注重礼仪程序,如奥运会、亚运会等。

（2）单项竞赛。单项竞赛是一种专门项目的竞赛形式,其目的在于检查某一运动项目的开展情况和专项运动技术水平的提高情况,其特点是项目单一、便于组织,如世界杯等。

（3）包括部分项目的小型运动会。这类运动会一般只有2~3个比赛项目。

三、运动竞赛的特点

以运动竞赛为基本形式的竞技体育具有以下特点。

（1）公平竞争是竞技体育的灵魂。竞技体育中的竞争以合作为前提,以公平、公正、公开为原则,提倡公平竞争。

（2）运动竞赛的结果预先不可确定。

（3）具有竞赛规则、裁判与仲裁手段。

（4）追求既定的功利目标,传播和宣扬一定的价值观念。

（5）具有完整的组织体系和严格的规章制度。

四、运动竞赛的功能

运动竞赛是竞技体育的基本形式。运动竞赛的实质是"选优",运动竞赛的过程是"优选",运动竞赛的关键是"比较",运动竞赛的表现形式为竞争性和对抗性,运动竞赛的目标是合理地比较参赛者的竞技水平,公正地排列参赛者的名次。这就是运动竞赛的本质。运动竞赛是竞争的一种方式。它的本质决定了其本质功能就是竞争功能。但是这种竞争有其自身的特性,首先,运动竞争是一种公开的竞争,其次,它能最大限度地发挥参赛者的运动技术、体力和智力。

运动竞赛在传承文化的同时对参与主体和社会均体现出一定的功能。

(一)对参与主体的功能

1. 身体活动功能

运动竞赛的功能体现在人的活动和人与人的作用中。运动竞赛必须有人的参与且通过身体活动来进行,因此,身体活动功能是运动竞赛的功能之一。运动竞赛是一种特殊的运动,这种特殊性体现在它以人所表现出的运动能力为标准,刺激参赛者在自我完善和整体发展方面不断地努力。

2. 主体比较功能

运动竞赛的主体比较功能是运动竞赛的基本特性。它有两层意思:一是强调运动竞赛中人的主体性;二是强调运动竞赛的比较性。运动竞赛活动是人的主体性活动,强调人的主体地位。运动竞赛是主体通过身体活动根据一定的比赛规则完成一定比赛内容的较量,在一定程度上可以这样认为:比较是运动竞赛的存在方式。运动竞赛是主体——人的一种活动形式,这种活动以各主体间的比较作为根本保证,以客观的时间、数量和主观的分数等形式来评定成绩,区分出胜负和优劣,从而激励人挑战极限,超越自我,最终实现对生命价值的追求。如果没有主体间的这种比较,竞争就不可能存在。

3. 娱乐功能

运动竞赛具有游戏的特点,它可以通过一些令人愉快的体育活动来缓解人们的各种压力。同时,运动竞赛本身具备游戏所包含的要素,如规则、奖惩等,因此,运动竞赛具有娱乐的功能。

(二)对社会的功能

运动竞赛对于社会来说具有以下三种功能。

(1)教育功能。

(2)政治功能。

(3)经济功能。

第二节 运动竞赛欣赏

体育美在何处?曾有人这样描述:体操运动员在鲜艳的地毯上腾跃,时而凌空飞旋,时而平衡屹立,动作协调而轻柔,令人赞叹不已;洁白的冰面上,花样滑冰运动员配合着悦耳的乐曲、多变的身姿、轻快的节奏、华丽的服装,组成有声、色、光、形的运动着的图案,给人以美的享受;一场精彩的球赛往往在观众的叫喊声中开始,在欢呼声中结束,运动员精湛的球技和巧妙的配合给观众留下了深刻的印象,让观众在兴奋之余获得了美的享受。

体育是人们生活中不可缺少的部分,其中包含着丰富的审美因素。体育活动中广泛地存在着美的现象。许多运动项目成为表现美的重要载体,并为艺术活动提供了一块独特而富有魅力的沃土,也成为美学研究的新领域。

随着社会生活质量的不断提高,人们不断追求高度文明的精神生活,要求提高体育活动的审美情趣。体育中不断渗入的艺术因素使一些传统的体育项目日趋美化。为了满足人们对体育活动日益增长的审美需要,人类不断地创造出了极富审美价值的运动项目,如艺术体操、健美操、冲浪、帆板、花样游泳等,为体育活动增添了无穷的魅力。体育活动中的许多运动项目与艺术有着千丝万缕的联系,体育竞技场已经成为人们开展审美活动的重要场地。

欣赏体育比赛是大学生重要的生活方式。大学生观看体育比赛时应注意如下基本礼仪。

(1) 提前入场,进场后尽快在观众席中坐下。

(2) 观看时不要大声喧哗或高声叫喊。

(3) 对比赛双方一视同仁,持公平态度。

(4) 礼貌对待运动员,对运动员偶尔的失误要原谅、鼓励,不可向运动员扔物品。

(5) 支持裁判员的工作。在瞬息万变的体育比赛中,裁判员难免会判断失误,观众不应对裁判员起哄。

(6) 维护公共卫生。

(7) 退场时不要拥挤。

大学生除了要注意以上基本礼仪外,还应做到以下几点。

一、注意校内体育比赛的礼仪

学校里的篮球、排球、足球、乒乓球等小型比赛通常规模小,参与人数少,甚至有些比赛活动是学生自发组织的,没有权威部门参与,随意性较大,所以必须依靠同学们或参赛者的自身素质和修养来保证比赛活动的圆满成功。

(一) 文明参赛

参赛者在参赛过程中要注意以下几点。

第一,爱护运动场地和运动器材,不随意乱扔运动器材,遇到运动场地有限或运动器材不足,要主动排队,互相谦让。

第二,按要求穿运动服、运动鞋,遵守比赛规则,不弄虚作假。

第三,比赛时尊重、服从、理解裁判员的裁决,如果认为裁判员判断有误,要按照程序向有关人员提出,不得与裁判员发生争执。

第四,尊重队友,队友失误时,应给予鼓励,不能责骂、埋怨。

第五,尊重竞争对手,不故意伤害对手。

(二) 文明观看

在观看比赛时,要注意以下几点。

第一,遵守赛场规则,有秩序地进场和退场。

第二,举止文明,不在赛场内嬉戏、说笑、打闹和随意走动,影响他人观看比赛。

第三,在比赛开始后一定要保持安静,避免手机等发出声音影响运动员的正常发挥。

第四,尊重双方运动员和教练,如果捡到从运动场内飞出的器械,一定要在该项比赛结束后归还,以免影响比赛。

第五,如果要拍照,一定要注意不可影响比赛进程,也应该了解是否可以使用闪光灯。

二、加强大型赛事礼仪修养

1998年,世界杯在法国举行,大量日本球迷赶到法国观看球赛。人们惊讶地发现,无论是那些买到票进入场内观看比赛的日本球迷还是那些聚集在场外观看大屏幕的日本球迷,当他们离开后,他们原来占据的位置上连一片废纸都没有。日本球迷文明的形象轰动了世界。体育竞赛专家张衡认为观众要具备两大素质:一是精神文明素质,即观众要懂得观赛礼仪;二是专业素质,即观众要了解相关的比赛规则。高水平的竞赛需要积极、热情、文明的观众,同样,高水平的观众应该对比赛双方一视同仁,应为高水平的竞技喝彩。观看体育比赛尤其是到现场观看体育比赛越来越成为现代人生活中不可缺少的一部分。观众素质是一个国家文明程度的体现,赛场文化也被视为民族文化的一部分。在2008年北京奥运会上,我国向全世界人民展示了礼仪之邦的文明、礼貌和热情,用礼仪感动了全世界。不同运动项目的特点决定了该项目的场馆形状、规模和设施,形成了特有的看台形式。由于运动内容不同,观众所表现出的道德、素质和审美情趣也不尽相同。各个运动项目的观赛礼仪既有共同点,也有不同之处。在观看大型体育赛事时,要注意以下几点。

(1) 准时入场。在比赛开始前对号入座,以免入座时影响别人观看比赛。调换座位是一件需要麻烦别人的事情,应该尽量避免,如果实在需要调换座位,应遵循将好座位留给别人的原则。

(2) 不要在人群拥挤的入场口逗留。

(3) 不吸烟,不吃东西,不随地吐痰,不乱扔东西,比赛结束后把垃圾随身带走,保持座位整洁。

(4) 在赛前升国旗、奏国歌时,无论是不是自己国家的,都应面向国旗。

(5) 不要起哄,不要辱骂裁判员。

(6) 介绍运动员时要用掌声表示鼓励,观看到精彩的地方时不要忘乎所以,大喊大叫。

(7) 在有些项目的比赛过程中切忌加油助威。在体操、射箭、举重、花样滑冰、台球等项目中,运动员的发挥是一个完整的过程,在这个过程中,观众鼓掌、呐喊都会影响运动员,分散其注意力,对其造成干扰,严重的还会造成运动员动作失误,影响比赛的结果,所以在观看这些项目的比赛时要保持安静。

(8) 体育场馆内人员相对密集,如厕时间相对集中,公共厕所必然供不应求,上厕所时要排队,方便完后应自觉冲水,遇到特别着急的人要主动礼让。

(9) 比赛结束后,除特殊情况外,要等场内的所有仪式都结束后再离场。

(10) 不要尾随、堵截运动员或他们的车辆,不要纠缠明星签名留念。

(11) 若赛场意外停电,不要惊慌。比赛中途若遭遇停电,要平静地坐在自己的座位上等待组织者的安排,切忌随便走动,乱作一团。在等待来电的过程中,可以采取闭目养神、小声聊天等方式打发时间。如果因停电故障,需要择日重新举行比赛,要听从工作人员的安排,有序退场。

三、按照要求欣赏运动竞赛

以下是部分运动竞赛项目欣赏的要求。

(1) 网球、羽毛球、乒乓球等球类项目对赛场环境要求较高,在运动员发球和接发球时特别需要保持安静,否则容易造成干扰。当运动员打完一个球后观众可以鼓掌,不过当运动员开始准备下一个球时应该马上安静下来。观众应该注意把握这种"安静—加油—安静"的节奏。

（2）在观看击剑比赛时，观众应注意保持安静，在主裁判宣布比赛开始时，赛场必须安静下来，否则，主裁判有权暂停比赛以维持赛场秩序。在比赛过程中，运动员会根据对方的特点选择进攻的方式，这时观众不应该发出助威声，以便运动员更好地思考。当运动员有出色的表现时，应在主裁判喊"停"后再喝彩欢呼。

（3）排球比赛的过程常常跌宕起伏，每一回合的进攻、防守都会博得观众的喝彩。经常观看排球比赛的人都知道，排球运动员的团结协作在比赛中表现得非常突出，每一次进攻得分后队员们都会相互拥抱或击掌，情感的宣泄将赛场气氛带到最高点。而失分的时候，队员们也会相互安慰而不是彼此埋怨。观众在欣赏排球比赛时，应该学会配合队员们营造一种始终高涨的赛场氛围，适时、适度地呐喊助威。每当运动员有精彩的表现时，观众都应该为之鼓掌，这是对他们最大的鼓励。当自己支持的球队由于失误而失分时，可以用掌声来表达对他们的理解和安慰，也可以选择不作声。喝倒彩、幸灾乐祸是赛场中极不文明的表现，同样也是对运动员的不尊重。

（4）在观看跳水比赛的时候，拍照时不能使用闪光灯。跳水运动员在从起跳到入水短短的几秒的时间里，要完成转体、屈体、抱膝等多个高难度的动作，稍有闪失就会影响成绩。在这几秒的时间内，观众要做的是屏住呼吸，全神贯注地观看，不要鼓掌，不要欢呼，更不要喊运动员的名字或者为他们加油，最好不要拍照，如果要拍照，一定不要使用闪光灯，因为在运动员腾空或跃起的时候，闪耀的灯光会分散他们的注意力，影响他们对高度的判断，这样有可能会造成比赛失误。

第三节 高校体育竞赛

一、我国普通高等学校课余体育竞赛活动的目标定位

课余体育竞赛活动应该是我国普通高等学校教育计划不可缺少的组成部分。高校应该积极开展丰富多样的课余体育竞赛活动，满足学生参与体育活动的要求，提高学生的基本运动技能，增强学生的体质。

我国高校课余体育竞赛活动的目标定位如下。

（1）积极开展各种课余体育竞赛活动。

（2）重视和强化高校对课余体育竞赛活动的管理，课余体育竞赛活动和其他课程同样重要，只有从思想上高度重视课余体育竞赛活动，学生的体质才能真正得到有效的增强。

（3）高校课余体育竞赛活动要有专门的组织形式，要能够满足学生健身、休闲和娱乐的需要，满足学生掌握各种体育项目的基本运动技能的需求。

（4）制定学生参与课余体育竞赛活动的各种制度。

（5）明确高校开展课余体育竞赛活动的方向，高校课余体育竞赛活动是大学竞技体育发展的基础，是课余训练的有益补充，也是竞技体育后备人才培养的有效途径。

二、高校课余体育竞赛改革的主要措施

(一)加强对课余体育竞赛的组织与管理

课余体育竞赛活动离不开有效的组织与管理,当前我国高校的课余体育竞赛主要是在学校的组织下开展的,一般是统一安排竞赛内容,统一组织开展活动,学生往往是被动参与的,积极性不高。学校应当充分发挥学生的积极性,大胆让学生组织与管理课余体育竞赛,全面发挥学校体育社团的作用,放手让学生自己组织校内的各种课余体育竞赛。此外,学校还可以联系其他学校开展比赛。学校负责落实具体的实施办法和制定每年的课余体育竞赛计划,各院系根据竞赛计划组织和动员学生广泛参与。

(二)体育竞赛的内容应融健身性、娱乐性、竞争性于一体

课余体育竞赛的一些具有娱乐性、健身性的体育项目可以充分调动大学生的积极性,满足他们丰富课余生活、锻炼身体及自我表现的需要。高校课余体育竞赛的内容应将健身性、娱乐性、竞争性有机结合,学校要结合大学生的身心特点与知识层次开展一些科学、有效、简便、有趣的大众化竞赛项目,并以集体项目为主,使大学生在团结、竞争和快乐的气氛中既达到强身健体的目的,又能受到集体主义教育,培养竞争精神,促进锻炼的自觉性、积极性的充分发挥。高校在选取课余体育竞赛内容时应注意如下几个方面。

(1)降低比赛难度。降低竞技性强的竞赛项目的难度,可以吸引更多的师生参与。

(2)增强竞技过程中的趣味性和娱乐性。

(3)增加团体项目的比赛。

(三)建立以体育俱乐部为主体的课余体育竞赛组织机构

高校的体育俱乐部是以学生为主体组建的,它能最大限度地体现学生参与课余体育竞赛的意愿,组织的内容以及组织的形式由学生决定。高校应逐步建立和健全体育俱乐部以及体育协会的管理制度,不断改善和提高工作质量,优化运行模式,体现健身性、趣味性、知识性和实用性,建立有特色的体育俱乐部和体育协会,不断提高服务质量。

(四)逐步改善高校课余体育竞赛的环境

高校可以采用以下几种方法改善课余体育竞赛的环境。

(1)通过理论课、讲座或看专题片等形式向学生传授一些体育科学知识,引起学生对课余体育竞赛的重视。

(2)充分利用广播、黑板报、简报、摄影展等形式宣传课余体育竞赛的动态,每个学期评选体育道德风尚奖,对表现突出的个人予以奖励。

(3)加强对课余体育竞赛的资金投入,不断加强裁判队伍的建设,广泛动员体育教师参与课余体育竞赛。

(4)组织购买与课余体育竞赛有关的书籍,供学生和教师借阅和学习。

(五)充分发挥学生的主观能动性,调动他们的积极性

课余体育竞赛要充分发挥学生的主观能动性,征集学生喜欢的体育项目,然后根据学校的具体情况选择一些简单、趣味性强、健身价值高的体育项目作为课余体育竞赛的项目。学校可

以让学生设计运动会,组织运动会,并让学生担任裁判,这样不但可以让学生了解运动会的完整过程,还可以增强学生的主人翁意识和责任感。

三、竞赛规程的编制

在体育竞赛的组织工作中,竞赛规程的编制是非常重要的一个环节。竞赛规程是所有体育竞赛组织者和参与者必须共同遵守的制度和规定,是组织体育竞赛的依据,具有高度的权威性和指导性。竞赛规程是体育竞赛得以顺利进行的重要保证。

竞赛规程应根据有关竞赛计划,结合竞赛规模、目的、任务和主办单位的具体条件制定,一般由主办单位指定专人负责起草,经有关人员讨论、修改后送主管竞赛的领导机关审批确定。经审批后的竞赛规程就是举办这次竞赛的重要法律文件,任何单位和个人无权修改,对竞赛规程的最终解释权属于主办单位。

竞赛规程应简明、准确、具体,使有关单位和参加竞赛的人员不产生误解,能按竞赛规程做好准备。竞赛规程制定好以后,应在比赛前的一段时间内公布,以便参与者能有充裕的时间根据规定做好充分的准备。

竞赛规程一般包括以下内容。

(1) 竞赛活动的名称、目的、要求、比赛日期及地点。

(2) 比赛项目。

(3) 参加比赛的方法。

(4) 报名办法,包括报名截止日期、报名条件等。

(5) 计分及奖励办法。

(6) 比赛规则。

(7) 裁判员与仲裁委员会。

(8) 参加竞赛的单位应注意的事项。

(9) 本规程解释权的归属单位。

第六章　田径运动

第一节　田径运动的起源、分类与特点

一、田径运动的起源

田径运动是一项古老的体育运动。在远古时代,人类为了生存,在适应和改造大自然的过程中,需要具备快速的奔跑、敏捷的跳跃和准确有力的投掷等本领。由于在生活与劳动实践中不断地重复这些动作,便逐渐形成了走、跑、跳、投等各种技能。为了提高在大自然中的生存发展能力,人们有意识地进行走、跑、跳、投的练习,逐渐形成了这些项目的比赛形式。

据史料记载,公元前776年在古希腊奥林匹亚举行了第一届古代奥运会,当时已有短距离跑项目。在古希腊的山岩上曾刻着这样的格言:"如果你想强壮,跑步吧！如果你想健美,跑步吧！如果你想聪明,跑步吧!"显示了古希腊人对跑步运动重要性的认识。公元前708年,由铁饼、跳跃、绕运动场跑、掷标枪和摔跤组成的五项全能就已出现。古代奥林匹克运动会延续了1000多年,在公元394年被罗马帝国皇帝狄奥多西一世废止。

现代田径运动起源于1896年在希腊雅典举行的第一届现代奥林匹克运动会。田径比赛是核心项目,其中包括100米、400米、800米、1500米、马拉松、110米栏、跳高、撑竿跳高、跳远、三级跳远、掷铅球和掷铁饼,共12个男子项目。这些项目有代表性地体现出现代奥林匹克格言——"更快、更高、更强"。随着社会的发展,奥林匹克格言变为"更快、更高、更强、更团结"。

二、田径运动的概念

田径运动是指人类从走、跑、跳、投这些自然运动发展起来的身体练习和竞技项目,可分为竞走、跑、跳跃、投掷和全能5个部分。其中以时间计算成绩的竞走和跑的项目称为径赛;以高度和远度计算成绩的跳跃、投掷项目称为田赛;由跑、跳、投部分项目组成的,用评分方法计算成绩的组合项目称为全能运动。

《国际业余田径联合会章程》中将田径运动定义为:由田赛和径赛、公路赛、竞走和越野赛组成的运动项目。

田径运动这个词译自英文"track and field"。"track"意为"小径","field"意为"田地",合称为田径运动。

教育部2003年印发的《全国普通高等学校体育教育本科专业课程方案》中,将田径类教材在原有内容基础上增设了户外运动、定向越野、野外生活生存等课程,扩大了田径教材所涉及的范围,有利于各学校根据自身实际情况选用。

三、田径运动的分类

田径运动分为田径竞技运动和实用田径运动两部分。

田径竞技运动项目分为竞走、跑、跳跃、投掷,以及由跑、跳、投部分项目组成的全能运动5类。

四、田径运动的特点

(一)健身性

田径运动是在体育运动中最早开展的一种运动项目。它具有广泛的适应性,无论哪个年龄阶段,无论有无专门的场地、器材,人们都可以进行田径锻炼,因此,田径运动易于在群众中广泛开展。田径运动又是人们增进健康、增强体质、延年益寿的重要手段。经常、系统地参加田径运动,不仅能提高人体走、跑、跳、投等基本运动技能的水平,促进青少年健康生长,还能有效提高人体心血管系统和呼吸系统机能水平,发展速度、力量、耐力、灵敏和柔韧等身体素质,提高神经系统兴奋性。由于田径运动主要是在户外进行,人体更多地接受日光、风雨等自然环境的陶冶,从而提高了人体对外界环境变化的适应能力。当今时代,城市规模急速扩大,随着网络化办公及现代化生活方式的到来,人的体力活动严重不足,对健康构成了极大的威胁。人们走到户外,享受阳光和新鲜空气,在自然条件下进行田径锻炼就更有意义。特别是越野跑、远足、健身走、登山等,已经成为人们的主要健身手段。因此,田径运动不仅是我国《国家体育锻炼标准》中的主要内容,也是国内外各类基础教育学校体育课程的主要内容。

(二)竞技性

竞技体育是社会文化不可缺少的组成部分,每年在国际和国内举行的田径运动竞赛有很多,除原有的世界田径锦标赛、世界杯赛外,又增加了大奖赛和黄金联赛等多种比赛。在奥运会等大型综合性运动会上,田径项目奖牌数量最多、影响最大。田径竞技运动的功能很多,如促进田径运动的普及和开展,加强国际间的交往,提高国家威望,振奋民族精神等。奥林匹克"更快、更高、更强"的口号源自田径运动。田径竞技运动向人体极限挑战也标志着人类在生命科学等领域达到较高的水平。田径运动竞赛是竞技运动中公平竞争的典范,运动员的拼搏精神和运动之美是激励人们欣赏体育的源泉。另外,刘易斯、博尔特、刘翔等著名的田径运动员所产生的明星效应,对提高田径运动的商业价值、激活田径竞赛市场、促进田径竞技运动按产业化方式运作,也具有积极的推动作用。

(三)运动基础性

田径运动的基础价值表现在三个方面。首先,人类进入现代社会以后,生产力高度发展,人类虽然已从原始社会时依靠走、跑、跳、投获取生活资料和延续生命中解脱出来,但是人类仍然需要依靠走、跑、跳、投等基本运动技能去提高自身的生活和生命质量;其次,很多体育运动项目都离不开走、跑、跳、投等动作,因此田径运动成为很多运动项目的基础;再次,田径运动能有效和全面地发展人的各种身体素质,因此很多竞技项目都把田径运动训练方法作为身体训练的重要手段,田径运动也由此成为"体育运动之母"。

（四）教育性

在田径运动项目教学、训练和竞赛中，参加者既可以在技术学习中提高心智，又要承受一定的生理、心理负荷，还必须遵守一定的要求和规则。田径运动是在严密的组织下，按照严格的规则和技术要求，经过无数次艰苦、枯燥的重复训练而获得成功体验的运动项目，这有利于良好的心理品质和行为习惯的养成。例如，跳远有利于培养坚决果断的品质，短距离跑有利于培养一往无前的拼搏精神，跳高有利于培养坚毅与顽强的性格，长距离跑有利于培养毅力与吃苦耐劳的品格，投掷有利于培养勇气和信心，接力跑有利于培养集体配合、协同作战的品质等。因此，田径运动已成为进行思想教育与心理训练的一种有力手段。

（五）审美性

参与田径运动可以锻炼身体、陶冶身心，观看高水平田径比赛，能够满足人们的审美需要，使其获得精神享受。在跑、跳、投等技术中表达出的人类对控制身体和驾驭器具的精湛技艺和能力，淋漓尽致地展现了田径项目更高、更快、更强的独特之美。

（六）回归自然性

走、跑、跳、投是人类在与自然环境的斗争中产生的技能，也是人类改造自然环境的重要手段。在现代社会中，随着城市人口的激增，环境污染日益严重，人们渴望回归自然。国内近年已经把户外运动、定向越野等内容划归田径类教材。所以，利用自然、贴近自然、回归自然，在自然环境中积极开展田径运动对提高学生的生存能力和基本体能都具有良好的作用。

第二节　跑的技术

跑是周期性的运动项目，其动作结构的基本单位是一个复步（即左右腿各向前迈一步），周而复始的重复就形成了跑的完整动作。跑是单脚支撑与腾空相交替，蹬摆相结合，跑的每一个单步包括一条腿的摆动、扒刨、缓冲和后蹬四个相连贯的过程。短跑全程技术可分为起跑、起跑后的加速跑、途中跑和终点跑四个部分。短跑成绩是由起跑的反应速度、起跑后的加速跑能力、保持最高跑速的时间和距离，以及各部分的技术完成质量所决定的。

跑是人在适应日常生活、生产劳动、体育娱乐中最基本的一种活动能力；跑是发展速度、耐力、力量、灵敏等素质的重要手段。因此，它是各项运动的基础。经常从事跑的练习，可以通过有氧和无氧训练，改善和提高心血管系统、呼吸系统的功能。跑是运动竞赛的重要项目，也是各级各类学校体育教学大纲中的重要内容，正规的田径运动中有短跑、中跑、长跑、马拉松跑、跨栏跑、障碍跑、接力跑等。

跑的教学任务是发展速度、耐力、柔韧、灵敏和协调性等身体素质，促进身体的正常生长发育及运动器官和内脏器官功能的发展；使学生掌握跑的基础知识、基本技能和技术，学会跑的正确姿势，提高跑的能力，掌握越过多种障碍的技术和本领；培养学生勇敢、顽强、果敢、吃苦耐劳等意志品质和团结协作的集体主义精神。

一、100 米跑技术

（一）起跑

起跑的任务是获得向前的冲力，使身体摆脱静止状态，为起跑后加速创造有利的条件。现代短跑起跑主要采用"普通式""拉长式"的方法。

短跑的起跑过程包括"各就位""预备""鸣枪"三个阶段。

"各就位"时，轻快地走到起跑器前，两手撑地，两脚依次踏在起跑器的前、后抵足板上，后膝跪地，两手搏地并紧靠起跑线，两臂伸直，两手间距离比肩稍宽（此宽度与臂长短有关），手指成拱形地做弹性支撑，头与躯干保持在一直线上。身体重量均衡地落在两手、前脚和后膝关节之间。

"预备"时，逐渐抬起臀部，使身体重心向前上方移动，此时身体重量落在两臂和前腿之间，其重心投影点距起跑线 15～20 厘米。臀部抬起稍高于肩，使两小腿趋于平行。"预备"姿势时。不过分地把身体重量移向两手是非常重要的，因为这能够减少两手推地的困难，加快两手推离地面的速度。此时，膝关节角度状态有重要意义，适当增大膝角，有利于蹬伸。大小腿之间的最佳角度，前腿膝角约为 90°～100°，后腿膝角约为 110°～130°。

鸣枪时，运动员应立即全速向前。这个动作开始于两手迅速推地和两腿有力地蹬伸。而且几乎是同时进行的，随即转为非同步的动作。两臂屈肘有力地前后摆动，两腿迅速蹬离起跑器，使身体向前上方运动，躯干前倾且与水平线成 15°～20°角，后腿快速蹬离起跑器后，便迅速屈膝向前上方摆出。腿前摆时脚掌不应离地过高，以利于摆动腿迅速着地和过渡到下一步。前腿有力地蹬伸，后蹬角约为 42°～45°。

（二）起跑后的加速跑

起跑后的加速跑是从后腿蹬离起跑器到途中跑之间的一个跑段。其任务是充分利用向前的冲力，在起跑后的加速跑段距离内，尽快地达到较高的速度。起跑后的加速跑第一步，自前腿充分蹬伸到后腿蹬离起跑器前摆着地结束。摆动腿前摆与支撑腿间的夹角稍大于 90°，摆动腿过分高抬并无好处，这会使躯干的前倾和向前运动产生困难。第一步的摆动腿应积极下压，着地点在身体重心投影点的后方，以前脚掌着地并迅速过渡到有力的后蹬，这一动作越快，越有利于下一步快速有力地完成蹬地技术。

正确和积极地完成起跑后的最初几步动作，取决于躯干较小的前倾角度以及运动员的力量和加速状态。起跑后的最初几步的步长变化是第一步约为三脚半长，第二步约为四脚至四脚半长，以后逐步增加约半个脚掌，直到途中跑的步长。

最初几步的支撑阶段，在大部分时间里，支撑点处于身体总重心投影点的后面，因此是发挥速度的有利条件，可以形成良好的后蹬角，并使后蹬的大部分力量用于提高水平速度。起跑后的加速跑段的支撑腿着地位置，一般是前 2～3 步脚着地于身体总重心投影点的后面；随后几步在身体总重心投影点上着地；往后，则在总重心投影点前面着地。而最初几步的两脚着地点间的距离比途中跑稍宽，随着速度的发挥，两脚着地点逐渐向中线靠拢。

起跑后的加速跑段身体前倾角度随着速度的增大而减小，最后逐渐接近途中跑的姿势。加速跑段的距离一般为 30 米左右。在加速跑段中，从时间因素分析，任何水平、年龄、性别的运动员，他们之间并没有多大差别，都能在起跑后第 5～6 秒钟达到或接近本人最高速度的 96％～

98%。但是,不同水平的运动员,他们各自通过的距离存在明显的差别。优秀运动员能在60～70 米处达到最高速度(世界级的短跑运动员可在 80 米左右达到最高速度)。一般运动员或运动新手只能在 30～40 米处达到自己的最高速度,随后速度便开始下降。起跑后的加速跑段的速度,约在第 3～4 秒达到自己最高速度的 92%～95%,速度迅速增大的原因,主要是起跑开始后步频迅速加快,使蹬地力量明显增大,带动了步幅的增大,促使速度明显提高。

起跑后加速跑段的两臂有力地前后摆动具有很大的意义,在开始几步,身体处于很大的前倾姿态,重心移动的初速度较小。因此,加速跑段应更加有力地、大幅度地摆臂。

(三)途中跑

途中跑的任务是继续发展和保持较长距离的最高速度,途中跑的每一单步结构均由支撑期和腾空期组成。

途中跑的支撑期可分为着地、垂直缓冲和后蹬。

着地:腾空期结束时,摆动腿积极伸展下落,前脚掌富有弹性地着地,着地点距总重心投影点约 27～37 厘米,着地角为 65°～68°。着地动作积极,有利于缩短前支撑的时间和减小着地时的阻力。同时,另一摆动腿迅速以大小腿折叠姿势向支撑腿靠拢,摆动腿的膝折叠角逐渐减小,直至垂直部位时为最小,约 28°～30°。

垂直缓冲:在支撑腿着地之后,由于髋关节积极伸展和身体自身前移的惯性,加速总重心前移并通过支撑腿的上方。在身体重力和摆动腿的屈膝摆动的压力作用下,支撑腿迅速弯曲缓冲(此时脚跟不着地),身体总重心移至支点垂直面时,支撑腿的膝关节成 136°～142°角,踝背屈角约成 85°～90°。

后蹬:在身体总重心移过支点垂直面后,进入了后蹬阶段。这时,摆动腿迅速有力地向前上方摆出,并且带动同侧骨盆前送,大腿与水平面约成 15°～20°角。支撑腿在摆动腿积极前摆的配合下,快速有力地伸展髋、膝、踝关节。后蹬结束时,支撑腿与摆动腿间的夹角为 100°～110°,后蹬角为 56°～60°(支点至髋关节连线与地面的夹角),支撑腿蹬离地面时的膝关节角为 150°～156°。由于塑胶跑道富有弹性,后蹬时膝角均采用"屈蹬"技术,缩短了支撑时无效的蹬伸阶段的时间,有利于支撑腿快速蹬离地面,同时有利于摆动腿快速前摆。

(四)终点跑

终点跑的任务是尽力保持途中跑的高速度跑过终点。终点跑包括终点跑技术和撞线技术。

(1)终点跑技术:要求在离终点线 15～20 米处尽力保持上体前倾角度,加快两臂摆动的速度,加强力量,保持途中跑的高速度。

(2)终点撞线技术:在跑到离终点线前约一步距离时,上体急速前倾,以胸部或肩部撞终点线并跑过终点,然后逐渐减慢跑速。

二、短距离跑素质训练

短距离跑素质训练是指与短距离跑项目密切相关,能直接促进短距离跑运动员掌握技术、提高运动竞赛成绩的专门练习。

(一)速度训练

速度不是单一表现的素质,它是集力量、速率、协调、耐力等于一体的复杂组合。

1. 反应速度

反应速度是人体对外界各种信号刺激的快速应答能力,训练方法有:原地负重跳起、立定跳远、立定多级跳;各种听信号或枪声的起动(如跳绳听信号起动,快速做与教练员口令相反的动作,俯卧、仰卧、蹲立、背向等不同姿势听信号起跑);各种快速起动的游戏(如相互踩脚背游戏、报数成团游戏)等。训练中要注意技术动作的合理性、练习过程的安全性(如场地空旷、路线无障碍等)、起动动作的快捷性等。

2. 动作速度

动作速度是人体或人体某部分完成单个或成套动作的快慢以及单位时间内重复动作次数的能力,分为单个动作速度、成套动作速度、动作速率三种。训练方法有徒手练习,如俯卧撑起击掌、肋木举腿、俯(或背)卧两头起、立卧撑,各种单腿、双腿跳跃练习、跳栏、跳深练习,原地快速摆臂练习等,以及各种持器械的练习,如快速传接铅球,前后抛铅球或实心球,快速抓举、挺举杠铃,持哑铃摆臂练习等。训练中要强调快速,更要强调协调放松、富有弹性;要注意力量和柔韧性的同步发展;少儿训练要控制量和强度,要注意保持良好的精神状态,注意安全,防止受伤。

3. 位移速度

位移速度是单位时间内人体快速移动的能力,它与肌肉力量特别是快速力量、速度耐力以及肌肉间的协调性、柔韧性、放松能力、下肢长度密切相关。训练方法有各种短距离的起动跑、冲刺跑、行进间跑、下坡跑(2°～3°)、顺风跑、重复跑、段落变速跑(20 米慢跑＋50 米大步＋50 米快跑),以及各种快频率的专门练习、降低难度练习(仰卧快速上蹬腿、1 秒和数秒原地快跑)等。训练中应注重伸髋动作和速度练习,注意支撑脚积极主动地扒地,整体上要强调快速有力,更要强调协调放松、富有弹性;要注重个人特点,更要全面发展。

(二)速度耐力训练

速度耐力训练是运动员处于较疲劳状态时保持速度能力的训练,其特点是快速运动时间长、效率高,强度训练方法有间歇跑、重复跑、变速跑、速度耐力跑等。例如,100 米(25％强度)×4 次＋100 米(全速)的近主项距离的间歇跑;200 米×(8～12)次的超主项距离的重复跑;各种距离的公路跑、递增跑或递减跑;近主项距离的上坡跑等。训练中要注意少儿速度耐力训练不宜过度,间歇时多采取走和慢跑形式的积极性休息。为避免慢频率的动力定型,各种练习应相互配合、交叉使用。训练后应进行几次加速跑或快速跳跃练习。距离越长的练习越要注意后程技术的正确性。

(三)速度力量训练

速度力量训练是短时间、快节奏下肌肉最大收缩能力的训练,具有速度和力量的综合特征,力量越大,时间越短,表现的速度力量越好。速度力量的训练,主要是用徒手或负小重量的快跑、跳跃或近短距离跑动作结构的专门练习来实现。负重以运动员体重的 40％～60％为宜,如徒手或持小哑铃(1～1.5 千克)快摆臂 10 秒 4～6 次;俯卧推手击掌 10～15 次 4 组;快速卧推杠铃(30～40 千克)5～10 次 5 组;快速两头起 100 次 5 组;负重 3～4 千克腰带 30～80 米加速跑 4 次;负重或不负重的上坡跑;原地拉橡皮带前摆腿或后摆臂等。跳跃练习有单足跳、跨跳、多级跳、跳深、跳台阶、计时计步的跨跳等。训练中要注意在发展力量的同时加快完成动作的节奏和频率,训练前一定要充分活动,要注意运动员的承受力,避免受伤。

(四) 放松能力训练

放松能力训练是对自我身体感知能力的训练,提高在高速行进中的用力感觉,减少不必要的肌肉活动。训练方法有局部放松能力体验和整体放松能力训练等,如松肩摆臂练习;俯卧上体,两手臂平举,10秒钟后放松手臂自由摆动练习;单立,另一腿前平举,10秒钟后放松小腿自由提动练习;下坡跑(坡度3°左右);中速跑(强度70%~80%);顺风跑;弹性跑;柔韧练习;心理训练(自我暗示,自我调节)等。训练中要注意放松不等同软弱无力,应与人体协调联系在一起;注重少儿素质敏感期的训练(7岁以前和10~12岁);注重培养运动员的协调放松能力。

三、跨栏技术

跨栏跑项目最初产生于英国,一些发达地区的畜牧业主,为了更好地管理自己的牲畜,建造了一些畜栏,而有时追赶逃跑的牲畜,就需要跨越这些畜栏。在一些节日里,一些喜爱热闹的年轻牧民常常举行跳越羊圈的游戏,他们把栅栏搬到平地上,设若干个高矮和羊圈相仿的障碍,看谁能跑在最前面,这就是跨栏跑的雏形。那时的跨栏跑技术非常简单,还是以娱乐为主的游戏,从严格意义上讲还不能称作跨栏。直到1900年第二届奥运会上,美国运动员克伦茨莱因创造了"跨栏步"技术,并夺得冠军,人们才开始重视跨栏跑技术的不断改进。1908年第四届奥运会,美国运动员史密森采用了上体前倾的过栏姿势,并改进了起跨腿的动作;第七届奥运会,加拿大选手汤姆森在原有技术基础上,采用了单臂前摆帮助上体前倾的跨栏技术并夺得冠军;在第十一届奥运会上,美国运动员汤斯又改进了技术,过栏时把摆动腿的膝抬得很高,下栏积极,过栏时身体重心轨迹更接近平直,这对过栏后第一步迅速落地起着很大作用;1959年,德国运动员劳洛尔依靠平跑速度好的优势和上体充分前倾的"折刀式"过栏技术创造了世界纪录;1973年,美国运动员米尔本虽然身材矮小,但注重过栏时的上下肢协调配合,加快两腿剪绞速度,打破劳洛尔保持了14年之久的世界纪录;法国运动员德鲁特身高腿长,融合前人技术并注重跑跨结合和良好的全程跑节奏,其在跨栏过程中的跨栏步看着很像是跑中的一大步,被称为"跑栏"。跨栏技术如图6-1所示。

图6-1 跨栏技术

(一) 男子110米栏技术

1. 从起跑到第一栏技术

从起跑到第一栏是指从起跑开始到跨越第一个栏架之前的动作过程。此阶段的主要任务是动员身体迅速摆脱静止状态,获得充分的水平速度,准确踏上步点,保持良好节奏,为跨第一栏创造良好的条件。技术特点是:起跑后两腿及两臂协调一致,积极蹬摆,后蹬角度和步幅增大,躯干抬起较早,身体重心升起较快,起跨前最后一步要比倒数第二步短10~20厘米,称为

"栏前短步",可使身体重心投影点快速前移,有利于快速起跨过栏。

根据运动员个人习惯可选择8步上栏法或7步上栏法(也有9步上栏法),在做起跑预备动作时,臀部抬起明显高于肩部,这是为了起跑后前几步取得较大步长。

2. 跨栏步技术

跨栏步是从起跨腿的脚踏上起跨点开始到摆动腿的脚过栏后着地点之间的动作过程。它由起跨攻栏和腾空过栏两个过程组成。

(1)起跨攻栏:起跨攻栏是指从起跨脚踏上起跨点到起跨腿后蹬结束离地瞬间的过程。起跨攻栏要充分利用起跑到第一栏的水平速度,起跨腿蹬伸迅速有力,获得适宜的角度。起跨攻栏的有效性主要取决于以下几点。

①适宜的起跨距离。过远和过近的起跨距离都会影响过栏的质量,过远起跨会导致运动员产生紧张心理,腾起角度过小,出现"蹬栏"现象,极易产生运动损伤;过近起跨会导致运动员腾起角度过大,出现"跳栏"现象,损失水平速度,加大垂直速度,从而浪费过栏时间。运动员在平常训练时要把握好起跨距离,避免蹬栏和跳栏情况的发生,优秀运动员的起跨距离为2.10~2.20米。

②起跨离地前身体重心积极前移。当身体重心移过支撑点垂直面以后,上体加速前移,摆动腿配合支撑腿快速向前积极有力地攻摆,使身体重心投影点尽量远离支撑点,这种重心前移,可获得小于70°的起跨后蹬角,使运动员过栏时能够保持较大的水平速度。同时,起跨腿向后摆动,分腿角度大,可以使两腿伸肌群在收缩前得到预先拉长,为腾空后快速动作提供有利条件。

③起跨着地快,蹬地快。110米跨栏跑全程都是前脚掌着地支撑和蹬地。根据牛顿第三定律,施加给地面的作用力越大,获得的反作用力就越大。由于$F=ma$,在质量一定的前提下,作用力越大,加速度越大,速度与加速度成正比,这就要求起跨脚着地和蹬地时作用力要大,尽量减小水平速度的损耗,优秀运动员的起跨支撑时间为0.11~0.13秒。

(2)腾空过栏:腾空过栏是指从起跨腿的脚掌离地瞬间身体转入腾空起到摆动腿过栏后着地前的空中动作。任务是保持身体平衡,快速完成剪绞动作,获得过栏后继续跑进的有利姿势。当身体进入腾空后,摆动腿的大腿由于惯性的作用继续向前上方高抬,当膝关节超过栏板高度时小腿迅速前摆,待脚掌接近栏板时,摆动腿几乎伸直,摆动腿异侧臂一起伸向栏板上方与摆动腿基本平行。合理的腾空过栏技术应符合以下要求:

①身体腾空后,躯干积极前倾,两腿分腿角度继续增大。加大躯干前倾,可以改变髋关节的空中方向,有利于起跨提拉动作的完成,同时可以改变躯干环节重心与身体重心的关系,使躯干产生向前下方的旋转,从而克服了因起跨时摆动腿大幅度向前上摆而产生的向后方向的旋转,为摆动腿的快速下压动作提供了条件。优秀运动员的躯干前倾角度约为43°,两腿夹角达125°以上。

②尽量保持起跨时获得的较大水平速度,适当缩小起跨后蹬角度,控制身体重心腾起的高度。优秀运动员过栏时,身体重心腾起角为12°左右,重心腾起高度不超过15厘米,水平速度与垂直速度比值达到4.9∶1以上。

③加快过栏时两腿剪绞速度。过栏时两腿剪绞动作是摆动腿和起跨腿在空中完成的以髋为轴的超越换位动作。摆动腿下压速度是快速剪绞的关键,做剪绞动作时,较大质量的躯干,有助于较小质量的摆动腿下压和骨盆前移。优秀运动员下栏点距栏架约40米。

(3)下栏着地。尽量保持摆动腿的膝、踝关节角度不变,力求用直腿支撑,踝关节落地瞬间稍有缓冲。脚跟不接触地面,以保持身体重心位置与起跨时重心位置同高,大幅度带动髋关节向前提拉,同时两臂积极有力地前后摆动,形成有利的跑进姿势。其目的是尽量减小水平速度的损失,使身体平稳、快速地转入栏间跑。

3. 主栏间跑技术

栏间跑是指从下栏着地到下一栏起跨点之间的快速跑动过程。其任务是发挥跑速、保持节奏准备跨栏;特点是高重心,快频率,强节奏,栏间比例小、大、中。

栏间第一步应与下栏动作紧密相连。由于摆动腿在下栏着地时直腿支撑,参加后蹬用力的伸肌群已处于充分拉长状态,与此同时起跨腿经过外展提拉,放脚落地。摆动腿与起跨腿这种不同于短距离跑的交叉换步动作,减小了抬腿速度和力量,因此步长比例最小。

栏间第二步是快速跑进的关键。其动作结构基本与短距离跑的途中跑相同,由于基本恢复了正常跑步动作,这一步的特点是力量强、速度快、抬腿高、步幅大。

栏间第三步是为起跨攻栏做准备的关键一步,既要保持和发挥速度,又要为跨下一栏创造条件。具有放脚衔接快、靠近身体重心投影点的特点,步幅与第二步相比要偏小,是三步中速度最快的一步。

4. 终点跑技术

终点跑是指从全程跑跨第 10 个栏架后到终点这一段距离的动作过程。此阶段的主要任务是跨完第 10 个栏,完成跨跑阶段的衔接。在下最后一个栏时,保持身体重心平稳,摆动腿积极下,近点下栏,起跨腿不要过于向前提拉,加大摆臂力度,采取高重心大步幅快速跑进。临近终点时,上体急速前移,用胸部撞线。

(二) 跨栏跑的素质训练

跨栏跑的素质训练主要包括专项速度、专项力量、专项耐力、专项柔韧等。

1. 专项速度

1) 提高平跑速度的练习

(1) 行进间 30～60 米跑。

(2) 30～80 米变速跑。

(3) 下坡跑和牵引跑。

(4) 组合跑(如 10 米＋20 米＋30 米＋40 米)。

(5) 30 米标志跑。

2) 发展动作速率的练习

(1) 原地快速摆臂。

(2) 原地做摆动腿和起跨腿的模仿练习(要求:连续快速完成 15～20 次为 1 组)。

(3) 单腿跳接跨步跳、快速多级跳、单腿跳等。

(4) 扶肋木做支撑高抬腿跑。

(5) 降低栏高、快速跑跨。

(6) 栏侧做两腿模仿练习。

3) 提高栏间跑速及过栏速度的练习

(1) 加大栏间距离,5～7 步栏间跑,提高栏间跑速。

(2) 缩短栏间距离,1 步栏间跑,提高过栏速度。

(3) 下坡跑后平跑过栏,提高跑速。

(4) 栏高递减跨栏跑,提高栏间跑的速度。

(5) 不同栏间距离、栏架高度的重复跑。

2. 专项力量

1) 发展最大力量

发展最大力量主要借用器械来实现,手段有卧推、深蹲、提铃至胸、负重体前屈、负重转负重弓箭步走等,要注意负重的范围是自身体重的70%~120%。

2) 发展速度力量

发展速度力量的主要练习手段有负重快跑、快速推轻杠铃、后抛实心球、半蹲举、穿沙衣在沙坑抱膝跳等。

3) 发展耐力力量

负荷重量低于自身体重50%以下,发展耐力力量的常用手段有:

(1) 缚沙袋做两腿模仿练习。

(2) 肩负杠铃150米跑。

(3) 悬垂负重举腿。

(4) 负重高抬腿跑120米。

3. 专项耐力

1) 速度耐力

常用手段有两种组合跑:①120米+150米+200米跑;②400米+500米+600米跑。

2) 专项耐力

(1) 穿梭跑。

(2) 反复跨栏跑。

(3) 变速跨栏跑。

(4) 缩短栏间距,降低栏高,跨12个栏。

(5) 上坡跨常规栏。

4. 专项柔韧

(1) 静力性练习:如跪撑、正压腿、侧压腿、盘腿坐、跨栏坐、体前屈等。

(2) 动力性练习:如各个方向的摆腿练习,正侧踢腿练习等。

第三节 跳跃技术

跳跃技术是一个完整的统一体,为了便于分析,将它分为助跑、过渡(转换)、起跳、腾空和落地5个紧密相连的阶段。在实践中这几个阶段相互联系、相互作用,是不能截然分开的。其特点在于技术动作数量少、结构简单,具有高速度、高强度的运动性能。

一、现代跳远技术

(一) 助跑技术

助跑是跳远技术的重要组成部分,它的主要任务是通过助跑获得可控制的最大水平速度,准确地踏上起跳板。

1. 助跑的距离和步数

跳远的助跑速度与起跳腾起初速度有着非常密切的关系，对跳远成绩有直接的影响。因此，跳远运动员都在努力提高助跑速度，加长助跑距离。优秀跳远运动员的助跑距离一般为男子35~45米，跑18~24步；女子30~40米，跑16~22步。助跑的距离与步数，应根据运动员发挥速度的快慢能力和训练水平的高低而定。能较快发挥速度的运动员，助跑距离和步数可相应地减少；反之，则适当增加。通常在路面松软、顶风和运动员疲劳的情况下，助跑距离要缩短30~60厘米。当自我感觉良好、斗志旺盛、天气暖和、路面较硬时，助跑距离应增加20~40厘米。在中、小学跳远教学中，通常采用15~20米的助跑距离，跑10~12步。

测量全程助跑距离和步点的方法一般有两种：

（1）在跑道上用自己确定的助跑开始姿势和加速方式做30~40米的助跑，反复几次之后，找出从起跑点到自己确定步数的脚印（如果脚印不在一点上，可以取多次脚印相对集中的点），然后用皮尺量出这段距离，再把它移到跳远助跑道上。

（2）在跳远助跑道上，以起跳板为起点，沿跑道反向，用自己确定的助跑开始姿势、加速方式和步数反复跑几次，找出多次脚印的相对集中点，再以这点为起跑点，按原助跑方式向起跳板方向助跑并起跳。

无论采用何种测量方法，都应结合起跳反复练习，经调整后确定下来。

为了提高准确踏板的信心，使起跳前能够充分发挥跑速，在助跑时可以设置两个标志，第一个标志设在跑道起动点上，第二个标志设在起跳板后的（助跑的反方向）6~8步起跳脚着地处。随着助跑技术的巩固和步长的稳定，可将第二个标志逐渐移向起跑点，以便将注意力放到最后几步助跑和起跳的结合上。待助跑技术熟练后，可以只用助跑起动点一个标志，这就有利于助跑时将注意力集中到与起跳的结合上。

2. 助跑的方法

助跑的开始姿势有两种，一种是从静止状态开始起动，一种是从行进间开始起动。

第一种起动方式一般采用两腿微屈、两脚左右平行站立的"半蹲式"或两腿前后分立的"站立式"。这种开始姿势第一步的幅度和速度变化小，有利于提高助跑的准确性，适宜于初学者。第二种起动方式一般是先走几步或跑几步踏在助跑的起跑点上（第一个标志），然后再开始加速助跑，这种起动姿势比较自然、放松。

起跑的加速方式一般也有两种。第一种是步频加速（亦称积极加速），在加速过程中以快步为主、相应增加步长的方法来积极加速，一开始就用力跑，步频始终很高。这种方法通常为个子矮小、灵活协调、爆发力好、快跑能力强的运动员所采用。另一种是逐渐加速，这种加速方式和一般的加速跑相似，开始步频较低，在逐渐加大步长的基础上提高步频。这种加速方式的加速时间相对较长，加速过程比较均匀，助跑距离较长。这对速度发挥较慢的高个子力量型运动员和初学者较为适合。不论采用哪种加速方式，都应做到加速、平稳、轻松和富有节奏，在起跳前获得高速度，并能准确踏板和正确起跳。

跳远助跑的技术，基本上与短距离跑技术相同。开始几步助跑时，身体前倾较大，脚着地有力。着地点离身体重心投影点较近，摆动腿积极前摆，两臂前后用力摆动。到助跑中段时躯干接近垂直，上、下肢摆动幅度加大，脚的着地点稍远些，脚着地后，身体重心要加速前移，加强后蹬，使身体快速向前推进。最后6~8步达到最大步长，并在起跳前达到最高步频，上体与地面基本成垂直状态。

助跑的最后几步是跳远技术中的重要环节。这几步助跑动作能够影响起跳前的速度、踏板的准确性和起跳动作的合理性。在助跑的最后阶段，为了准备起跳，助跑的节奏稍有变化，主要是倒数第二步的步长稍有增加，身体重心稍有下降。最后一步由于加快起跳腿的放脚动作，步长比倒数第二步又稍短20厘米左右，从而形成加速的助跑节奏，使身体重心升高进入起跳。助跑节奏的变化，可以缩短缓冲阶段的时间，增加起跳效果。最后几步助跑不能过分下蹲或故意拉大步长，否则会破坏助跑的节奏，影响速度的发挥和起跳的效果。

（二）过渡（转换）技术

过渡（转换）技术是指从倒数第二步摆动腿脚着地至最后一步起跳脚着地前的这一部分技术动作。主要任务是使运动员从水平位移转变为垂直位移并获得适宜的起跳位置，为起跳做好技术准备。

在从助跑中获得很快的水平速度的情况下，在过渡（转换）阶段为起跳获得更理想的垂直速度，跳远倒数第二步摆动腿应采用快速的"硬"支撑技术，即膝关节弯曲度小，后蹬角度大，摆动脚前脚掌快速、有弹性地撑地。起跳腿大腿抬得稍低些并积极前伸，起跳脚"扒地""式地向下、向后并快速积极地踏上起跳板。上体保持正直的姿势，眼睛注视前上方。

（三）起跳技术

起跳是改变身体运动方向的主要技术环节。起跳动作包括起跳脚着板瞬间、缓冲和蹬伸三个过程。

1. 起跳脚着板瞬间

起跳脚着板时，起跳腿几乎伸直，与助跑道成60°～70°的夹角，用脚跟先触及地面并滚动到全脚掌着地。上体保持正直的姿势，眼睛注视前上方。在起跳脚着地前，摆动腿已经开始折叠并迅速前摆跟上起跳腿，在起跳腿着地瞬间，两臂摆动到靠近躯干两侧。

2. 缓冲

在起跳脚着地的瞬间，由于助跑速度的惯性和身体重力的作用，对起跳腿产生了很大的压力，迫使起跳腿的髋、膝、踝三个关节很快地弯曲缓冲。膝关节角一般成140°～150°。在起跳腿弯曲缓冲的过程中，髋部迅速前移，并带动摆动腿积极折叠前摆。两臂配合腿的动作继续摆动，起跳腿同侧臂自体后向前摆动，异侧臂自体前向后摆动，上体保持正直的姿势，使身体重心处于相对较高的位置。

3. 蹬伸

当身体重心及时而准确地移至起跳腿上时，起跳腿就快速用力蹬地，充分蹬直髋、膝、踝三个关节，同时摆动腿以髋发力，带动大小腿成折叠状，以膝领先，快速而协调地向前上方摆动，摆至大腿成水平。两臂协调一致地配合腿的动作向前上方摆动，摆至上臂与肩平时，要有意识地做"突停"。蹬伸动作结束时，起跳腿髋、膝、踝三个关节充分蹬伸，蹬地角约75°。摆动腿大腿接近水平，小腿自然下垂，上体和头部保持正直，两臂摆出体侧上方。整个蹬伸动作应做到快速积极和充分有力，腾起角在18°～24°，腾起初速度可达9.2～9.6米/秒，起跳时间为0.1～0.13秒。

（四）腾空

跳远腾空阶段的任务是维持身体平衡，为合理、完善的落地动作创造有利条件。起跳腾空后，摆动腿屈膝前摆，摆至大腿接近水平位置，起跳腿自然放松地留在身体后面，这一起跳结束时身体姿势在空中的延续，叫"腾空步"。

腾空步以后的空中姿势有三种,即蹲踞式、挺身式、走步式。在此只对挺身式和走步式动作进行描述。

1. 挺身式

挺身式跳远起跳后,保持腾空步的时间较蹲踞式稍短。腾空步后,下放摆动腿,伸髋,向前送髋,摆动腿与身后的起跳腿靠拢。两臂在腾空步开始时一前一后摆动,当摆动腿放下时,两臂也同时下落,然后摆动腿继续向后运动、外展,肩和头同时做稍向后运动,并挺胸送髋,使躯干微成反弓形。继而收腹举腿、两臂上举,准备做落地动作。落地动作前,两膝向胸部靠拢,小腿和两臂前伸,增加落点的远度,接着两臂引向体后,以便两脚着地后两臂迅速前摆,协助身体重心移过落点。

2. 走步式

走步式空中动作一般分为"两步半走步式"和"三步半走步式"两种,这是由运动员的腾空高度、滞空时间、动作速度和协调性来决定的。起跳腾空步到达最高点时进行换腿,摆动腿下放,向后摆动,同时起跳腿屈膝前摆,在空中完成一个像跑步那样的换步动作,换步以后,身体又呈腾空步姿势。这一腾空步是起跳腿在前,摆动腿在后。进行换步动作时,应注意保持一种空中自然跑的动作,即前面的腿由曲到直,然后向后摆动,而留在体后的腿,在前摆过程中由直变屈,大小腿折叠。

完成一个换步后接着做落地动作的叫"两步半走步式"。完成两个换步后接着做落地动作的叫"三步半走步式"。

(五)落地

落地前,上体不要过于前倾,以免引起身体前旋,大腿要向前提举,膝关节主动向胸部靠拢,小腿前伸,尽可能加大着地点和身体重心投影点之间的距离。即将落地时,膝关节伸直,脚尖勾起,同时两臂后摆。脚跟接触沙面后,紧接着前脚掌下压,两腿迅速屈膝,骨盆前移,两臂积极前摆,使身体重心迅速移过落点,避免后倒坐于沙坑中。

二、背越式跳高技术

完整的背越式跳高技术由预先助跑、助跑、过渡阶段、起跳、过杆和落地6个连贯的部分组成(见图6-2)。人体经过一段直线和一段弧线助跑后,以远离横杆的脚起跳,在空中旋转为背对横杆,以头、肩领先身体依次越过横杆,用肩、背部先接触落地区。

1. 预先助跑

从运动员起动至正式助跑(第一标志线)的过程为预先助跑。

预先助跑方式有两种:一种是行进间起动,即先走或跑几个碎步,踏上助跑起点后开始助跑;另一种是原地起动。

2. 助跑

从运动员踏上第一标志线到倒数第二步脚着地的过程为助跑。

背越式跳高运动员采用先直线后弧线的助跑路线,大多数运动员跑8~12步或9~13步,最长可达30米左右。助跑的任务是使运动员获得适宜的水平速度、良好的助跑节奏、合理的身体姿势,可以为起跳创造有利条件。

助跑的直线部分是加速跑。要求上体稍微前倾,跑动轻松、自然、有弹性,节奏合理。助跑

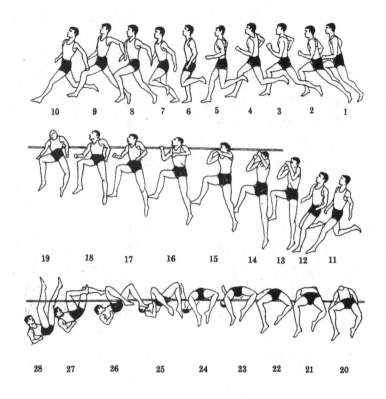

图 6-2 背越式跳高技术

的弧线部分要求身体内倾,跑动技术与弯道跑相似,摆侧脚以前脚掌内侧着地,跳侧脚以前脚掌外侧着地,脚的着地点距身体重心投影点较近,摆侧肩高于并领先于跳侧肩。在获得适宜速度的同时,为过渡阶段做好准备。

背越式跳高的优越性之一是助跑速度较快。朱建华的助跑最高速度出现在第 5 步,达到 8.73 米/秒,最后 4 步助跑速度略有下降,最后 1 步为 8.19 米/秒,助跑平均速度接近 8.50 米/秒。索托马约尔在助跑倒数第 2 步时身体重心的水平速度达到 8.93 米/秒,最后 1 步的速度为 8.51 米/秒。

背越式跳高采用弧线助跑的目的是在保持助跑速度的同时,通过身体内倾自然降低身体重心。增加起跳时的肌肉用力工作距离,将助跑的水平速度转化为垂直速度,提高起跳效果。身体内倾 30°时,身体重心的高度下降约 12 厘米。

3. 过渡阶段

从倒数第 2 步摆动腿的脚着地至倒数第 1 步起跳脚着地的过程为过渡阶段。

过渡阶段的任务:①使运动员获得理想的起跳垂直速度;②使运动员从水平位移快速地转变为垂直位移;③使运动员获得适宜的起跳位置;④使运动员为起跳做好准备。

背越式跳高从进入弧线段助跑开始,就要有准备起跳的意识。倒数第 2 步摆动腿着地时积极下压扒地,形成牢固支撑,身体重心迅速前移。当身体重心移至支撑垂直部位时,身体内倾和摆动腿膝关节的弯曲达到最大限度。摆动腿要积极有力地蹬伸,并充分伸展踝关节,推动身体快速前移。迅速向前伸髋,同时起跳脚沿助跑弧线的切线方向贴近地面向前迈出,以脚跟外侧着地,并迅速滚动至全脚掌。此时保持身体内倾,上体与起跳腿的夹角为 140°～150°,躯干后倾角度为 78°～88°,做好制动动作。

4. 起跳

从放起跳脚至起跳脚离地的过程为起跳。

起跳是跳高技术的关键环节。起跳的任务是充分利用助跑创造的有利条件,迅速改变人体运动的方向,尽可能获得最大垂直速度,使身体充分向上腾起,并为顺利过杆创造条件。起跳腿着地后积极制动,经过被动缓冲后迅速蹬伸。完成蹬伸时,髋、膝、踝三关节充分蹬直。起跳脚从着地到蹬离地面的过程很短,背越式跳高的起跳时间一般在0.14~0.22秒。

在起跳过程中,摆动腿和两臂应配合起跳腿的蹬伸动作进行积极摆动,以增加起跳效果。目前,国内外大多数运动员采用屈腿或折叠式的摆腿方法。在倒数第2步摆动腿蹬离地面后,以髋带动大腿加速前摆,小腿顺惯性积极折叠,缩短摆腿半径,加快摆腿速度。在起跳脚着地瞬间,摆动腿靠近起跳腿,膝关节的弯曲程度接近最大。随着起跳腿开始蹬伸,摆动腿积极向上摆,并带动躯干围绕纵轴旋转,大腿摆至最高处时突然制动,以转化为身体向上的动能。

摆臂的方法有交叉双臂摆动和交叉单臂摆动两种,索托马约尔采用前一种方法,朱建华采用后一种方法。交叉双臂摆动有助于加大摆动力量;交叉单臂摆动可以加快摆动速度,有利于快速完成起跳动作。无论采用哪一种摆臂方法,都要积极摆动,在起跳腿蹬伸结束阶段与摆动腿相配合,采用上摆制动动作,提高起跳效果。

交叉双臂摆动方法:在最后1步起跳腿前伸过程中,同侧臂交叉后引,而异侧臂像自然跑步一样前摆,但保持在相对较低的位置。当起跳腿开始蹬伸时,两臂积极向前上方摆动制动,带动躯干伸展。为加速身体围绕纵轴旋转及防止上体过早倒向横杆,摆动腿同侧臂最后一摆应略高于另一臂,并带动肩部超越横杆。

交叉单臂摆动方法:在最后1步起跳腿前伸过程中,两臂仍自然前后摆动。随着摆动腿向前摆动,起跳腿同侧臂由后向前上方积极摆动,摆动腿同侧臂顺势迅速上举。

5. 过杆

从起跳脚离地到人体完全越过横杆的过程为过杆。

过杆的任务是充分利用身体腾起的高度,采用合理的姿势顺利越过横杆,为了提高过杆效果,必须形成合理的过杆姿势,利用补偿动作,使身体各部分依次顺利越过横杆。

起跳脚离地后,运动员要保持较伸展的姿势向上腾起,并在摆动腿和同侧手臂的带动下逐渐成背对横杆。当运动员头部超越横杆后,两臂开始放松,顺着身体重心的运动方向上杆。当头、肩越过横杆后,及时仰头、倒肩、展体,利用身体重心向上的速度积极挺髋。两小腿放松下垂,形成杆上背弓姿势。当身体重心移过横杆时,及时含胸收腹,控制上体继续下旋,同时以髋部发力,带动大、小腿加速向上方伸展,使整个身体越过横杆。

在过杆的全过程中,应使躯干和肢体尽可能靠近身体重心的运动轨迹,便于控制身体和迅速越过横杆。此外,运动员应根据自己助跑速度的快慢和起跳后相对于横杆的位移速度,确定背弓的程度,通常背弓程度越大,完成动作的时间越长。

6. 落地

从人体完全越过横杆到身体着地缓冲的过程为落地。

落地的任务就是保证人体安全着地。落地技术较为简单,在向上方伸腿后,保持屈髋伸膝伯姿势下落,以肩背部先着海绵垫,并做好缓冲。着地时不能做过大的屈膝、屈髋动作,两腿适当分开,避免两膝关节撞击脸部。同时应避免两臂先着海绵垫,以防止擦伤。

第四节 投掷技术

一、推铅球的起源

古代人为了把投石击兽的劳动技能传授给自己的后代,就要求他们的孩子经常练习这种技能,并带领他们一起去追击野兽。孩子们在实践中学会了这些技能,增长了才干。奴隶社会时期,掷重石又被作为军队作战的武器和训练军队的手段。我国史书记有古代战争中用滚木、雷石作为防守或进攻的武器。古印度人常作投石游戏并一直流传至今。

古希腊时期,一度流行投掷石块的比赛,并以之作为选拔大力士的科目,凡能把石块掷得远的人被公认为力气最大的力士。石块的重量、投掷的方法没有正式的历史记载,无法进行考证。据传,大约在公元1150年,希腊雅典举行过一次规模盛大的投掷圆石的比赛,力士们把圆石举起再掷向远方,以投掷距离的远近来决定名次。这也许就是今日推铅球比赛的雏形。

早期推铅球的比赛,曾经有按体重分级的规则。但实践证明,铅球推出的远度与选手的体重没有太大关系,所以这个规则后来被取消了。在推铅球比赛的初期,比赛规则比较简单,只规定一条直线作为限制线,可采用原地或任何形式的助跑推,后来又限制在一个方形区域内推球。到了19世纪中叶,英国人为了更合理地丈量投掷远度,规定了直径为7英尺(2.13米)的投掷圈和90°的扇形铅球落地有效区。投掷区角度也在不断变化,从开始的90°改为60°、65°、60°、45°,1978年改为40°,而在2003年1月1日又启用了新的角度34.92°。铅球重量为7.257千克,源于16磅重的炮弹(并非所有炮弹都是16磅)。1978年,当时的国际田径联合会决定把成年男子铅球重量定为7.26千克。铅球的制作经历了用铁、铅以及外铁内铅的过程。正式比赛中,男子铅球的重量为7.26千克,直径为11~13厘米;女子铅球的重量为4千克,直径为9.5~11厘米。

二、背向滑步推铅球技术

为了便于分析技术和教学,可将一个完整的背向滑步推铅球技术分为如下7个部分:握、持球方法,滑步前的预备姿势,预摆和准备滑步,滑步,过渡阶段,最后用力和铅球出手后的身体平衡(见图6-3)。

(一)握、持球方法。

1. 握球方法

四指并拢或五指自然分开,把铅球放在靠近食指、中指和无名指的指根处上方,拇指和小指扶在球体两侧,掌心空出,手腕背屈。手指和手腕力量较强者,可将铅球适当地移向手指的第二指节处,手指和手腕力量较弱者,铅球可放在更靠近指根处。

2. 持球方法

握好铅球后,将铅球持于肩轴线前,抵住或靠近颈部或下颌,头部略向右转,拇指处在肩上面、球体下面,其余四指大体上处在球体的侧面,掌心向内,右臂屈肘。肘部略低于肩或与肩平行,躯干保持正直,左臂前上举。

(二)滑步前的预备姿势

滑步前的预备姿势分为高姿势和低姿势两种。

图 6-3 背向滑步推铅球技术

1.高姿势

背对投掷方向,两脚前后站立,右脚以全脚掌着地,靠近投掷圈后沿。左脚位于右脚后 20～30 厘米处,以前脚掌或脚尖着地,脚跟提起。右腿伸直,重心放在右腿上,左腿自然屈膝,脚跟稍向上提。右手持球于肩上,肘略外展,躯干正直放松,左臂前上举。目视投掷相反方向前下方 3～5 米处。

2.低姿势

背对投掷方向,两脚前后站立,右脚以全脚掌着地,靠近投掷圈后沿处。左脚位于右脚后 50～60 厘米处,以前脚掌着地。两腿弯曲,重心落在右腿上。躯干前倾几乎与地面平行,低头含胸,两眼目视前下方 2～3 米处。右手持球于肩上,肘略外展,左臂自然下垂。铅球的投影点在右脚的右侧前方。

不论是高姿势还是低姿势,因其滑步起动方式不同,站位也有所不同,如果是以前脚掌发力的,在站位时脚内扣 20°～30°;如果是以脚跟发力的,则与投掷中线保持一致。

(三)预摆与准备滑步

1.高姿势

做好预备姿势后,上体前屈,使躯干接近水平位置。左腿向后上方抬起,右腿伸直,使体重均匀地分布在整个右脚掌上。

完成预摆动作并维持好身体平衡后,紧接着低头并含胸收腹,右腿屈膝下蹲,左腿屈膝回收至靠近右膝处,形成团身动作。随着屈膝团身动作的完成,开始向投掷方向平移臀部,完成准备滑步动作。

2.低姿势

做好预备姿势后,弯曲的左大腿平稳地向后上方摆动,同时上体保持前倾姿势,左骨前伸,躯干与地面平行。左腿摆动到一定高度并保持身体平稳。右腿弯曲,体重均匀地分布在整个右脚掌上。

完成预摆动作并维持好身体平衡后,迅速回收左腿并靠近右腿。与此同时,右腿逐渐屈膝,形成弓背团身姿势,并向投掷方向平移臀部,完成准备滑步姿势。后续动作同高姿势推铅球。

(四)滑步

完成准备滑步动作后,臀部开始向投掷方向平移,当身体重心超过右腿支撑点时,左大腿带动小腿以脚跟为支点向抵趾板方位积极摆伸;右腿开始积极蹬伸,右脚重心由脚掌向脚后跟移动,以脚跟为支点,积极用力进行蹬伸,或者是内扣的右脚以脚掌为支点积极蹬伸,配合左腿的摆动。大腿主动内收、提拉。身体在左、右腿的摆蹬用力下形成一个低腾空形态,躯干保持前倾姿势,左臂伸向投掷反方向后下方,目视投掷反方向的下方2~3米处。当右腿伸直,右脚跟(右脚掌)即将离地时,两大腿的夹角约为125°,躯干与右大腿的夹角约为80°。

(五)过渡阶段

完成滑步动作后,从右脚着地至左脚着地为过渡阶段。在低腾空的下落阶段,右腿积极内收、提拉,超过投掷圈圆心10~30厘米,以右脚前脚掌内侧着地,右脚尖与投掷方向成135°左右,右腿弯曲,右膝关节在135°左右。右脚着地后,立即向投掷方向前下方用力转动右髋,带动右腿向投掷方向转蹬。左腿在插向抵趾板时,以前脚掌为支点伸踝外翻,带动大腿小腿外展,以左脚掌内侧为支点着地。左脚外展与投掷方向夹角约30°,左脚的脚尖与右脚的脚跟在一条直线上,左膝角约160°,身体重心落在弯曲的右腿上。躯干保持前倾姿势与地面夹角约45°,左手伸向投掷反方向后下方,目视投掷反方向的指下方。从整个动作的外形看,由左脚、左髋、左侧躯干至左肩形成一个圆滑的弧形,使身体处于背部拉紧、股部和髋都的拧紧及右腿的压紧这"三紧"状态。

(六)最后用力

完成过渡动作后,左脚一着地即开始最后的用力动作。左臂屈肘积极快速地向左前上方运动,在左臂的积极引领下,躯干开始逐渐抬起,同时右髋向投掷水平方向前下方快速用力转动。在髋的作用下右腿积极用力转蹬,保持一定弯曲程度向前运动。由右脚掌内侧开始转动并向前滑动,躯干稍有抬起。此时,以左脚着力点到左膝、左髋、左侧躯干、左肩,形成与之对抗的左侧支撑轴。

左臂继续向投掷方向弧形运动,停至身体左侧并固定左肩和左侧支撑轴,左臂大小臂夹角为90°,左手掌心朝向投掷方向。在左侧支撑轴的对抗用力下,右髋向投掷水平方向前下方继续转动用力,带动右腿继续向投掷方向转动蹬伸,足跟转向投掷反方向。右脚向投掷方向移动两脚间距离的1/3(25厘米左右)。由于右髋、右腿的运动,推动右侧躯干抬起,向投掷方向转动。抬头挺胸,眼睛看前上方。右臂屈肘外展朝向投掷反方向并略低于肩,将铅球用力顶在颈部,形成最后用力出手前的良好超越器械姿势。

在形成良好的超越器械的前提下,继续积极蹬伸右腿,使身体重心由低向高、由右向左移动,左侧支撑轴中的左腿用力蹬伸,右肩在胸的带领下向投掷方向积极运动,躯干转成正对投掷方向。头部转向左侧,右肩高于左肩,以大臂带动小臂呈匀加速的形式,将铅球沿着38°~42°的出手角度推出。在投掷臂伸直的同时手腕背屈,使铅球从指根向指尖滚动,当铅球离手瞬间,在指屈的作用下,最后以右手中指指尖为力点作用在铅球的几何重心上,用力将铅球拨送出去。铅球离手后,右手五指并拢,指尖和掌心朝外,完成最后用力动作。

（七）铅球出手后的身体平衡

为了缓冲铅球出手时产生的向前的惯性作用和冲力,避免犯规,获得有效的运动成绩,当铅球出手后,应快速下放推球臂,低头、含胸、收腹,弯曲双腿,降低身体重心,左右腿及时换步以维持身体平衡。待铅球落地和人体稳定后,从投掷圈的后半部走出。

三、推铅球的训练

（一）身体训练

1. 力量训练

力量,尤其是爆发力是推铅球需要的重要素质。力量训练的主要手段有：

①杠铃练习：抓举、挺举、推举、提拉、高翻等。

②壶铃或哑铃练习：单双臂推举、体前或体侧提拉、提拉转体、半蹲跳起、深蹲跳起、持哑铃扩胸等。

③肩负杠铃半蹲、深蹲、转体、前屈体和侧屈体等。

④仰卧推举杠铃、杠铃片、壶铃等。

⑤单双臂推掷实心球和壶铃的各种练习。

⑥用手指支撑做俯卧撑、立卧撑和对墙推臂等练习。

⑦跳跃练习：立定跳远、立定三级跳远、多级跳、单脚跳、跨步跳、蛙跳及跳台阶等。

2. 速度训练

推铅球是用最快的速度来完成的,因此,发展肌肉快速收缩的能力极为重要。速度训练的主要手段有：

①起跑、行进间跑、加速跑等各种短距离的快速跑和跨栏跑。

②助跑跳高、跳远、立定跳、单脚跳、跨步跳等跳跃练习。

③采用轻器械快速做某一动作或完整技术的练习。

3. 灵敏性和协调性训练

培养灵敏性和协调性,能提高推球技术的准确性,合理运用各项身体素质。发展灵敏性和协调性的主要手段有：

①球类运动、垫上运动和体操练习等。

②听或看信号完成各种练习。

③各种游戏活动。

4. 柔韧性训练

铅球运动员的髋和肩关节的柔韧性很重要。良好的柔韧性可增加动作幅度,为完善推球技术起积极作用,同时能防止伤害事故。发展柔韧性主要是通过伸展、拉长肌肉和韧带的练习而加大关节活动范围来实现的。

(二)技术训练

滑步和最后用力是推铅球技术最主要的部分,因此,应加强这两部分技术的训练。技术训练的主要手段有:

①徒手或持铅球滑步练习。

②原地推掷不同重量的实心球和壶铃练习。

③徒手或持器械做各种模仿练习。

④圈外或圈内滑步推各种不同重量的铅球。

⑤圈内推标准重量的铅球。

第七章 篮球运动

第一节 篮球运动概述

一、篮球运动的介绍

篮球运动是一项活动者以各种专门的技艺为手段,以主动控制空间为目标,以主动控制球为争夺焦点,以主动掌握时间与速度为保证,在空间、地面交叉展开攻守对抗的体育竞技运动和娱乐体育活动。

篮球运动是美国马萨诸塞州的詹姆斯·奈史密斯于1891年发明的,并于1895年传入中国。1932年6月18日,国际业余篮球联合会(简称国际篮联)正式成立。1936年第十一届柏林奥运会(全称为奥林匹克运动会)上男子篮球被列为体育比赛项目,并正式出版了国际统一的篮球竞赛规则。1951年、1953年分别举办了第一届世界男、女篮球锦标赛。1976年第二十一届蒙特利尔奥运会上,女子篮球被列为正式的体育比赛项目。1914年、1930年,男、女篮球列为中国正式的体育比赛项目;1949年,中国篮球协会(CBA)成立;中国女子篮球队在1992年第二十五届巴塞罗那奥运会中获得亚军,在1993年世界大学生运动会中获得冠军,在1994年第十二届锦标赛中获得亚军;中国男子篮球队曾两次跻身世界前八名,在2001年世界大学生运动会中获得冠军。2002年,姚明以状元秀的身份加入NBA,为中国篮球赢得了全世界的尊重。尽管如此,也应当指出,目前我国篮球队水平与世界强队相比仍有差距,我国篮球队仍需要认真学习先进经验,努力探索前进的道路,科学训练、科学管理,争取早日跻身世界先进水平。

二、篮球运动的特点

1. 特殊的空间对抗规律

篮球运动的对抗,主要体现在高空性和瞬时性两个方面。高空性是指篮筐离地面3.05米,投篮进攻、防守投篮以及拼抢篮板球等决定了篮球运动的高空优势的特点。瞬时性是指竞赛规则对进攻队在一次进攻中的不同区域、不同情况有3s、5s、8s、24s内完成传球、运球和投篮攻击的要求。由于比赛中出现攻守时机的时间是短暂的,因此主动掌握时间、捕捉战机成为攻守的关键。

2. 竞赛的多变性和综合性

篮球竞赛过程比较复杂,技术动作繁多,战术形式多样,而且竞赛中要求个体单兵作战与集体配合相结合,空间攻守与地面攻守相结合,空间、地面与时间、速度相结合,拼抗性与智谋性、技艺性相结合,从而形成了攻守形式和方法的多变性和综合性。

3. 专项内容结构的多元性

现代篮球运动的内容广泛而深入,包括科学的专项理论基础、智能潜力、特殊的运动意识、身体形态条件、生理机能、心理修养、意志品质、道德作风、专门的基本功、专项技术动作、战术配合方法体系及其实战能力,以及教练员组织科学化训练和组织管理指挥的才智水平等。这些理论体系和技术、战术系统,形成了篮球运动内容结构的多元性特点。

4. 健身性和增智性

从事篮球竞赛和各种篮球运动,能提高身体素质,提高人体中枢神经和内脏各器官的功能,增进身体健康。科学化、技艺化、谋略化的篮球竞赛,能促使运动员从篮球竞赛中吸取文化营养,鞭策运动员具有更多的文化知识,促使运动员对篮球运动本质的理解能力的提高。因此,锻炼者科学地参加篮球活动,能全方位地起到健身、增智的作用。

5. 社会性和群众性

开展篮球竞赛和进行篮球活动,能提高人们的素质,活跃社会生活,促进社会交往,增强国家与民族的自尊、自强意识。不仅如此,篮球运动还是群众最喜闻乐见的项目之一,它在我国学校、企业、部队以及社会各个阶层都得到开展,是最普及的一种活动项目。

6. 竞赛的商业化

随着篮球运动职业化程度的深入,篮球运动和篮球竞赛在世界范围内加速商品化,运动员和运动队的运动技能水平和运动成绩有的已成为商品。篮球竞赛组织者超越国界转让队员和球队,以及发布各种各样的广告等,以此开展营利性经营。这种商业化的发展趋势,目前已成为现代篮球运动的一个显著特点。

第二节　篮球运动基本技术

篮球技术是对篮球竞赛中所运用的各种专门动作方法的总称,它是篮球战术的基础。

一、移动

移动是对篮球运动中队员为了改变位置、方向、速度和争取高度、空间所采用的各种脚步动作方法的总称。

(一)移动的基本技术

1. 基本站立姿势

两脚前后或左右开立,与肩同宽或稍宽于肩,两脚着地,重心在前脚掌,两膝微屈,上体微向前倾,两臂屈肘自然下垂置于体侧,两眼平视前方,随时准备起动或进行接球等。

2. 起动

起动是指队员在球场上由静止状态转为运动状态的一种脚步动作。快速突然的起动是进攻队员摆脱防守队员的有效手段,是进攻队员保持或抢占有利位置,防住对手的首要环节。

动作方法:队员从基本站立姿势开始,向前起动时,上体前倾向前移动重心,一只脚用力蹬地,另一只脚迅速向前跨出。侧向起动时,一只脚向起动方向一侧移动重心,上体迅速转向起动方向,另一只脚用力蹬地,同时脚尖转向起动方向,并向起动方向跨出。

3. 变速跑

变速跑是指队员在跑动中改变速度的一种跑动方法。进攻队员为了摆脱防守队员,利用突然加速或减速移动,破坏防守队员占有的有利位置,争取主动。防守队员也可以及时地变换速度来追防对手。

动作方法:队员在跑动中加速时,上体微前倾,用前脚掌短促有力地蹬地,步频加快,同时加快摆臂。减速时,步幅适当增大,上体直起,用前脚掌抵地来减缓向前的冲力,从而降低跑速。

4. 变向跑

变向跑是指队员在跑动中突然改变方向的一种方法。进攻队员经常运用变向跑摆脱防守。防守队员可利用这种方法来堵截对手的进攻。

动作方法:队员变向跑时(以从右向左为例),落地最后一步,右脚尖转向左前方,脚前掌内侧用力蹬地,使上体向左前倾,移动重心,同时迅速转肩、转腰,左脚向左前方跨步并用力蹬地,右脚迅速跟随向左前方跨出,或右脚用力蹬地直接向左前方跨出,继续加速跑动。

5. 侧身跑

侧身跑是指队员在跑动中为了抢位,摆脱防守队员,接侧向或侧后方传来的球而采用的一种跑动方法。

动作方法:队员在跑动时,头部和上体转向侧面或有球的一侧,脚尖向前进方向,既要保持跑速,又要注意观察场上情况。

6. 急停

急停是指队员在快速移动中突然制动的一种方法。进攻队员可利用急停摆脱防守队员并衔接其他脚步动作和进攻技术,掌握进攻的主动与优势。急停分为跨步急停和跳步急停两种。

跨步急停的动作方法:队员在跑动中先向前跨出一大步,用脚跟先着地并迅速过渡到全脚抵住地面,屈膝降重心,身体稍后仰,第二步落地时,屈膝并内扣,身体稍侧转,两脚尖自然转向侧前方,脚前掌内侧用力抵住地面,两臂屈肘自然张开帮助控制身体平衡。

跳步急停的动作方法:队员在跑动中用单脚或双脚跳起,使双脚稍有腾空,上体稍后仰,两脚平行或前后落地,最后形成基本站立姿势。

7. 转身

转身是指队员以一只脚做中枢脚进行旋转,另一只脚蹬地向前,向后跨出,改变原来身体方向的一种动作方法。转身分为前转身和后转身两种。

前、后转身的动作方法:移动脚向中枢脚脚尖方向跨出以改变身体方向,称为前转身。移动脚向中枢脚脚跟方向移动以改变身体方向,称为后转身。队员转身时,身体重心移向中枢脚,移动脚用力蹬地,中枢脚前掌用力辗地,同时腰胯扭转带动上体随着脚转动。移动脚落地时重心回到两脚之间保持平衡。

8. 滑步

滑步是防守队员移动的一种主要方法,常用来阻截对手的移动路线,调整自己的防守位置。滑步分为侧滑步、前滑步和后滑步三种。

侧滑步动作方法:队员的两脚平行站立,两膝较深弯曲,上体略前倾,两臂侧伸。向左侧滑步时,左脚向左侧迈出的同时,右脚前掌内侧蹬地滑动,向左脚靠近,然后左脚继续跨出。滑步时要保持重心平稳移动。

前滑步动作方法:队员的两脚前后站立,前脚向前迈出一步,着地时后脚紧随着向前滑动保持前后开立姿势。滑动时注意屈膝降低重心。

后滑步动作方法:后滑步动作方法与侧滑步相同,只是向后滑动。

9. 常见错误及其纠正方法

(1) 队员移动时低头,不注意观察。纠正方法:队员可采用看教练手势进行移动练习或组织竞赛性练习,以提高观察判断能力。

(2) 队员起动时,上体不能快速前倾,两臂摆动与脚蹬地无力。纠正方法:教练讲解示范,强调起动蹬地、摆臂的用力方法,队员可采用由原地慢速跑变快速碎步跑,追逐跑练习或自抛自接球起动练习等,以提高起动蹬地的协调配合。

(3) 队员侧身跑时,头和上体未转向有球方向或边跑边回头,脚尖没有朝向跑的方向,而形成交叉步跑、滑跳步跑。纠正方法:教练强调动作要领,正误对比示范,在练习中教练应及时提醒队员侧身看球,脚尖向前等,还可围绕中圈、罚球圈做侧身跑练习。

(4) 队员急停不稳,重心前移,甚至走步违例。纠正方法:教练强调动作要领,通过示范建立正确的技术动作概念,可做走动中急停练习,体会急停时脚用力制动的方法,也可做跑动中急停练习,掌握前脚掌用力蹬地,屈膝降低重心,保持身体平衡和全身的协调配合。

(5) 队员转身时,中枢脚以前脚掌为轴旋转,身体上下起伏,重心不稳。纠正方法:教练应示范转身前保持正确的基本姿势,并要求队员降低和转移重心,保持身体平衡,队员听教练的口令由慢到快地做转身练习。

(二) 移动技术的练习方法

(1) 听信号或看信号向不同方向起动。

(2) 原地运球,听、看信号做运球起动。

(3) 在球场上按规定路线练习变速跑、变向跑、侧身跑、各种滑步等。

(4) 两人行进间传接球中练习侧身跑。

(5) 徒手或运球跑动中听、看信号做急停。

(6) 原地练习转身或结合其他技术进行练习。

(7) 综合练习,即将多个移动技术连接起来练习。

二、传接球

进攻队员在原地或移动中,用手将球相互传递,称为传接球。传接球技术是进攻队员在场上相互联系和组织进攻的纽带。

(一) 传接球技术

1. 双手胸前传球

双手胸前传球是一种最基本、最常用的传球方法,它具有准确性高、容易控制、便于变化的优点。

动作方法:队员双手持球于胸腹前,两肘自然下垂靠近体侧呈基本姿势站立,眼平视传球目标。队员传球时后脚蹬地,身体重心前移,两臂前伸,两手腕随之旋内,食指、中指用力弹拨球,球出手后,两手心和拇指向下,手掌略向外翻,如图7-1所示。

2. 双手头上传球

双手头上传球出手点高,可与头上投篮结合运用,多用于中、近距离,如抢篮板球后的一传,外围队员转移球及向内线队员高吊球。

动作方法:队员双手持球置于头上,双手手指朝上,两肘微屈,传球时,利用小臂前摆,手腕

图 7-1 双手胸前传球

旋内并屈手指拨球,将球传出。队员远距离双手头上传球时要蹬地、收腹,增加传球力量。

3. 单手肩上传球

单手肩上传球是一种常用于中、远距离的传球方法。该传球方法力量大,利于队员在抢到后场篮板球后发动长传快攻。

动作方法:队员双手持球于胸前,两脚平行开立,右手传球时,左脚向传球方向跨出一小步,左手指拨送球使右手将球引到右肩侧上方,右肩关节引展,大小臂自然弯曲,手腕略后屈,持球的后下方,左肩对着传球方向,重心落在右脚上,传球时,右脚蹬地发力,同时转体带动上臂,前臂发力,随后手腕前屈,食指、中指、无名指拨球并将球传出。

4. 双手接球

接球是持球进攻的基础,双手接球是一种牢固的接球方法。

动作方法:队员两眼注视来球,两臂迎球,伸出手指,自然分开,两手呈半圆形,当手指触到球时,双手边握球边后引,缓冲来球力量,两手持球于胸腹前呈基本姿势。

5. 常见错误及其纠正方法

(1) 队员持球手形不正确,掌心触球,传球无力。纠正方法:队员观察教练员的正确持球手形。可采用两人持一球互相推传练习,使队员体会正确持球和出手用力的方法。

(2) 队员双手持球,两肘外张,传球时形成挤球动作。纠正方法:教练员讲明正确持球手形,分析肘外张多是手指朝上握球,两臂与肩、手腕、手指紧张造成的。练习时,要求队员握球手形正确,上肢各部位肌肉放松。

(3) 队员双手传球时用力不一致,传出的球侧旋。纠正方法:教练员先示范动作要领,队员要保持正确的基本站立姿势和持球手法。然后两人一组做持球与不持球的传球模仿练习,体会传球动作的连贯性和上、下肢的协调配合,再做由慢到快、由近到远的两人传接球练习,体会两手翻腕、拨指动作。

(4) 队员单手肩上传球时,手指指向衣领部形成推铅球式的传球。纠正方法:教练员先示范动作要领,队员徒手模仿练习,体会蹬地、转体、甩臂、扣腕协调动作,然后由近到远地练习单手传球,提高传球技术。

(5) 队员接球时手形不正确,手臂未伸向来球方向,无缓冲动作。纠正方法:教练员先示范动作要领,队员要以正确的手形迎球,臂、肘放松,手臂伸向来球方向,接球时顺势后引。两人一组练习传、接球,掌握接球时机和接球后的缓冲动作;移动中练习接球,提高判断来球方向及速度的能力,加强接球手法与步法的协调配合。

(6) 队员行进间双手胸前传、接球时,手与脚动作配合不协调,腾空较高,出现交叉步、跳步等。纠正方法:教练员先示范动作要领,队员在走、慢跑中做行进间模仿练习,练习时要求自然跑动。队员可采用在慢跑中先传、接固定球的练习,再进行跑动中传、接球,体会正确动作,逐渐增加练习难度。

（二）传接球技术的练习方法

（1）两人一组，面对面站立，做各种传、接球练习，间隔距离根据需要由近到远。
（2）三人一组呈等边三角形站立，相距 3～5 米传球。
（3）两人一组，一人原地向另一人前、后、左、右方向传球，另一人移动接球。
（4）全场两人行进间传、接球练习。
（5）两人传球、一人防守进行练习。

三、投篮

持球队员运用各种正确的手法，将球从篮筐上方投入球篮所采用的各种动作及方法称为投篮。

（一）投篮技术

1.原地单手肩上投篮

原地单手肩上投篮具有出手点高，便于结合和转换其他攻击动作，以及在不同距离和位置都能运用的优点，它还是一些重要投篮方法的基础。

动作方法：以右手投篮为例，队员两脚前后或左右开立，两膝微屈，重心落在两脚之间，右手五指自然分开，用指根以上部位持球，大拇指与小拇指控制球体，左手扶球的左侧，右臂屈肘，肘关节自然下垂，置球于右肩前上方。投篮时，下肢蹬地发力，右臂向前上方伸直，手腕前屈，食指、中指用力拨球，通过指端将球投出。球出手的同时，身体随投篮动作向上伸展，如图 7-2 所示。

图 7-2　原地单手肩上投篮

2.行进间单手肩上投篮

行进间单手肩上投篮是在比赛中切入篮筐下时常用的一种投篮方法。

动作方法：以右手投篮为例，队员右脚向前跨出时接球，左脚迅速蹬地起跳，同时右腿屈膝上摆，双手举球于右肩前上方，腾空时上体稍后仰，当身体跳至最高点时，右臂向前上方伸展，手腕前屈，食指、中指拨球，将球柔和地向前投出。

3.行进间单手高手投篮

行进间单手高手投篮是队员在快速跑动中超越对手突入篮下时常用的一种方法。

动作方法：以右手投篮为例，行进间单手高手投篮的跑动步法与行进间单手肩上投篮基本相同，但队员在接球后的第二步要继续加快速度，向前上方起跳，右手将球引至右肩的侧前上方。持球手五指分开,手心朝上,托球的下部。投篮时,借助身体上升的惯性,手臂向前上方伸展,用屈腕、挑指的动作,使球由食指、中指指端柔和地向前投出。

4. 原地跳起单手肩上投篮

原地跳起单手肩上投篮是在原地单手肩上投篮的基础上进行的一种投篮方式,也是竞赛中采用较多的一种重要的投篮方式。

动作方法:以右手投篮为例,队员双手持球于胸前,两脚左右或前后开立屈膝,重心落在两脚之间。两脚用力蹬地向上跳起,双手举球至右肩上,右手持球,左手扶球的左侧方,当身体上升接近最高点时,左手离球,右臂向前上方伸直,手腕前屈,食指、中指拨球,通过指端将球投出。落地时屈膝缓冲,准备做下一个动作。

5. 常见错误及其纠正方法

(1)队员持球时,掌心触球,手指没有自然分开,影响手腕、手指用力。纠正方法:教练员反复讲解示范,使队员看清手持球的部位,组织队员对墙或两人相对,做投篮模仿练习和投篮练习,相互纠正动作,体会正确持球方法和用力动作。

(2)队员持球时,肘关节外展,投篮出手时,球不是向后旋转而是侧转。纠正方法:教练员进行正确示范,并说明投篮时球向侧旋转是持球的手臂肘关节外展,以及持球手形、握球部位不对和球出手的用力顺序不正确造成的。队员可先做徒手模仿练习、一人一球自投自接练习,或两人一球相互投篮。练习时自己与同伴注意观察持球的姿势,手腕、手指用力方法与全身协调配合,然后过渡到投篮练习。

(3)队员投篮出手角度小,球飞行的弧线低。造成这个问题的原因在于投篮时手臂向前推而没有向上提肘伸臂。纠正方法:在投篮练习时,队员面前站一个人,并向上举起双臂,迫使投篮队员改变投篮角度和提高投篮的弧线,同时可以帮助队员克服投篮时向前冲的毛病。

(4)队员行进间投篮时步法乱,手脚配合不协调。纠正方法:教练员站在篮下适当的位置托球,让队员先走动后跑动,以正确的步法去拿教练员的球投篮。跑动中自抛自接球做行进间投篮练习,以掌握跑动的节奏,步幅和手脚的协调配合。在此基础上,队员在跑动中接前、侧、侧后方的传球进行投篮练习。

(5)队员起跳投篮时身体重心不稳,失去平衡,跳起投篮出手晚,在身体下落时球才出手。纠正方法:教练员讲解示范跳投的3个环节,即起跳(垂直向上)、引球上举(空中短暂停顿)和投篮出手。队员可做原地持球上一步跳投练习,拍一次球上步拿球跳投练习。练习时,教练员可运用语言刺激,如跳、举、投,以便队员更好地掌握跳投的动作顺序。

(二)投篮技术的练习方法

(1)徒手做各种投篮动作的模仿练习。

(2)两人相互对投,练习原地单手肩上投篮。

(3)原地单手肩上投篮,距离由近到远。

(4)半场运球行进间单手肩上投篮和单手高手投篮。

(5)行进间接传球单手肩上投篮和单手高手投篮。

(6)原地跳起单手肩上投篮,距离由近到远。

四、运球

持球队员在原地或移动中,用单手连续按拍借助地面反弹起来的球的技术,称为运球。

(一)运球技术

1.高运球

高运球是进攻队员在远离防守时,观察场上情况以及后场向前场运球推进时常采用的技术。

动作方法:进攻队员原地运球时,两脚前后开立,两膝微屈,运球的手臂自然弯曲,以肘关节为轴,上体前倾,目视前方,手按拍球的上方,使球落在身体的侧前方。进攻队员行进间高运球时,手腕后屈,按拍球的后上方,球的落点在身体的侧前方。高运球的反弹高度均在腰、胸之间。

2.低运球

进攻队员为了避开对手抢阻,常采用低运球,以保护球或摆脱防守。

动作方法:进攻队员两腿深屈,降低重心,上体前倾,抬头目视前方,同时用手短促地按拍球,控制球的反弹高度在膝关节以下。进攻队员用身体和腿保护球,同时准备摆脱防守、继续运球。

3.运球急停急起

运球急停急起是在运球推进时,进攻队员利用速度的突然变化来摆脱防守的一种方法。

动作方法:进攻队员急停时,两脚做跨步急停,用手按拍球的前上方,然后短促有力地按拍球的上方,变为原地运球;急起时,身体重心迅速前移,后脚用力蹬地,同时按拍球的后上方,向前运球。

4.侧身体前换手变向运球

侧身体前换手变向运球是当对手堵截前进路线时,进攻队员突然改变运球方向以便突破防守的一种运球方法。

动作方法:进攻队员要从对手右侧突破时,先向对手左侧运球,当对手向左侧移动时,进攻队员突然向右侧变向,用右手按拍球的右侧上方。同时,进攻队员的右脚向左前方跨出,上体左转侧肩,用肩挡住对手,迅速换左手按拍球的后上方,从对手的右侧运球并超越对手。进攻队员换手时球要低、动作要快,如图7-3所示。

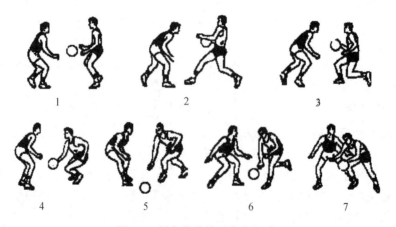

图7-3 侧身体前换手变向运球

5.运球转身

运球转身是当对手堵在进攻队员运球一侧且距离较近,进攻队员不便运用体前变向运球时所采用的一种改变方向突破防守的运球方法。

动作方法:以右手运球为例,进攻队员变向时,左脚前跨一步为中枢脚,随着后转身右手按拍球的右侧前方,将球拉向身体的后侧方,然后换左手运球,从对手的右侧突破后加速前进,如图7-4所示。

图 7-4　运球转身

6.常见错误及其纠正方法

(1)队员运球时低头,不能观察场上情况,易失去进攻机会。纠正方法:队员可采用看固定目标或教练手势进行运球练习。然后可采用甲乙两人一组,每人一球,甲做各种运球练习,乙观察并跟着甲做各种运球练习。

(2)运球时,队员用手打球,而不是用手腕、手指的动作按拍球。纠正方法:教练员讲解并示范运球时是以肩关节为轴,用前臂、手腕、手指力量柔和地随球上、下按拍的动作要领。然后队员在教练员的指导下做原地运球练习,逐步过渡到做行进间运球练习。

(3)运球时,队员不能合理地用身体保护球,易被对手打掉。纠正方法:教练员讲解并示范运球时的身体姿势,手臂协调配合方法与防守的位置、距离,使队员看清保护球的重要性。教练员可组织队员做边运球边打对手球的练习,以提高运球中保护球的能力。

(4)队员在变向、变速运球或运球转身时,形成明显翻腕动作,造成两次运球违例现象。纠正方法:教练员向队员示范并分析产生错误的原因,主要在于手触球的部位是在球的下方或侧方。教练员可组织队员在慢速运球练习中体会手触球的部位正确与否所产生的结果,然后逐渐加快运球速度。

(二)运球技术的练习方法

(1)一人一球,原地做高运球、低运球、侧身体前换手变向运球、运球转身等练习。

(2)一人一球,沿球场边线、端线做运球急停急起、侧身体前换手变向运球、运球转身等练习。

(3)一人一球,做侧身体前换手变向运球、运球转身突破障碍物等练习。

(4)半场或全场一攻一守,灵活运用所学运球突破技术突破防守。

五、持球突破

持球突破是持球队员将脚步动作与运球技术相结合,达到超越对手的一种进攻技术。持球突破包括交叉步持球突破和同侧步持球突破两种方法。

(一)持球突破技术

1.交叉步持球突破的动作方法

以右脚做中枢脚为例,进攻队员突破时,左脚向左前方跨出,做向左突破的假动作,当对手失去重心时,进攻队员左脚前掌内侧迅速蹬地,向对手左侧跨出一大步,同时上体右转探肩,贴近对手,球移至右手,快速推拍球,右脚蹬地加速超越对手。

2. 同侧步持球突破的动作方法

以左脚做中枢脚为例,队员突破时,左脚内侧蹬地,右脚迅速向前方跨出一大步,同时向对手右侧转身探肩,重心前移,球移至右手,快速推运球,然后左脚迅速前跨超越对手。

(二)持球突破技术的练习方法

(1) 一人一球,原地模仿练习。

(2) 两人一球,一攻一守做持球突破练习。

(3) 接正面或侧面的传球做急停持球突破练习。

六、防守对手

防守技术是指进攻队员在防守时,为了阻挠和破坏对手的进攻,达到夺球反攻的目的所采用的各种专门动作方法的总称。

(一)防守技术

1. 防守无球对手的方法

当进攻队员距离球和球篮较近时,防守队员要逼防,应站在对手与球篮之间偏向有球的一侧,采用面向对手侧向球的站立姿势,近球一侧的脚在前,同时同侧臂前伸,封堵接球路线。

当进攻队员距离球和球篮较远时,防守队员应离对手远一些,应向篮下收缩,采用面向球侧向对手的平行站立姿势,保持与对手和球呈三角形的位置关系,做到人球兼顾、协防篮下、抢断传球。

当进攻队员向限制区及附近区域移动时,防守队员应积极阻截对手的移动路线,封锁对手的接球路线。一般可分为防纵切和防横切两种形式:防纵切时,防守队员应抢在对手近球一侧的前面,合理运用身体堵截纵切路线,同时伸出手臂封锁接球路线,迫使对手向运球方向移动;防横切时,防守队员应上步堵截,不让对手在自己身前横向切入,迫使其从自己的身后通过并跟随进攻队员,防止对手接球。

2. 防守有球对手的方法

当进攻队员有球时,防守队员要善于发现其技术特点和动向,及时抢占对手与球篮之间的有利位置,做到既能封阻投篮,又能移动堵截突破,还能阻挠其传球。

防守有球对手的具体方法如下。

(1) 防投篮。防守对手投篮时,采用两脚前后站立,一臂上伸、一臂侧伸的斜步防守姿势,当对手投篮时,防守队员及时起跳,手臂向球的前上方伸直,封盖或干扰投篮。

(2) 防突破。防守对手突破时,要根据对手的习惯、技术特点来采取相应对策。例如,对手以左脚为中枢脚,用交叉步从防守队员的右侧突破时,防守队员可稍偏于对手的左侧站立,以右脚在前的斜步(或平步)防堵其左脚侧与前脚同侧手臂伸向球的部位,并伺机以小臂和手的短促动作击打球,另一手臂侧伸,防止对手突破。

(3) 防运球。防运球应遵循两条原则:一是堵中路迫使其向边、角运球;二是堵强手运球迫使其用弱手运球。防守应采用两脚左右站立的平步防守姿势。当对手向纵深方向运球时,防守队员应将视线集中在对手运球的手和球上,并抢先向运球方向滑动,以身体的躯干对着球的着地点,并随时准备用手击打球,迫使其改变运球方向或停止运球。

(4) 防传球。当对手善于传球助攻时,防守队员要积极阻挠其传球。防守时要根据对手的位置和视线以及场上情况,判断其传球意图。防守队员有时要上前贴近对手,挥动手臂封堵其传球,迫使其错过最佳传球时机或向攻击威胁的位置传球;有时可向后撤步,协助同伴防守,使对手不能顺利传球给处在有利位置的进攻队员,同时要伺机抢断球。

(二)防守对手的练习方法

(1)半场四攻四守,进攻队员站在外围四周,只传球不移动,各防守队员根据球的转移进行防守选位。

(2)一攻一守,针对外围另一持球队员做防守纵切和防守横切的练习。

(3)一攻一守,练习防投篮、防突破技术。

(4)全场一攻一守,练习防运球技术。

(5)半场二攻二、三攻三。

七、抢球、打球、断球

抢球、打球、断球是攻击性很强的防守技术,是积极性防守战术的基础。

(一)抢球、打球、断球的技术

1. 抢球的动作方法

抢球是指从进攻队员手中夺取球。当进攻队员停止运球、接球或抢到篮板球落地刚持球时,趁其保护球不当出其不意地将球抢得。抢球时动作要快而狠,果断有力,当手指接触球或控制住球的同时,利用拧、拉和身体扭转力量,同时手臂迅速向腰腹回收,将球抢夺过来。抢球的手法一般是一手在上、一手在下直握。

2. 打球的动作方法

打球是指用手击落运球队员手中的球。打原地持球队员的球,有自上往下和自下往上两种打球方法。当运球队员持球由胸以上部位向下移位时,宜采用由下往上的方法打球,当运球队员向前推进时,宜采用由上往下的方法打球。运球队员运球突破时打球,以右手运球为例,当运球队员向前推进时,应在左脚向左滑步,抢位堵截时,看准球从地面弹起的那一瞬,突然用左手打球。运球队员运球上篮时的打球,应侧身跟随运球队员,在运球队员起步、上篮跨出第二步,要起跳并把球由体侧移到腹部的瞬间,用左、右手自上往下的斜击方法将球击落。打球多用手指、手掌击球,用手指、小臂与手腕的短促快速动作弹击。

3. 断球的动作方法

断球是指截获进攻队员的传球。根据进攻队员传球方向和防守队员断球前所处的位置,一般分为横断球、纵断球和封断球三种。

1)横断球的动作方法

横断球是指从持球队员的侧面跃出并截获进攻队员的传球。断球时,重心迅速向断球方向移动,以短而快的上步或助跑,单脚或双脚用力蹬地跃出,身体伸展,手臂伸出,用双手或单手将球截获。

2)纵断球的动作方法

纵断球是指从持球队员的身后或侧后方突然用绕前防守步法跃出,截获进攻队员的传球。当从持球队员右侧绕前断球时,右脚先向前跨第一步,然后侧身跨左脚绕到持球队员身前,同时重心前移,左脚(或双脚)用力蹬地向前跃出,身体伸展,两臂前伸将球截获。

3)封断球的动作方法

封断球是指在封堵持球队员传球时截获球。当防守队员识破了持球队员的传球意图时,在持球队员传球出手的一刹那,突然起动伸臂封盖或将球截获。

(二)抢球、打球、断球技术的练习方法

(1)两人一球,练习各种抢球、打球技术。

(2)两人传球、两人防守,练习各种断球技术。

(3)半场一攻一、二攻二、三攻三,提高防守队员的抢、打、断球能力。

八、抢篮板球

比赛中双方队员争抢投篮未中的球所采用的技术统称为抢篮板球技术。抢本方投篮未中球的技术称为抢前场篮板球技术,抢对手投篮未中球的技术称为抢后场篮板球技术。

篮球竞赛中,抢得篮板球是获得控球权的重要手段,是攻、守转换的焦点,是增加进攻次数和发动快攻的重要保证。

(一)抢篮板球技术

1.抢后场篮板球的动作方法

当对手投篮出手后,进攻队员应注意对手的意向和动势,并根据当时与原进攻队员所处的位置和距离的远近,运用上步、撤步和转身抢占有利位置,把原进攻队员挡在身后,保持正确的站立姿势,即两膝弯曲,上体稍前倾,重心落在两脚之间,两臂屈肘侧张,占据较大的面积。与此同时,进攻队员还要判断球的落点准备起跳。起跳时,进攻队员前脚掌用力蹬地,提腰向上摆臂,同时单手或双手向球的方向伸展,至最高点时抢球或将球拨给同伴,如果在空中没有传球,落地时应保持身体平衡侧对前场,将球持于胸腹之间或头上,并准备及时传球或运球。

2.抢前场篮板球的动作方法

当同伴或自己投篮时,处在近篮区的进攻队员首先应判断球的反弹方向,然后先向相反方向的侧前方跨步,做身体虚晃的假动作,诱开身前对手,然后利用绕跨步挤到对手前面或侧前方,抢占有利位置,并借助跨步助跑起跳,至最高点补篮或抢篮板球。落地时,进攻队员两膝弯曲,重心放在两脚之间,将球持于胸腹之间,两肘外展。抢球后可根据对手的防守情况再进行投篮、传球或运球。

(二)抢篮板球技术的练习方法

(1)采用自抛自抢,体会抢球动作、抢球时机和得球后落地的动作。

(2)攻守双方按罚球时的位置站好,罚球队员投篮后,双方抢位,争抢篮板球。练习数次后再轮换。

(3)在半场二攻二守、三攻三守的比赛中,进行争抢篮板球练习。要求攻守只传球投篮,投篮后积极冲抢篮板球或补篮。攻方抢到篮板球后继续进攻,守方积极挡人抢位争抢篮板球。教练员可规定守方抢到若干次篮板球后再交换防守。

第三节 篮球运动的基本战术与练习方法

篮球战术是指在篮球竞赛中队员个人技术的合理运用和全体队员相互协调配合的组织形

式和方法。其目的是掌握比赛的主动权,发挥自己的优势,制约对方,争取比赛的胜利。

一、进攻与防守战术的基础配合

进攻与防守战术的基础配合即两三人之间组成的简单配合方法。它是组成全队攻防战术的基础。

(一)进攻战术基础配合

1. 传切配合

传切配合,是队员之间利用传球切入技术所组成的简单配合。它包括空切配合和一传一切配合两种方式。

1)传切配合的方法

(1)空切配合。

空切配合是指无球队员掌握时机摆脱对手,切入篮下接球投篮或做其他进攻的配合。

如图7-5中④传给⑥时,⑤趁❺注意球尚未调整防守位置的机会,突然横切或从底线切向篮下接⑥的传球投篮。

(2)一传一切配合。

一传一切配合是指持球队员传球后摆脱防守,向球篮方向切入接回传球投篮的配合。

如图7-6中④传给⑤后,先向右侧做切入假动作,同时注意观察❹的情况然后突然从左侧切入,身体转向球的方向接⑤的传球投篮。

2)传切配合的基本要求

(1)队员配合的距离要拉开,切入路线要合理。

(2)切入队员要利用假动作迷惑对手,掌握好摆脱时机,切入时动作应快速、突然。

(3)传球队员动作应隐蔽,传球应及时准确。

2. 突分配合

突分配合是指持球队员突破对手后遇到对手补防时,及时将球传给进攻时机最好的同伴进行攻击的一种配合方法。

1)突分配合的方法

如图7-7所示,④持球突破❹后,遇到❺补防时,④及时传球给横插篮下的⑤投篮。

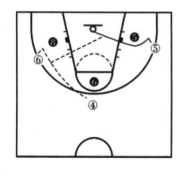
图7-5 空切配合

图7-6 一传一切配合

图7-7 突分配合

2) 突分配合的基本要求

（1）突破队员在突破过程中要注意观察攻守队员的位置和行动，既要做好投篮准备，又要在遇到对手补防时及时、准确地传球。

（2）无球进攻队员把握时机，及时摆脱防守，迅速抢占有利位置接球投篮。

3.掩护配合

掩护配合是指进攻队员采取合理的行动，用自己的身体挡住同伴的防守者的移动路线，使同伴得以摆脱防守，创造接球投篮或进攻机会的一种配合方法。根据掩护者和被掩护者身体位置的不同，掩护配合有前掩护、侧掩护和后掩护三种。

1) 掩护配合的方法

侧掩护是掩护者站在同伴的防守者的侧方（略靠后），用身体挡住该防守者的移动路线，使同伴摆脱防守获得进攻机会的一种配合方法。

如图 7-8 中⑤传球给⑥后跑到❻的侧后方做掩护，⑥接球后先向右侧做突破假动作，然后从左侧贴着⑤的身体运球突破上篮，⑤掩护后转身切入篮下。当⑥借助⑤的掩护运球突破时，如遇到对手变换防守，⑤应转身，⑥及时传球给⑤投篮。

前掩护、后掩护、侧掩护的方法类似，只是因掩护者移动后的站位不同而命名。

2) 掩护配合的基本要求

（1）掩护时，掩护者的身体姿势要正确，两脚开立，上体稍前倾，两手屈肘放于体侧或胸前，与对手保持适当距离，掩护时身体保持静止，避免掩护者犯规。

（2）掩护时，掩护者摆脱对手要用假动作和压切等动作，使对手贴近自己并吸引对手的注意力，为同伴创造有利条件。

（3）掩护时，同伴之间应掌握好配合时机及变化方法。

（4）当对手变换防守时，被掩护者要充分利用掩护者的有利位置进攻。

4.策应配合

策应配合是指处在内线的队员背对或侧对球篮接球后，以他为枢纽，通过多种传球方式与其他队员的空切、绕切相结合，借以摆脱对手，创造各种进攻机会的一种配合方法。

1) 策应配合的方法

如图 7-9 中⑥在④传球给⑤的同时向底线做压切动作，然后突然移动到罚球线右侧接⑤的传球做策应。⑤传球后摆脱❺向❺的身前绕切，接⑥的传球跳投或突破，此时④应同时做反切摆脱❹准备接⑥的球投篮。

图 7-8　掩护配合　　　　　图 7-9　策应配合

2）策应配合的基本要求

（1）策应队员要占据有利位置，接球后两脚开立，两膝弯曲，两肘外展，用身体保护球。随时注意场上攻、防的变化，及时把球传给进攻机会最好的同伴投篮。

（2）外围传球队员要根据策应队员的位置和机会，及时准确地传球给策应队员，做到人到球到，传球后迅速摆脱防守，向篮下切入，创造进攻机会。

（二）进攻基础配合的练习方法

1. 传切配合的练习方法

两人一组，一人在靠近端线的三分球线外站立，另一人站在三分球线弧顶偏向端线队员的一边，两人在站立的两个点交换做传切配合练习。先做不加防守的练习，后做加防守的练习。

2. 突分配合的练习方法

两人一组，分别站于同篮筐呈45°角的两边三线外，一人向篮下运球突破，另一人向罚球线或底线切入，接突破队员的传球投篮。先做无防守的练习，后做有防守的练习。

3. 掩护配合的练习方法

三人一组，两个进攻队员站于三分球线外，相距6米左右的距离，防守队员防守持球队员，持球队员及时突破上篮。该练习完成后，可增加一名防守队员防守无球进攻队员，当掩护成功持球队员突破，迫使防守队员换防时，突破队员及时准确地将球传给处于有利位置的同伴进攻投篮。

4. 策应配合的练习方法

四人一组，二攻二守，做中锋的策应队员在罚球线外侧站立，做外围进攻队员站于三分球线外弧顶附近，外围队员和策应队员传球后，利用假动作摆脱对手，绕过策应队员插入篮下，并接球投篮。

5. 其他练习方法

以上各种配合练习完成后，均可分别进行半场三攻三守的实战练习。

（三）防守战术基础配合

1. 挤过配合

挤过配合是指防守队员向前跨步，从掩护队员与自己所防对手之间挤过，继续防守对手的一种配合方法。

1）挤过配合的方法

如图7-10中⑤传球后⑥后给④做掩护，❹在⑤靠近自己一刹那，迅速抢前一步贴近④，并从④和⑤中间挤过去继续防住自己的对手④。

2）挤过配合的基本要求

（1）挤过时向前抢步要及时。

（2）防掩护者要及时提醒同伴挤过。

2. 穿过配合

穿过配合是指防守队员后撤，从掩护队员和同伴之间穿过，继续防住自己对手的一种方法。

1）穿过配合的方法

如图7-11中⑤给④做掩护，❺发现⑤的意图后，在⑤靠近❹时主动后撤一步，为❹让出通路，使❹从⑤中间穿过继续防守④。

图 7-10 挤过配合

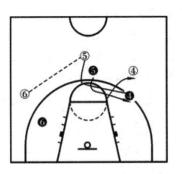
图 7-11 穿过配合

2）穿过配合的基本要求

（1）防掩护者的队员要提醒同伴，并及时让出通路。

（2）穿过防守的队员发现对手掩护时，应及时应变自己的防守位置，迅速穿过并继续防守对手。

3. 交换配合

交换配合是指在对方掩护成功时，防守队员之间彼此及时交换自己所防守对手的一种方法。

1）交换配合的方法

如图 7-12 中❻运球给⑤做掩护，当⑤被挡住时，❻发出交换防守信号，并及时去防⑤，与此同时，❺要迅速去防守⑥。

2）交换防守的基本要求

（1）防掩护者要及时提醒同伴相互换防。

（2）换防时，防掩护者要及时堵截摆脱者的进攻路线，被掩护者要迅速撤步调整自己的防守位置，准备断球和防止掩护者转身切向篮下。

4. 夹击配合

夹击配合是指两个防守队员积极防守一个进攻队员的配合方法。

1）夹击配合的方法

如图 7-13 中❹追使④向边角运球，当④向边角运球时，❺放弃自己所防的对手，迅速跑到④的身后与❻夹击④。此时❻要向⑤的方向移动、补防，并准备抢断④的传断。

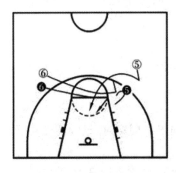
图 7-12 交换配合

图 7-13 夹击配合

2) 夹击配合的基本要求

（1）要选择好夹击的位置和时机。当对方埋头运球或运球转身和运球刚停球时，都是夹击的好时机，最佳夹击位置是边角和对方前场的中线附近。

（2）夹击时防守者用躯干围住持球者，同时挥动两臂封堵传球路线，伺机抢球或断球。

（四）防守战术基础配合的练习方法

1. 挤过、穿过、交换防守配合的练习方法

半场三攻三守，攻方队员连续做侧掩护进攻，防守队员采用挤过、穿过、交换防守配合防住守方队员的进攻。攻方队员先配合防守队员练习，然后交换练习。

2. 夹击配合的练习方法

半场三攻三守，守方队员防守迫使边线附近的持球队员向边角运球，近处的防守同伴大胆放弃自己防守的对手，快速上前与同伴夹击持球队员。另一名离球距离较远的防守队员迅速移动补防被放弃的对手，并准备断球。攻方队员先配合防守队员练习，然后可进行交换练习。

二、进攻与防守战术的整体配合

（一）快攻战术

快攻是指由防守转入进攻时，趁对方未站稳阵脚之前，以最快的速度、最短的时间，造成人数和区域上的优势，果断而合理地进行攻击的一种进攻战术。

1. 快攻发动时机

快攻发动时机有如下几个。

（1）抢得后场篮板球时。

（2）抢、打、断球获球时。

（3）跳球时。

（4）对方投中篮后，掷端线界外球时。

2. 快攻战术的形式

快攻有长传快攻和短传与运球结合快攻两种形式。

1) 长传快攻

长传快攻是指队员在后场获得球后，用一次或两次传球，将球传给已摆脱防守并在前场奔跑快到篮下的队员进行投篮的战术配合。长传快攻的特点是速度快、时间短、配合简单、成功率高。

2) 短传与运球结合快攻

短传与运球结合快攻是指队员在后场获球后，利用快速的短距离传球、运球或运球结合传球迅速地向前场推进，创造有利的投篮机会的一种战术配合。其特点是进攻面广，配合灵活多变。

3. 快攻的结构

长传快攻通常由发动和结束两部分组成，也有通过接应后进行长传快攻。短传与运球结合快攻通常由发动与接应、推进、结束三个阶段组成，持球队员也可直接突破推进，进行短传与运球结合快攻。

1) 快攻的发动与接应阶段

由守转攻的第一个获球队员要有发动快攻的意识,及时观察场上情况,快速传出第一传,另一同伴迅速摆脱对手,及时接应第一传的配合。

(1) 快攻在发动与接应阶段的配合方法。获球队员在后场抢到篮板球、断到球、掷对方投中篮后的端线界外球或跳球得到球时,迅速将球传给抢占有利位置的接应队员。接应队员在接应时要看准时机和位置,及时摆脱对手并接好第一传,同时为下一步行动做准备。

(2) 快攻在发动与接应阶段的要求。获球队员要有快攻意识;一传要快速、准确;接应队员要移动快、摆脱快、落位及时准确;在发动与接应时,其他队员应迅速向前场推进。

2) 快攻的推进阶段

快攻发动后到结束前,中场的这段配合为快攻的推进阶段。

(1) 快攻在推进阶段的配合方法。快攻推进的形式有传球推进、运球推进、传球与运球结合推进。推进路线有中间推进、中间与边线结合推进等。

(2) 快攻在推进阶段的要求。快攻推进时,五名队员应保持三角纵深队形,前两名边线队员要突前于有球的中路队员。推进中多传斜线球,避免横向传球,能传不运,运球要以突破、摆脱或寻找更好的传球机会为目的。进入前场后应避免不必要的传球,快速完成进攻。

3) 快攻的结束阶段

快攻的结束阶段是快攻推进到前场,最后完成攻击任务的配合。快攻结束阶段经常形成以多打少或人数相等的局面。

(1) 快攻在结束阶段的配合方法。以多打少时,要拉开距离扩大进攻面,可利用传球、运球突破、投篮等进攻手段,诱使对手错误判断,制造进攻机会及时投篮。双方人数相等时,要趁对手立足未稳,在行进间利用运球突破、传切、掩护等配合创造投篮机会。

(2) 快攻在结束阶段的要求。有球队员要根据场上情况,快速、合理地处理球。无球队员不宜过早地进入篮下,以免带进对手,造成相互干扰。投篮后要积极拼抢篮板球,争取二次进攻。

4. 快攻的练习方法

1) 长传快攻的练习方法

两人一组,一人投篮后抢篮板球,另一人沿边线快下,接长传球投篮。

2) 短传与运球结合快攻的练习方法

(1) 三人练习配合,先在无防守的情况下练习,后在有防守的情况下练习,练习抢后场篮板球的掷界外球的快攻发动与接应。

(2) 半场二攻一、三攻二,练习快攻的结束阶段。

(3) 全场三攻二快攻练习。

(4) 教学比赛、实战练习。

(二) 防守快攻战术

防守快攻是指在由攻转守的瞬间迅速组织起来的阻止和破坏对手快攻的防守战术。

1. 防守快攻的方法

(1) 提高进攻的成功率。

(2) 积极拼抢前场篮板球。

（3）封堵快攻第一传与截断接应。
（4）逐步退守中,堵中间卡两边。
（5）提高以少防多的能力。

防守快攻的队形有两人平行退守、两人前后重叠退守、两人斜线退守、三人三角形或平行退守等。

2.防守快攻的要求

（1）防守时快退的意识要强。
（2）封一传、堵接应的应变能力要强。
（3）提高拼抢前场篮板球、防运球突破、被防和以少防多的能力。

3.防守快攻的练习方法

（1）三对三,抢到篮板球一方迅速发动快攻,另一方马上组织封一传、堵接应。
（2）半场一守二攻、二守三攻,练习以少防多的能力。
（3）全场三守三攻,守方一人抢篮板球、一人接应、一人快下,三人呈三角形（中间稍后）向前推进。三人边防守边后退,尽量破坏对手进攻。
（4）全场五攻五守,守方利用抢篮板球、断球等手段,积极发动快攻,要求场上队员全部参加快攻,无球的一方要全力防守,破坏对手的快攻。

（三）半场人盯人防守战术

半场人盯人防守是指由攻转守时,全队有组织地迅速退回后场,在半场内每人防守一个进攻队员的人盯人防守战术。半场人盯人防守战术分为松动和紧逼两种。

1.半场人盯人防守的方法

1）半场松动人盯人防守的方法

半场松动人盯人防守是以加强内线防守、保护篮下为主的防守战术。其防守区域控制在离篮下 6 米左右的范围内,主要是在对手外围攻击力较弱而内线攻击力较强时应用。

防守时,对持球队员要紧逼。对近球者采用错位防守,防其接球；对远离球和球篮的队员要松动防守,回撤保护篮下。对手给持球队员做掩护时,力争挤过防守,尽量不换防,尽量不让中锋接球,一旦中锋接球,马上进行围防。当对手采用移动进攻时,要积极堵截移动路线,尽可能延误对手进攻时机。

2）半场紧逼人盯人防守的方法

半场紧逼人盯人防守战术主要用来对付外围投篮准,以外线进攻为主,不习惯向内切、突、穿插的队员。

当持球队员进入前场时,对手立即迎前防守,控制持球队员的进攻速度,对持球队员要防止其运球突破和投篮。防无球者要及时选好位置,防止对手接球的切入。每个队员均要紧逼对手。

2.半场人盯人防守的基本要求

（1）防守时以防人为主,人球兼顾,积极移动,占据有利的防守位置,控制对手。
（2）对持球队员采用紧逼防守,严密控制其投篮、突破和助攻传球。
（3）在教学比赛中学习集体防守配合,每次竞赛都有具体要求,竞赛后及时总结,找出问题并在练习中解决。

（四）进攻半场人盯人防守战术

进攻半场人盯人防守战术是指根据半场人盯人防守战术的特点，综合运用由传切配合、突分配合、掩护配合、策应配合等组成的全队进攻战术。

1. 进攻半场人盯人防守战术的方法

（1）选用合理的落位阵形，扬己之长，攻彼之短。常用的进攻阵形有"2－3""3－2""2－1－2""2－2－1""1－3－1""1－2－2"等。

（2）移动进攻，进攻队员遵循有目的、有配合地连续移动和对球不断转移的原则，灵活运用各种基础战术配合进攻。

（3）综合进攻，由传切配合、突分配合、掩护配合、策应配合等组成整体进攻战术配合。

（4）通过中锋进攻，以中锋为枢纽，与四名外围队员密切配合，共同创造有利的进攻机会。

2. 进攻半场人盯人防守战术的基本要求

（1）从本队实际出发，合理组织队形，充分发挥本队特点，有目的地组织战术进攻。

（2）主攻明确，内外线结合，个人攻击与集体配合相结合，提高战术的灵活性和机动性。

（3）人、球移动，扩大攻击面，增加攻击点，战术应具有连续性。

（4）掌握好进攻节奏，快、慢、动、静相结合。

（5）积极冲抢前场篮板球。

3. 进攻半场人盯人防守战术的练习方法

（1）结合进攻战术阵形，练习传切配合、掩护配合、策应配合等。

（2）半场五攻五守。攻方要根据守方的特点布置进攻队形，反复攻守转换练习，先在消极防守的情况下进攻，后在积极防守的情况下进攻。

（五）区域联防

区域联防是指由攻转守时全队退回后场，每人分工负责防守一定的区域，严密防守进入该区域的球和进攻队员，并与同伴密切合作，积极移动、补位、封锁内线，伺机抢断球，用一定的队形把每个防守区域有机地联系起来，组成全队防守的战术。区域联防一般常在下列情况运用：①对手外围投篮欠准确而内线进攻威胁较大时；②本队个人防守能力较弱时；③为避免防守队员过多犯规时；④为加强拼抢篮板球发动快攻时；⑤为控制对手的进攻速度时；⑥对手不善于进攻区域联防时。

1. 区域联防战术的方法

区域联防的方法是以球为主、随球移动，对持球队员采用盯人防守，其他防守队员根据球的转移和进攻队员的穿插，不断移动，调整防守位置，加强对有球区和篮下的防守，监视和限制本方防区内进攻队员的活动。对手投篮不中时，积极组织争抢篮板球，并准备发动快攻。防守时，要根据攻守双方的实际情况，合理选择联防阵形。常用的阵形有"2－1－2""2－3""3－2""1－3－1"等，在此介绍"2－1－2"阵形。

"2－1－2"阵形如图7-14所示。图中箭头表示防守队员防守时的移动方向。该阵形的防守队员分布均衡，便于协作，也容易调整阵形，这种阵形较适用于正面突破和篮下有进攻威胁

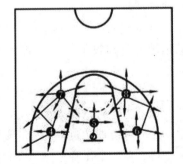

图7-14 "2－1－2"阵形

大的对手的情况,但不利于防守两侧的中、远距离投篮。

2.区域联防的基本要求

(1)由攻转守时,要组织二人领防,三人撤防,破坏对手快攻,保证本方退守落位。

(2)合理分配队员的防区,将高个子队员布置在篮下,加强篮下的防守和拼抢篮板球的优势。将移动快的队员安排在第一道防线上,有利于防守外围进攻队员及快攻。

(3)全队要协调一致,积极随球移动,以球为主,人球兼顾,必要时可以换区或越区防守。

(4)有球区的防守采用人盯人防守原则,无球区的防守要贯彻"区、球、人"三位一体的要求。

(5)防内线队员要堵其移动路线,封堵其接球,内线队员一旦得球,要围守夹击、积极掏抢、封盖投篮或阻止其策应配合。

(6)防溜底线和背插,要先卡位,后护送出自己的防区交给同伴防守。

3.区域联防的练习方法

(1)半场五攻五守,采用"2—1—2"阵形联防进攻队员,选用球动人不动、人动球不动、人动球动等方式,练习移动、选位、卡位、围守中锋等各项防守方法。

(2)半场五攻五守教学比赛,实战练习,提高联防水平。

(六)进攻区域联防

进攻区域联防是针对阵形和变化特点所采用的进攻战术。

1.进攻区域联防的方法

进攻区域联防时,要根据对方采用的阵形来有针对性地安排自己的阵形。通常以"1—2—2"阵形落位进攻"2—3"区域联防,以"2—2—1"阵形落位进攻"3—2"区域联防,以"2—2—1"阵形落位进攻"1—3—1"区域联防,以"1—3—1"阵形落位进攻"2—1—2"区域联防。

2.进攻区域联防的基本要求

(1)加快以守转攻的速度,争取在对手区域联防阵形尚未形成之前抢打快攻。

(2)根据防守阵形,组织好相应的进攻阵形。

(3)充分利用人、球移动,创造局部以多打少的局面。

(4)采用进攻基础配合,打乱防守阵形,破坏其协调防守,创造投篮机会。

(5)组织中远距离投篮,以较高的命中率迫使对手扩大防区,造成内线攻击机会。

(6)积极组织拼抢前场篮板球,争取二次进攻机会。

3.进攻区域联防的练习方法

半场五攻五守,练习进攻区域联防。

(1)在无防守的条件下,全队队员熟悉移动路线和球的转移路线。

(2)在消极防守的条件下,全队队员熟悉运用传接球、穿插跑动、调动防守、在局部区域以多打少等配合方法进行区域联防练习,然后全队队员在积极防守的条件下进行区域联防练习。

第四节　篮球运动的主要规则

一、暂停和替换队员

（一）暂停

每队在上半场时间内可请示两次暂停，在下半场时间内可请示三次暂停，每一决胜期内准许一次暂停。每次暂停时间为1分钟。球一旦成死球并停止比赛计时时，允许双方请示暂停。当投篮得分（不包括罚球）时，只允许掷界外球一方请示暂停。

（二）替换

当裁判员宣判暂停、犯规或争球时，双方均可要求替换；当裁判员宣判违例时，只有掷界外球的一方可以要求替换。跳球和罚球队员不准替换。

二、违例及罚则

违例是违反规则的行为。罚则是发生违例的一方失去球权，由对方在最靠近发生违例的地点掷界外球，直接位于篮板后面的地方除外。

（一）运球违例

本方队员控制球后将球掷、拍或滚，在球触及对方队员之前再触及球为运球违例。每运一次球，必须使球与地面接触；球在一手或双手之中停留的一刹那运球即停止。运球过程中手不和球接触时，跑多少步不受限制；不能翻腕运球，不能双手同时拍球；队员第一次运球结束后，不得再次运球。超出以上规定则为运球违例。

（二）走步违例

首先应确定中枢脚，队员静立接球时，可用任一脚做中枢脚，一脚抬起的一刹那，另一脚就成为中枢脚。队员在移动或运动中接到球，如果双脚同时着地，则任一脚都可以是中枢脚；两脚不同时着地，则先触地的脚为中枢脚；如果一脚着地，队员可以跳起此脚并以双脚同时落地，则任一脚都可做中枢脚。确定中枢脚后，在传球或投篮中，中枢脚可以抬起，但在球离手前不能落回地面；运球开始时，在球离手前中枢脚不能抬起，停步后，当任一脚都可做中枢脚时，在传球或投篮中一脚或双脚都可以抬起，但在球离手前不能落回地面；运球开始后，在球离手前哪只脚都不能抬起。超出以上限制，即为走步违例。

（三）脚踢球与拳击球

故意踢球或用腿的任何部分拦阻球为违例，队员握拳击球也为违例。

（四）3s 违例

某队控制活球时，该队队员在对手限制区内停留不得超过3s。队员只要触及限制区的线就算位于限制区内。投篮球离手或连续抢篮板球，不受3s限制。

（五）5s 违例

罚球队员在裁判员递交球后5s内没有投篮出手；掷界外球的队员在裁判员递交球后或已

将球放在他可以处理的地点后,5s内没有将球掷入场内;持球队员被严密防守,在5s内没有传、投、滚或运球。

（六）8s违例

当一名队员在后场控制活球时,该队没有在8s内使球进入前场。

（七）24s秒违例

控制活球的队在没有发生对方犯规、脚踢球或拳击球的情况下,必须在24s内投篮出手,否则为24s违例。

（八）球回后场（简称回场）

在前场控制球的队,同队队员又使球进入后场,在球触及对方队员前,该队队员又重新接触球即为回场。

三、跳球

(1) 裁判员在双方各一名队员之间将球抛起,跳球即开始。

(2) 球只有被一方或双方跳球队员用手拍击,跳球才合法。

(3) 上、下半场均在中圈跳球开始比赛。

(4) 跳球要在离发生下列情况最近的圆圈内执行。

①宣判争球,也就是双方各一名或数名队员用一手或双手紧紧地握着球,以至如果不采用粗野动作,任一队员都不能获得球权时。

如果有两名以上的队员紧握着球,则跳球要在裁判员指定的两名身高大致相同的双方队员之间进行。

②如果球出界后出现了下列情况,则跳球要在双方任一队员之间进行:双方队员同时最后触球,裁判员无法判定是谁最后触球,两位裁判员宣判意见不同,则跳球要在两名相关队员之间进行。无论何时,活球停留在篮圈支颈上,球意外地从球篮下方进入球篮。

(5) 发生下列情况为跳球违例。

①跳球队员采用助跳起跳拍击球。

②跳球队员在球未达到最高点时拍击球。

③某一跳球队员连续两次以上拍击球。

④跳球队员未拍击球前,任一队员离开自己的位置或身体任何部位越过跳球区垂直面。

⑤跳球队员直接抓住球。

⑥跳球队员拍击球后,在未触及其他队员前抓住球。

四、犯规及罚则

犯规是违反规则的行为,包括与对方队员的不正常身体接触或违反体育道德的举止。对犯规队员要进行登记,并按篮球规则和有关的条款进行处罚。

（一）侵人犯规

侵人犯规是指队员通过伸展臂、肩、膝、腿或过分地弯曲身体,以不正常姿势阻挡、推人、撞人、拉人、绊人或使用粗野动作的行为来阻碍对手行动。

罚则:登记该犯规队员一次犯规。

(1)对于不持球队员或未做投篮动作的持球队员犯规,由对手掷界外球。

(2)对于做投篮动作的队员犯规,投中有效再追加罚球一次。如未投中,应判给其两次或三罚球。

(二)技术犯规

技术犯规是指队员虽然与对方队员没有发生身体接触,但有违反规则和体育道德的行为。

罚则:登记犯规队员一次犯规,由对方队长指定队员罚球两次。

如果根据一位裁判员的判断,队员故意地或以一种违反体育道德的方式造成的技术犯规,或者这种犯规给该队员带来不正当的利益时,可宣判其为违反体育道德的技术犯规。

罚则:登记犯规队员一次犯规,由对方队长指定队员罚球两次,并加罚中场掷界外球。

(三)故意犯规

故意犯规是指队员有意造成侵人犯规的行为。

罚则:登记犯规队员一次犯规,并判给对方两次罚球和一次中场掷界外球。

(四)队员五次犯规

队员个人侵人犯规或技术犯规累计达五次,必须自动退出比赛。

(五)全队七次犯规

每半场全队侵人犯规和技术犯规累计达七次,从第八次开始,再发生防守犯规,则判给对手罚球两次,要求由被侵犯的队员罚球。

第八章 排球运动

第一节 排球运动概述

一、排球的概述

1895年,美国人威廉·摩根发明了排球,他在室内网球场上,把参加游戏的人分成两队,用篮球隔着球网拍来拍去,力争不使球落在自己的场区内。这种游戏经过不断发展,最终演变成现代排球运动,国际上称作 volleyball,即"空中飞球"之意。1947年4月,在法国巴黎正式成立国际排球联合会,国际排球联合会举办的世界排球锦标赛和世界杯排球赛,以及奥运会排球赛是当今世界排坛重要的赛事,每四年举行一次。1905年,排球运动传入我国,20世纪70年代,我国首创了"时间差"打法,以及前飞、背飞、快抹等战术,在世界排球比赛中取得了良好的效果,为世界排坛做出了新的贡献。1981—1986年,我国女排以独特的技术、战术风格和顽强拼搏的精神,获得"五连冠"。

二、排球运动的特点

1. 广泛的群众性

排球运动对场地、设备要求不高,主要规则易于掌握,运动量可大可小,既适合青少年,又适合中青年,具有十分广泛的群众基础。

2. 技术的全面性

比赛中,场上队员都要按顺序进行位置轮转,既要到前排进攻和拦网,又要到后排参与防守和接应,这就要求每一位队员都必须全面地掌握各项排球技术,做到能攻善守,适应比赛需要。

3. 高度的技巧性

比赛中,球不能在手中停留时间过长,不能将球抛出或掷出,一名队员不能连续击球两次(拦网除外),球也不许落地。在一个回合争夺中,各方最多可击球三次(拦网除外),球必须过网,使整个比赛处于瞬息万变之中。因此,对排球技术动作的时间性、技巧性、精确性提出了很高的要求。

4. 激烈的对抗性

从发球到接发球,从扣球到拦网,从进攻到防守、反击,都是在激烈的对抗中进行的。在高水平比赛中,对抗的焦点集中表现在网口扣球的激烈争夺上,双方都在力争空中优势,并以快速、灵活、善变的战术扣球,争取主动,每球得分制也提高了比赛的对抗性。

5. 严密的集体合作性

除发球外,战术的形成、防守的成功,都是在两个或两个以上队员之间的默契配合下完成的,没有严密的集体合作,就无法充分发挥个人战术和全队整体战术。

第二节 排球运动基本技术

排球运动的基本技术可分为传球、发球、垫球、扣球、拦网,以及作为这些技术动作基础的准备姿势和移动等。

一、准备姿势和移动

(一)准备姿势

队员在起动、移动和击球前所采取的合理身体姿势与动作,称为准备姿势。其目的是快速起动、移动去接近球,以便完成击球动作;也为了及时起跳、倒地和做各种击球动作。准备姿势分为稍蹲准备姿势、半蹲准备姿势和低蹲准备姿势三种。

半蹲准备姿势动作要领:队员两脚前后站立略宽于肩,两脚呈内"八"字形,双膝弯曲并内扣,上体含胸收腹,重心前移,形成肩超膝、膝超脚尖,两臂自然弯曲置于胸腹前,目视来球,静中待动。半蹲准备姿势如图8-1所示。

图 8-1 半蹲准备姿势

(二)移动

队员从起动到制动之间的位移和动作称为移动。其目的是迅速接近来球,使人与球保持合理的位置,以便更好地完成击球。

移动包含三个相互衔接的环节:起动、步法和制动。

临场常用的移动步法如下。

1. 并步与滑步

当球距队员身体1米左右时,可采用并步。如队员向前移动时,后脚蹬地,前脚向前跨一步,后脚再迅速跟上,做好相应的准备姿势,以便击球。若队员连续做出并步动作,则为滑步移动。

2. 跨步与跨跳步

当来球较低,距队员身体2米左右时,可采用跨步与跨跳步这两种步法。跨步时,队员一脚用力蹬地,另一脚向来球方向跨出一大步,屈膝下蹲,上体前倾,重心在跨腿上。跨跳步是在跨步基础上实现的,当队员跨出的腿落地时,另一只腿迅速跟上,这中间要有一个腾空的阶段,然后,双膝弯曲,重心下降,上体前倾。

3. 交叉步

当来球距队员身体3米左右时,可采用交叉步移动步法。当队员向左移动时,重心偏向左脚,身体稍向左转,右脚从左脚前面向左交叉迈一步,然后左脚再向左跨出一大步,并落在右脚左侧,身体面对来球,做出击球的姿势。

4. 移动常见错误及其纠正方法

(1)身体太直,臀部后坐,全脚掌着地,形成挺胸、塌腰的姿势。纠正方法:队员体会要领,观察教练员的示范,练习中强调含胸、收腹和上体前倾。

(2)上体前倾,两腿弯曲不够,重心过高。这主要是由于队员的腿部力量较差,下蹲动作吃力造成的。纠正方法:队员多做低姿势移动练习,加强腿部力量。

(三)准备姿势和移动的练习方法

(1)看手势做动作。

①全体队员分成2～4列横队站立,教练员向前平举手时,队员做半蹲姿势;教练员向上举手时,队员做稍蹲姿势;教练员向下举手时,队员做低蹲姿势,如此反复进行。

②队形同上,教练员指向左方,队员向右移动;队员指向右方,队员向左移动;队员指向前方,队员向后移动;队员指向后方,队员向前移动,如此反复进行。

(2)听口令做动作。

①全体队员成单队绕排球场地慢跑,听到教练员口令后,马上停跑做动作。教练员喊"发球"口令,队员做半蹲姿势;教练员喊"扣球"口令,队员做低蹲姿势;教练员喊"传球"口令,队员做稍蹲姿势。

②队员手拉手面向排球场内站成圆圈,每人站成半蹲姿势,听到教练员喊"顺"口令时,队员集体做顺时针方向的移动;教练员喊"逆"口令时,队员集体做逆时针方向的移动。

(3)队员原地纵跑三次或跳起转体360°后,立即做好准备姿势。

(4)队员原地做俯卧撑3～5次后,立即起身做好准备姿势。

(5)队员在网下做6米来回横向移动,并用手触摸进攻线,要求15～20次为一组。

(6)三人一组,平行站在端线后,看手势或听哨声,先向前跑6米、后退3米,再向前跑6米、后退3米,如此进行直到对方端线。

二、发球

发球是指队员在发球区内自行抛球,并用一只手将球击出,使球直接从网的上空、两根标志杆内飞进对手场区的动作方法。

发球是比赛的开始,也是进攻的开始。发球技术是一项唯一不需要与同伴配合的进攻技术,在比赛中占有很重的地位。因此,发球一定要在稳定和减少失误的基础上,加强攻击性并提高准确性。

发球技术的种类较多,一般有正面下手发球、侧面下手发球、正面上手发球、正面上手发飘球、勾手大力发球、勾手发飘球、跳发球等。其中侧面下手发球、正面上手发球是最基本的发球方法,下面以右手击球为例介绍这两种发球方法。

(一)侧面下手发球

侧面下手发球是指发球队员侧面对网站立,以转体带臂,在体腹前击球过网的一种发球方法。其特点是:发球队员可借助腰部转动的力量击球,比较省力,稳定性较大,但攻击性较小,适合于初学者,特别是女生。

动作要领:发球队员左肩对网,两脚开立略与肩同宽,双膝弯曲,上体稍前倾,重心落在两脚间,左手或双手持球于腹前。抛球时,发球队员用左手将球抛至腹前约一臂处,高度约30厘米,右臂同时直摆至右侧后下方。击球时,发球队员用蹬腿转体的力量,带动右臂向前上方挥击,在腹部处用掌或虎口击球后下部,击球后身体面向球网,顺势进场。侧面下手发球如图8-2所示。

图 8-2　侧面下手发球

（二）正面上手发球

正面上手发球是指发球队员面对球网站立,利用蹬地转体收腹动作带动手臂加速挥摆,在右肩前上方最高处以全手掌击球过网的一种发球方法。其特点是:力量大、速度快、弧度平、旋转强。身体高大和爆发力较好的队员,可采用这种发球方法。

动作要领:发球队员正面对网,左脚在前,右脚在后,左手持球于腹前。抛球时,发球队员用左手将球抛至右肩前上方,高度离头约 0.5 米,同时右臂屈肘上抬后引,身体稍向右侧转动,挺胸、抬头、展腹,手掌自然呈勺状并稍后仰。击球时,发球队员利用蹬腿转体、收腹收胸的动作,带动手臂向前上方快速划弧挥击,在右肩前上方约一臂处击球的后中下部,手触球时,满掌与球吻合,并有向前推压的动作,使球呈上旋飞出。击球后,发球队员随着重心的前移,迅速进场。正面上手发球如图 8-3 所示。

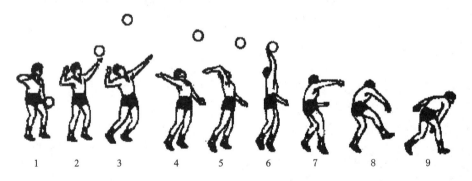

图 8-3　正面上手发球

（三）发球的常见错误及其纠正方法

（1）抛球不稳,击球点太后或太低。原因是发球队员抛球动作不正确,教练员应进一步强调抛球的重要性,明确动作要领,要求发球队员反复多做抛球的专门练习。

（2）挥臂动作不正确。每种发球方法有不同的挥臂动作,发球队员应掌握动作要领,反复多次用固定目标做挥臂击球练习。

（3）击球部位不正确。原因是抛球不稳,发球队员应在抛球的基础上用正确的击球手法反复做对墙练习。

（四）发球的练习方法

（1）队员面对面站成 2~4 列横队,间距 2 米左右,原地徒手模仿完整发球动作的练习。队员可集体练习,也可分组练习,教练员逐一检查。

(2) 抛球的专门练习。队员可按上述队形原地做抛球练习,也可安排在墙边、网边练习抛球动作。

(3) 队员近距离对墙、网轻发球练习,体会手法和击球部位。

(4) 两人一组,两边线相对进行发球练习。

(5) 队员进行发球过网练习,先距网 3～4 米练习发球过网,然后退至 5～6 米处练习发球过网,最后进行全程发球过网练习。

(6) 采用竞赛的形式进行发球练习,将队员分成两组,各组拿球在端线后站好,两组按顺序交换进行发球对抗赛。

(7) 结合教学比赛,队员按教练员规定的发球方法、线路、落点进行发球练习。

三、垫球

我们通常说的垫球,是指运动员利用前臂内侧部位将球垫起的一种击球方法。垫球技术是接发球、接扣球和接拦网球的主要手段,是组织进攻战术的基础。现代排球运动中,如果没有垫球技术,就没有进攻和防守。因此,提高垫球技术水平是争取比赛胜利的基本保证。

垫球技术种类较多,一般有正面双手垫球、体侧垫球、背垫球、单臂垫球、大腿垫球、脚背垫球、滚翻垫球、鱼跃垫球等。其中,正面双手垫球、体侧垫球最为基础。

(一) 正面双手垫球

正面双手垫球是指队员正面对准来球并将球垫起的一种击球动作。这种垫球是各项垫球技术的基础,也是最常用的一种垫球技术。因此,队员必须重点学习和掌握。

动作要领:队员面对来球做好半蹲准备姿势,当球接近腹前时,两臂伸直插入球下,同时手掌靠拢,手指互握,拇指平行,手腕下压,前臂外旋成一平面。垫击时,队员利用蹬地抬臂动作,向前上方迎击来球,并在腹前一臂距离处,用两臂腕关节以上 10 厘米左右处的桡骨内侧形成的平面击球的后下部。

根据垫球技术的动作特点,应做到"一插、二夹、三蹬抬"。正面双手垫球如图 8-4 所示。

图 8-4 正面双手垫球

(二) 体侧垫球

体侧垫球是指队员在来球飞向体侧,球速较快,来不及移到正面而在体侧垫球的一种击球方法。其特点为可扩大防守范围,但不易控制球的方向、弧线和落点。

动作要领:当来球飞向左侧时,队员的左脚向左跨出一步,重心随即移至左脚并屈膝,同时两臂夹紧向左侧伸出,左臂高于右臂。击球时,队员的身体向右转腰和收腹,用两臂形成的击球平面在左侧截击来球,并将球平稳垫起。体侧垫球如图 8-5 所示。

图 8-5 体侧垫球

（三）体侧垫球的常见错误及其纠正方法

（1）击球时屈肘，两臂并不拢，原因是动作要领不清楚。纠正方法：队员反复做徒手模仿练习或自垫球练习。

（2）击球点不正确，原因是手臂没有向下插入。纠正方法：队员对墙自垫球或向上自垫球，掌握正确的击球点，控制好球。

（四）体侧垫球的练习方法

（1）队员原地徒手模仿完整垫球动作，教练员检查或队员相互观摩。

（2）队员结合移动步法，徒手做垫球技术动作的专门练习。

（3）两人一组，相距 4～5 米，进行一抛一垫的练习。

（4）两人一组，进行对垫球练习或隔网对垫球练习。

（5）队员进行连续垫球和对墙连续垫球的练习。对墙垫球时，队员可在墙上划出一定高度、范围的标记，以提高垫球的准确性和控制能力。

（6）队员结合发球、扣球进行垫球练习，可一对一地进行练习，也可多对一地进行练习。

四、传球

传球是利用全身协调力量并通过手指、手腕的弹力，将球传到一定目标的击球动作。其特点为准确性好，变化灵活，但怕低球、重球。在排球比赛中，传球主要运用于二传，负责组织进攻战术，起衔接防守与进攻的桥梁作用。

传球技术种类较多，主要有正面双手传球、背传、侧传、跳传、单手传等。其中，正面双手传球、背传运用较多，是最基本的传球方法。

（一）正面双手传球

队员正面对准传球目标，用双手在额前将球传出的动作方法，称作正面双手传球。正面双手传球是各种传球技术的基础，只有准确、熟练地掌握了正面双手传球，才能进一步掌握和运用其他各种传球技术。

动作要领：队员传球前采用稍蹲姿势，当来球接近额前时，两手张开从脸前向前上方迎球，在额前上方 10 厘米处用双手手指（即大拇指、食指 3 个关节，中指 2 个关节，无名指 1 个关节，小指 0.5 个关节）触球的后侧下部，并用手指、手腕的弹力将球传出。正面双手传球要求全身各部位发力协调一致，如图 8-6 所示。

（二）背传

队员背对传球目标的传球称为背传。在排球比赛中，队员若能熟练、准确地运用背传技术，

图 8-6　正面双手传球

不仅能组织有效的进攻战术,还具有一定的隐蔽性和突然性。

动作要领:队员背对传球方向,抬头挺胸,双手上举,手腕后仰,掌心朝上,击球点保持在额上方。击球时,队员利用向后上方蹬腿、展腹、抬大臂、送小臂的动作和手指、手腕的弹力,将球向后传出。背传如图 8-7 所示。

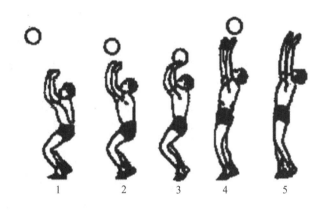

图 8-7　背传

(三)背传的常见错误及其纠正方法

(1)手形不正确,触球部位离身体太远,大拇指朝前,原因是队员对正确手形缺乏明确的概念。纠正方法:队员徒手模仿练习,对墙做近距离传球、自抛自传练习。

(2)手指、手腕缺乏弹力,传球时不是用弹击动作,而是推球或拍打球,原因是队员的手指、手腕力量不足,或手指、手腕过分紧张。纠正方法:队员加强手指、手腕力量练习,两人一组进行近距离传实心球、篮球,或做远距离平传球练习;队员也可以做自抛远距离平传球练习,增强手指、手腕的弹力。

(四)背传的练习方法

(1)队员站成 2~4 列横队,原地做徒手模仿手形或传球动作的练习,教练员检查或队员一组练习,另一组观摩。

(2)两人进行一抛一接练习。接球时,一人用正确手形在额前将球接住,并自己检查手形后,再抛向对方。如此往返练习。

(3)两人原地进行对传球或隔网对传球练习。

(4)三人一组进行三角传球练习或发、垫、传球练习。

(5)两人先固定抛球,然后做左右移动后的传球,每人连续传,男生 25 次、女生 15 次,后交换练习。

(6) 结合一传,队员在网前 1 号位或 2 号位进行向各个进攻点的传球练习。

五、扣球

扣球是指队员跳起,在空中用收腹、收胸的动作带动一只手臂做鞭甩式挥动,将本方场区上空的球有力地击入对方场区的一种击球方法。其特点为击球点高、球速快、力量大、变化大。

扣球技术种类较多,根据队员的站位、动作及临场运用,一般可分为正面屈体扣球、勾手扣球、扣快球、扣调整球和扣后排球等。其中正面屈体扣球是各种扣球技术的基础,在比赛中运用较多。

(一) 正面屈体扣球

正面屈体扣球由准备姿势、判断二传、助跑起跳、空中击球、落地等几个不可分割的紧密相连的部分组成。

动作要领:队员采用稍蹲准备姿势站在进攻线后,同时对二传的来球加以判断;助跑采用两步或三步助跑,起跳时双脚同时离地,左脚比右脚稍前,屈膝内扣,降低重心,并利用蹬地、摆臂和抬上体的动作向上跳起;起跳后身体略向右扭转,挺胸、抬头呈反弓形,同时右臂自然弯曲,上举后引,肘略高于肩,五指张开呈勺状;挥臂时,以迅速收腹、收胸的动作带动手臂向前上方甩臂挥击;击球时,伸直手臂,以全掌包住球的后上部,手腕猛力迅速下甩,主动屈指推压,使球向前下方加速上旋飞行,落入对方场区。正面屈体扣球如图 8-8 所示。

图 8-8 正面屈体扣球

(二) 正面屈体扣球的常见错误及其纠正方法

(1) 起跳位置不准,人与球的关系保持不好,击球点太前或太后,原因是队员助跑起跳不熟练,判断不准确。纠正方法:队员练习空中击固定球或固定目标。

(2) 起跳过早或过晚,原因是队员上步起跳时间未掌握好。纠正方法:队员进行自抛自扣练习。

(3) 击球时,手臂未充分伸直,用不上挥臂甩腕的力量,原因是队员没用上收腹提肩的力量带动手臂挥击。纠正方法:队员手持小杠铃片练习挥臂扣球动作,或对墙扣平远球。

(三) 正面屈体扣球的练习方法

(1) 原地徒手挥臂练习。为了加强挥臂动作的正确性,队员可先拿小垒球或乒乓球等进行练习以正确挥臂动作向前上方甩出。

(2) 原地挥臂击球练习。队员用左手持球并举在头的前上方,右臂以正确挥臂动作击球的后上部,连续进行练习。开始不要将球击出,待熟练后再将球击出。

(3)原地自抛自扣练习。队员可对墙壁、球网练习,也可两人一组,相距9米左右互相扣反弹球练习。

(4)原地徒手助跑起跳练习。队员可先做助跑、起跳的分解练习,待熟练以后再连贯起来练习。

(5)徒手做助跑起跳、空中击球动作的结合练习。队员可集体或分组练习,也可结合球网练习。

(6)结合球网进行扣球练习。队员先练习扣网上定位球,再练习扣抛球,最后结合二传扣球。

六、拦网

拦网是指前排队员将手伸向高于球网处阻挡对手的来球,并触及球的一种击球方法。拦网技术是一项双重性的技术,既带有防御性,又带有攻击性。因此,拦网技术水平的高低将直接影响着比赛的胜负。

拦网分为单人拦网和集体拦网两种。这两种方法在个人技术要领方面是相同的,只是集体拦网更注重相互间的协调与配合。

拦网按其动作结构可分为准备姿势、移动、起跳、空中动作和落地等五个互相衔接的部分。

拦网的动作要领:队员面对球网,两脚开立略与肩同宽,距网30～40厘米,两膝微屈,两臂屈肘置于胸前或肩上;起跳时,两腿屈膝下蹲并用力蹬地,两臂以肩发力,在体侧做划弧摆动,迅速向上跳;起跳后,两手从额前向上方伸起,两臂伸直,两肩上提;拦击时,两臂伸过球网并接近球,两手自然张开呈半球状,当手触球时,两手要紧张,手腕下压盖住球的前上方,落地时,屈膝缓冲,同时两手屈肘向下收臂。拦网如图8-9所示。

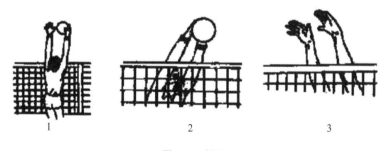

图8-9 拦网

(一)拦网的常见错误及其纠正方法

(1)起跳过早,原因是不了解扣球的全过程。纠正方法:队员加强判断,在练习中体会拦网的正确起跳时间。

(2)双手扑球,造成触网犯规,原因是伸臂压腕时有压肩动作。纠正方法:队员反复练习起跳后的伸臂压腕动作。

(二) 拦网的练习方法

1. 结合排球进行手形练习

(1) 两人一组,一人持球,另一人用正确的手形拦击球。

(2) 两人一组,持球者主动将球向前移动,拦网者做拦击动作。

2. 结合球网进行移动与起跳练习

(1) 网前原地起跳做拦网练习。

(2) 在 3 号位向 4 号位、2 号位移动起跳后做拦击动作的练习。

3. 结合扣球进行拦网练习

(1) 两人一组,隔网相对,持球者自抛自扣,拦击者主动拦网,若干次后相互交换。

(2) 结合对方 2 号位、4 号位扣球进行拦网练习。先练单人拦网,再练集体拦网;先练原地拦网,再练移动拦网。

4. 结合比赛进行拦网练习

通过教学比赛,使队员掌握技术后能临场运用,教练员要求队员进行单人拦网或集体拦网。

第三节　排球运动的基本战术与练习方法

排球战术是指运动员在比赛中根据规则和排球运动规律及临场竞赛情况的发展变化,有意识地运用合理技术和相互配合所采取的有目的、有针对性的行动。

全队在选择战术时,应讲究实效,从本队的实际出发,根据队员的技术水平和特点、身体条件和身体素质等来选择战术。在运用战术时,要善于根据对方的技术、战术特点及临场情况的变化,采用灵活机动的行动,以达到本方进攻使对方"不知其所防",本方防守使对方"不知其所攻"的境地。

一、阵容配备和交换位置

(一) 阵容配备

阵容配备是合理地使用队员的一种组织形式。其目的在于把全队的力量有效地组织起来,最大限度地发挥每一个队员的特长和作用,发挥整体作用。

我们在制订阵容配备时,要选择技术全面,实战经验丰富,身体、心理素质好,作风顽强的队员组成主力阵容;要根据本队的水平采用相适应的阵容配备形式;要把平时配合默契的传、扣队员安排在相邻的位置上,以便更好地组成战术配合,发挥各自的特长。阵容配备主要有"四二"阵容配备和"五一"阵容配备两种。

1. "四二"阵容配备

"四二"阵容配备,即安排四名进攻队员和两名二传队员的一种配备形式。四名进攻队员又分两名主攻队员和两名副攻队员(快攻队员),他们都站在对角位置上,如图 8-10 所示。

2. "五一"阵容配备

"五一"阵容配备,即安排四名进攻队员、一名二传队员和一名接应二传队员的一种配备形式。为了弥补在防守过程中后排二传队员来不及插上组织进攻的弱点,可安排一名攻击性强、传球较好的队员与二传队员打对角的位置,如图 8-11 所示。

图 8-10 "四二"阵容配备　　图 8-11 "五一"阵容配备

（二）交换位置

为了充分地发挥每个队员的特长,发挥攻防战术的优势,以取得扬长避短的效果,在规则允许的条件下,可采用队员交换位置的方法。

队员交换位置一般有以下几种情况。

1. 前排队员之间的换位

（1）为了加强进攻力量,可把攻击能力强的队员换到便于扣球的位置上。

（2）为了加强拦网力量,可把身材高大、弹跳力好、拦网能力强的队员换到 3 号位,或与对方主攻队员相对应的区域。

（3）为了便于组织进攻战术,可把二传队员换到 2 号位或 3 号位。

2. 后排队员之间的换位

（1）比赛中,为了便于运用后排插上战术加强进攻,可把后排二传队员换到 6 号位（即心跟进）或 1 号位（即边跟进）。

（2）为了加强后排防守,发挥队员个人防守专长,可采用专位防守,当本方发球队员击球后或接起对方发球后,后排队员应迅速换至各自的专位防守位置上。

（三）阵容配备和交换位置的练习方法

（1）在小黑板上或场地边用图说明阵容配备的站位或交换位置的队员跑动路线,队员进行观摩学习。

（2）派六名队员上场站位,按教练员的安排练习各个轮次的换位。

（3）专门练习本方发球后的前后排队员的换位。

（4）专门练习接发球后的前后排队员的换位,并组成一攻。

二、接发球及进攻战术

接发球组织的进攻简称一攻。一攻包括接发球、二传或调整二传、扣球三个环节。其目的就是把对手发过来的球接起来,垫到预定的位置,组成有效进攻战术,使本方既得发球权又得分。

（一）接发球的站位阵形

接发球的站位阵形根据参与接发球的人数可分为:五人接发球、四人接发球、三人接发球和两人接发球四种站位阵形。前两种应用较为普遍,现介绍如下。

1. 五人接发球站位阵形

五人接发球站位阵形即除一名前排二传队员或后排插上二传队员不接球外,其他五名队员均参加接发球。其站位阵形可根据本方战术及对手发球情况,发生以下几种变化。

1)"W"形站位

初学者开始打比赛,都是从"中、边一二"进攻开始,多站成"W"形,称为"一三二"站位,如图8-12所示。"W"形站位的优点是队员分布均衡,接发球的范围相对减少。"W"形站位的缺点是队员之间的交界点相应增多,容易造成相互抢球或让球的现象。

2)"M"形站位

"M"形站位也称"一二一二"站位,如图8-13所示。其优点是五名队员分布更加均衡,分工明确,职责清楚,前排两个队员接前区球,中间队员接中区球,后排两个队员接后区球。

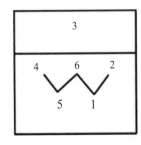 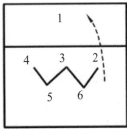 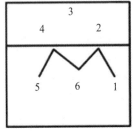 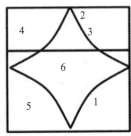

图8-12 "W"形站位　　　　　　　　　　　图8-13 "M"形站位

2.四人接发球站位阵形

四人接发球应采用半弧形站位形式,如插上队员在1号位(见图8-14)、6号位(见图8-15)、5号位(见图8-16)插上时的接球站位,这种接发球阵形缩短了插上时间和快球掩护队员的跑动距离,既便于后排队员插上,又利于前排队员快球进攻或掩护,还可以将接发球技术差的队员屏蔽起来。

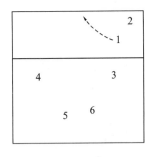 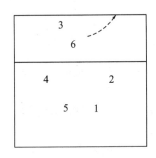 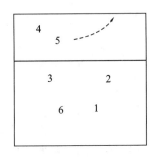

图8-14 1号位的接球站位阵型　　图8-15 6号位的接球站位阵形　　图8-16 5号位的接球站位阵形

(二)接发球组织进攻

在接发球组织进攻中,强攻是进攻战术的基础和保证,而快速善变进攻战术是发展的重点和方向。因此,我们应根据自身战术水平,每个轮次队员的特点、特长以及对方的具体情况,合理地运用各种进攻战术,以取得较好的比赛效果。

常用的接发球进攻战术有以下几种。

1."中一二"进攻战术及变化

由3号位队员做二传,将球传给4号位或2号位队员扣球的进攻形式,称为"中一二"进攻战术。它是进攻战术中最简单、最容易组织的进攻战术,适应初学者和水平较低的球队在接发球进攻中采用。

下面介绍几种常用的"中一二"战术配合变化形式。

1) 集中与拉开进攻

二传队员根据临场情况向 2 号位或 4 号位传集中或拉开球,由 2 号位或 4 号位队员扣球,借以变化进攻点,迷惑对手拦网,如图 8-17 所示。

2) 跑动快球掩护进攻

可由 2 号位队员第一跑动,在二传背后或体前打近体快球;4 号位队员第二跑动,在 4 号位打强攻,如图 8-18(a)所示。也可由 4 号位队员第一跑动,在二传身前打短平近或近体快球,再由 2 号位队员第二跑,在二传身后打半高球,如图 8-18(b)所示。

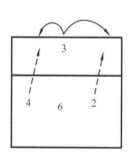 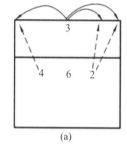 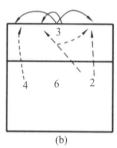

图 8-17　集中与拉开进攻　　图 8-18　跑动快球掩护进攻

2. "边一二"进攻战术及变化

由 2 号位队员做二传,将球传向 3 号位或 4 号位队员扣球的进攻形式,称为"边一二"进攻战术。这种进攻战术形式简单,容易掌握。它与"中一二"战术相比,由于是两名进攻队员相邻并在二传视野前面,更能组成快速多变的进攻战术。

1) 快球掩护拉开进攻

3 号位队员第一跑动打近体快球或掩护,4 号位队员扣拉开球,这是"边一二"进攻战术中最基本的形式。

2) 快球掩护活点进攻

4 号位队员第一跑动打体前快球或掩护,3 号位队员跑动活点进攻,既可跑到二传身后进攻,又可以跑到 4 号位队员体侧打半高球,如图 8-19(a)所示;或由 3 号位队员第一跑动扣快球或掩护,4 号位队员跑动活点进攻,如图 8-19(b)所示。

3. "后排插上"进攻战术及变化

由后排球员插到前排做二传,将球传给前排三个队员扣球的进攻形式,称为"后排插上"进攻战术。这种进攻战术是现代排球运动的先进战术形式。其优点是能保持前排三点进攻,能利用球网的长度,增加进攻点,并能组成变化多端、行之有效的进攻战术。

1) 中间快球、两边拉开进攻

中间 3 号位队员扣快球或掩护,2 号位、4 号位两个队员拉开进攻,如图 8-20 所示。

2) 交叉进攻

由 4 号位队员跑到二传身前扣快球或掩护,3 号位队员交叉到 4 号位队员体侧扣半高球,组成前交叉进攻战术,如图 8-21 所示;由 3 号位队员发动快球或掩护,2 号位队员交叉到 3 号位队员左侧扣半高球,组成后交叉进攻战术,如图 8-22 所示;由 2 号位队员扣背传球,3 号位队员交叉跑到 2 号位队员右侧扣半高球,组成背交叉进攻战术,如图 8-23 所示。

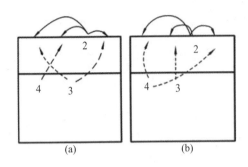
图 8-19　快球掩护活点进攻

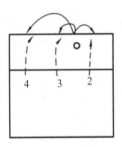
图 8-20　中间快球、两边拉开进攻

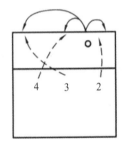
图 8-21　前交叉进攻战术

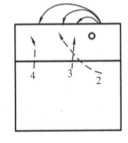
图 8-22　后交叉进攻战术

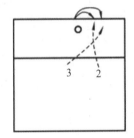
图 8-23　背交叉进攻战术

（三）接发球及进攻战术的练习方法

（1）三人一组，进行抛、垫、传球的练习。

（2）结合场地情况，由教练员发球，队员三人一组，在 1 号位、6 号位、5 号位进行接发球练习。

（3）球场上，由教练员抛球，队员按上场阵容练习一传和一攻，打好 3~5 个球后再转一轮。

（4）由教练员或队员发球，队员按上场阵容进行一传和一攻的练习。规定一攻次数，完成后再转一轮。

三、接扣球组织的进攻战术

接扣球组织的进攻简称为"防反"，它包括拦网、后排防守、二传或调整二传及扣球四个相互衔接的环节。它是在对方组织进攻时，本方采取相应的防守阵形和战术运用，以及重新组织进攻的技术、战术行动。

（一）接扣球防守阵形

接扣球防守阵形可分为无人拦网下、单人拦网下、双人拦网下和三人拦网下的后排防守阵形。

1. 无人拦网下的防守阵形

无人拦网下的防守阵形是初学者在不会运用扣球和拦网时，或者是扣球力量不强时，所采用的防守阵形。其防守布局有以下两种。

（1）采用"中一二"进攻战术时，二传队员留在 3 号位网前，2 号位、4 号位队员后撤至进攻线后面，参加后排防守，如图 8-24 所示。

（2）采用"边一二"进攻战术时，二传队员留在 2 号位网前，3 号位、4 号位队员后撤参与防守,如图 8-25 所示。

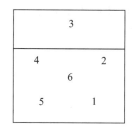 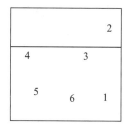

图 8-24 "中一二"进攻战术　　图 8-25 "边一二"进攻战术

2. 单人拦网下的防守阵形

单人拦网下的防守阵形一般是在对方扣球威力不大,且路线变化不多时采用,其防守布局有如下两种。

（1）由前排 2 号位或 3 号位二传手拦网,4 号位、3 号位或 4 号位、2 号位队员后撤参与防守,如图 8-26(a)所示。

（2）由前排 3 号位或 4 号位进攻队员拦网,2 号队员后撤参与防守,或 3 号位队员内切保护,如图 8-26(b)所示。

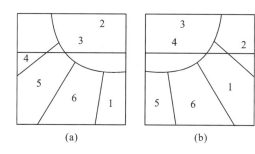

图 8-26 单人拦网下的防守阵形

3. 双人拦网下的防守阵形

当对方进攻的威力较大、路线变化较多时,采用双人拦网下的防守阵形。它可以分为双人拦网下的后排"心跟进"防守阵形和双人拦网下的后排"边跟进"防守阵形两种。

1）双人拦网下的后排"心跟进"防守阵形

双人拦网下的后排"心跟进"防守阵形是由后排 6 号位队员跟进保护防吊球的防守阵形。它适宜对付经常采用打吊球结合的球队。

2）双人拦网下的后排"边跟进"防守阵形

双人拦网下的后排"边跟进"防守阵形是由后排 1 号位或 5 号位队员跟进保护防吊球或接扣球的一种防守阵形,也称"马蹄形"防守。它适宜对付扣球威力大、战术变化多、吊球运用较少的球队。

（二）接扣球组织的进攻战术的练习方法

（1）教练员站在网前高台上抛、扣球,队员 2~3 人一组进行拦网、跟进保护的练习。

（2）将队员分成两组在 2 号位、4 号位扣球,再派 3 名队员进行拦网、后排"心跟进"或后排

"边跟进"保护的练习,防守起球3~5次后,再换人练习。

(3) 教练员站在网前,场上4名防守队员根据教练员的示意徒手做各种防守的拦网和跟进练习。

(4) 六对六防守与进攻练习。由教练员在场外抛球或扣球,一方组织进攻,另一方练习防守。

第四节　排球运动的主要规则

一、场地设备

(一) 球场

排球的比赛场地平面图如图8-27所示。

球场长18米,宽9米,四周有邻接边线3~6米的无障碍区和邻接端线3~9米的发球区,从地面量起至少有12.5米的无障碍空间,地面必须是平坦的、水平的,并且是统一的。

(二) 球网

成年男子的球网高度为2.43米,成年女子的球网高度为2.24米,少年男子的球网高度为2.24~2.35米,少年女子的球网高度为2~2.15米。

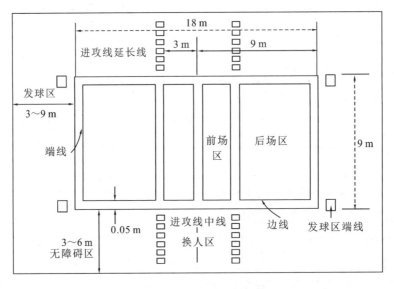

图8-27　排球的比赛场地平面图

二、界内球和界外球

1. 界内球

在比赛中,球落在场内或落在边线、端线上均判为界内球。

2. 界外球

在比赛中,球落在边线、端线以外地面上,球从标志杆上方或外侧飞进对方场区,球碰标志杆或标志杆以外的球网以及场外任何物体,球的整体从网下越过中线等,均判为界外球。

三、持球和连击

1. 持球

在排球比赛中,球在手上或身上停留时间过长,以及推挡、抛送、携带等动作,均判为持球犯规。

2. 连击

排球比赛过程中,连击属于犯规行为。所谓连击,就是一名队员连续两次击球或球连续接触身体的不同部位(拦网一次和第一次击球时除外)。

四、过中线和触网

1. 过中线

队员的双脚或单脚全部越过中线并落在对方场区内,判为过中线犯规。

2. 触网

队员身体触网,特别是在扣球与拦网时的触网,判为触网犯规。

五、发球犯规和位置错误

1. 发球犯规

发球队员出现下列任何一种情况都判为发球犯规。

(1) 未将球抛起或未使球清晰地离手就击球。

(2) 双手击球或单手将球抛出、推出,以及用手臂以外身体任何部位击球。

(3) 击球时,脚踏及端线或踏越发球区端线。

(4) 未能在鸣哨后 8s 内发球,或有发球试图。

(5) 发球队员次序错误。

(6) 利用个人或集体掩护发球。

2. 位置错误

位置错误是指发球队员击球的一刹那,场上任何一名队员没有按规定的位置站位。出现以下任何一种情况都判为位置错误。

(1) 发球、击球时,队员脚触及场区以外的地面。

(2) 同排队员之间,3 号位或 4 号位队员的双脚比他们两侧队员的双脚更靠近边线。

(3) 同排队员之间,1 号位、6 号位、5 号位队员的双脚比他们同列队员的双脚更靠近中线。

六、暂停和换人

1. 暂停

前四局比赛中,每队在每局中均有一次自由暂停,每次 30 秒,另外两次为技术暂停,当某队先到 8 分和 16 分时自动执行,每次 60 秒。第五局比赛中,每队各有两次自由暂停,每次 30 秒。

2. 换人

每队每局均可替换 6 人次,一上一下为 1 人次。在一次换人请求中,可同时替换 1 人次或多人次,一次请求换人完毕后若再次请求换人,必须经过比赛过程。

七、后排队员进攻性击球犯规

当后排队员在进攻线上或前,将高于球网上沿的球直接击过对方场区或球触及对方拦网队员的手,判为后排队员进攻性击球犯规。

八、比赛因故中断的处理

4小时内在原场地恢复比赛,保留两队在比赛中断前的局数和分数,场上队员、位置与中断局保持一致;4小时内在另外场地恢复比赛,保留两队在比赛中断前的局数,取消中断前未结束局两队的分数,场上队员、位置与中断局保持一致;4小时后恢复比赛则全场比赛重新进行。

第九章　足球运动

第一节　足球运动概述

足球运动是一项两队相互对抗的、剧烈而又富有战斗性的球类运动项目。足球比赛时,每队 11 人,在平坦的长方形场地上进行,场地两端各设有球门。比赛时,双方不断互换攻守,攻方尽量把球引近守方球门,争取射门得分;守方努力抢截攻方的球,阻挠攻方带球或传球接近本方的球门,并防止攻方射球入门。比赛以射球入门的多少分胜负。

全场比赛时间为 90 分钟,分上、下两个半场(各 45 分钟),上半场结束时休息 15 分钟,下半场开始时双方互换场地。

上下半场开始比赛及进一球后在中圈开球时,双方队员应站在本方半场内。

比赛进行中,除守门员在本方罚球区域内允许用手触球外,其他队员均不得用手及臂部触球,只准用身体其他部分采用踢、停、顶、运、抢截等技术方法相互配合,以达到攻守的目的。

比赛因故暂停后,再继续进行比赛时,一般由队员在场内踢定位球开始(如踢球门球、角球、任意球等)。球越出边线则由对方队员用手掷球入场继续进行比赛。特殊情况下由裁判员抛球继续进行比赛。

罚直接、间接任意球时,一般均就地执行。但在本方罚球区域内犯规,判由对方罚直接任意球时,则在距球门 11 米处罚点球。

当某一队员踢球时,另一同队队员所处位置在球的前面且在对方半场内,在该队员与对方端线之间的对方队员又少于两人,同队队员若有接球的行动就算越位。由对方队员在越位地点踢间接任意球。

足球比赛的特点是参加比赛的人数多、场地大、比赛时间长、技术复杂、战术多样。在比赛中,不仅要求运动员具有强壮的体魄、快速的奔跑能力和勇猛顽强的战斗意志,而且要求运动员在有对手阻挠的情况下完成复杂的技术动作和战术配合。

古代足球起源于中国,现代足球起源于英国。1863 年 10 月 26 日,英国人在伦敦成立了世界上第一个足球运动组织(英格兰足球协会)。1900 年,足球列为奥运会比赛项目。1904 年成立了国际足球联合会(简称国际足联),并于 1930 年起举办世界足球锦标赛(又称世界杯足球赛),每四年举办一届。1991 年,在我国广州举办了首届女子世界杯足球赛;1996 年第二十六届奥运会将女子足球列入了正式比赛项目。

第二节　足球运动的基本技术

足球技术是指运动员在足球比赛中所采用的合理行动和动作方法的总称,它是在比赛实践中逐步形成、发展和完善起来的。足球技术具体包括踢球、停球、头顶球、运球及运球过人、抢截球、假动作、掷界外球和守门员技术。

一、踢球

踢球是运动员有目的地用脚的某一部位把球踢向预定的目标。

踢球是足球技术中最重要的技术,在比赛中运用得最多。踢球时,要求动作熟练、灵活、快速、准确,用力要适当。比赛时,踢球主要用于传球和射门。

踢球的方法很多,动作要领也各不相同,但是每一种踢法都是由助跑、支撑脚站位、踢球腿的摆动、脚触球和踢球后的随前动作五个环节组成,简称跑、触、跟。

踢球方法主要有脚内侧(脚弓)踢球、脚背正面踢球、脚背内侧踢球、脚背外侧踢球、脚尖踢球和脚跟踢球等几种。

(一)踢球技术动作方法

1. 脚内侧(脚弓)踢球

脚内侧踢定位球时,直线助跑,支撑脚踏在球的侧后方15厘米左右处,膝关节微屈,在支撑脚着地的同时,踢球腿以髋关节为轴由后向前摆动。在前摆过程中屈膝外转,使脚内侧正对击球方向,小腿加速前摆,脚尖稍翘起,脚掌与地面平行,用脚内侧部位击球的后中部,如图9-1所示。

图 9-1 踢定位球

踢定位球易犯的错误如下:

(1)踢球腿膝盖外转不够,脚尖没有翘起。

(2)摆腿动作太紧张,呈直腿扫球动作。

2. 脚背正面踢球

脚背正面踢球是用脚背的正面部位接触球的一种踢球方法。脚背正面踢定位球时,直线助跑,最后一步稍大并要积极着地,支撑脚踏在球的侧方10~15厘米处,脚尖正对出球方向,膝关节微屈,踢球腿在支撑脚前跨和助跑的最后一步蹬离地面时,顺势向后摆起,小腿弯曲。在支持脚着地的同时,以髋关节为轴,大腿带动小腿由后向前摆。当膝盖摆至接近球的正上方的一刹那,小腿加速前摆,脚背绷直,脚趾扣紧,以脚背的正面击球的后中部。踢球后,踢球腿紧随球继续前摆。脚背正面踢球如图9-2所示。

脚背正面踢球易犯的错误如下:

(1)支撑脚的位置靠后,造成踢球时身体后仰,踢球的后下部,出球偏高。

(2)踢球腿前摆时,小腿过早加速,造成直腿踢球,出球无力。

(3)摆腿方向不正。

(4)踢球时,因怕脚尖触地,脚背不敢绷直,造成脚趾触球。

图 9-2　脚背正面踢球

3. 脚背内侧踢球

脚背内侧踢球是指用脚背的内侧部位接触球的一种踢球方法。脚背内侧踢定位球时，斜线助跑，助跑方向与出球方向约呈 45°角。支撑脚以脚掌外沿积极着地，踏在球的侧后方 25～30 厘米处，屈膝，支撑脚脚尖指向出球方向，身体稍向支撑脚一侧倾斜。在支撑脚着地的同时，踢球腿以髋关节为轴，大腿带动小腿由后向前摆。当身体转向出球方向，膝盖摆到接近球的内侧正上方的一刹那，小腿加速前摆，脚尖稍外转，脚面绷直，脚趾紧扣，脚尖向斜下方，以脚背内侧踢球的后中部（踢高球时，击球的中下部）。踢球后，踢球腿随球继续前摆。脚背内侧踢球如图 9-3 所示。

图 9-3　脚背内侧踢球

脚背内侧踢球易犯的错误如下：

（1）支撑脚的位置偏后，踢球时上体后仰，易将球踢高。

（2）踢球脚脚尖外转不够，接触部位不正确。

（3）没有直向出球方向摆腿，形成划弧动作，以致击球点偏外。

4. 脚背外侧踢球

脚背外侧踢球是用脚背外侧部位接触球的踢球方法。

脚背外侧踢定位球（平直球）时，助跑、支撑脚的位置和踢球腿的摆动，基本上与脚背正面踢球相同，只是用脚背外侧接触球。在踢球腿的膝盖摆到接近球的正上方的一刹那，小腿加速前摆时，膝盖和脚尖内转，脚面绷直，脚趾扣紧，用脚背的外侧部位踢球的后中部。踢球后，踢球腿随球继续前摆，如图 9-4 所示。

脚背外侧踢球易犯的错误如下：

（1）踢球时，膝盖和脚尖内转不够，造成接触球部位不正确。

（2）支撑脚靠后，造成踢球时身体后仰，踢球的后下部，出球太高。

5. 脚尖踢球

脚尖踢球是用脚尖部位接触球的踢球方法。

脚尖踢球与脚背正面踢球动作大致相同。支撑脚踏在球的侧后方。踢球时，脚尖翘起，踝关节紧张用力并保持稳定，以脚尖踢球的后中部稍偏下的部位。脚尖踢球如图 9-5 所示。

图 9-4 脚背外侧踢球

图 9-5 脚尖踢球

脚尖踢球易犯的错误如下：
(1) 击球点不正确，出球不准。
(2) 踢球时，踝关节不够紧张，以致出球无力，而且容易受伤。

6.脚跟踢球

脚跟踢球是用脚跟部位将球踢到身体后面的踢球方法。

当球在支撑脚内侧时，踢球腿自然前提跨到球的前方，然后以膝关节为轴，小腿突然快速后摆，踝关节紧张用力，用脚跟触球的前中部，把球向后踢出。

(二) 踢球技术的练习方法

1.脚法练习

(1) 队员做摆腿踢球的模仿练习。
(2) 两人一组，一人踩球，另一人做摆腿踢球练习。
(3) 队员进行对墙踢球练习，距离由近到远，踢球力量由小到大。

2.传球练习

(1) 两人一组，距离由近到远，踢定位球练习。
(2) 两人一组，距离由近到远，互相踢空中球和反弹球练习。
(3) 两人一组连续对传，距离由近到远，再由远到近，不断变化距离。

3.射门练习

(1) 队员进行罚点球比赛。
(2) 队员运球至罚球弧内射门。
(3) 两人一组，一传一切射门。

二、停球

停球是指队员有目的地用身体的合理部位，把运行中的球停接下来，控制在自己的活动范围内,以便更好地处理球。

停球本身不是目的,而是为了更好地处理球,是为传球、运球、过人和射门服务的。停球动作的好坏直接影响着下一个动作的顺利完成,因此,它是每一个队员必须熟练掌握的基本技术。停球动作力求快速、简练和多变,并且能和下一个动作紧密地衔接起来。

(一)停球技术动作方法

1. 脚底停球

脚底接触球的面积大,易将球停稳,在比赛中常用于脚底停地滚球和反弹球。

1)脚底停地滚球的动作要领

脚底停地滚球(见图9-6)时,支撑脚站在球的侧后方,膝关节微屈,脚尖正对来球,同时将停球脚提起,膝关节自然弯曲,脚尖翘起高过脚跟,踝关节放松,用脚前掌触球的中上部。

图9-6　脚底停地滚球

2)脚底停反弹球的动作要领

脚底停反弹球(见图9-7)时,支撑脚踏在球落点的侧后方,在球着地的一刹那,用脚前掌对准球的反弹路线,触球的中上部。

图9-7　脚底停反弹球

脚底停球易犯的错误如下:

(1)脚抬起过高,用脚去踩球,使球漏过或停不稳。

(2)停反弹球时,落点判断不准确。

2. 脚内侧停球

脚内侧停球比较容易掌握。脚内侧接触球的面积大,易停稳,并且便于改变方向和结合下一个动作,可以用来停地滚球、反弹球和空中球。

脚内侧停地滚球的动作要领如下。脚内侧停地滚球(见图9-8)时,支撑脚正对来球,膝关节微屈,停球腿屈膝外转并前迎。当脚与球接触前的一刹那开始后撤,在后撤过程中用脚内侧接触球,把球控制在下一个动作需要的位置上。

图 9-8　脚内侧停地滚球

脚内侧球地滚球易犯的错误如下:
(1) 停球腿的踝关节过于紧张,不易把球停稳。
(2) 停地滚球时,脚离地过高,使球漏过。
(3) 停反弹球时,对球落地的时间判断不准,使球漏过或停不稳。
(4) 停空中球时,因判断不好而抬腿过早。

3. 脚背外侧停球

脚背外侧停球常与假动作结合起来做,这样更具有隐蔽性,但其重心移动较大,较难掌握。脚背外侧停球一般可用来停地滚球和反弹球。

1) 脚背外侧停正面来的地滚球的动作要领

脚背外侧停正面来的地滚球(见图 9-9)时,停球脚稍提起,膝关节和脚内转,以脚外侧正对来球,在支撑脚的前侧接触球的侧后方。接触球时,要向停球脚一侧轻拨,把球停在侧后方。

2) 脚背外侧停反弹球的动作要领

脚背外侧停反弹球时,身体侧对来球,支撑腿的膝关节微屈。停球脚在支撑脚前方稍提起,脚内翻,使停球腿的小腿与地面呈一定角度并放松。当球刚反弹离地时,用脚外侧触球的侧上部,把球停在体侧。

图 9-9　脚背侧停正面来的地滚球

脚背侧停球易犯的错误如下:
(1) 停球脚太紧张,小腿没放松,停球不稳。
(2) 对球的反弹路线判断不准,将球停漏。

4.胸部停球

胸部面积大,有弹性,位置高,能停高球和空中平球。胸部停球有缩胸停球和挺胸停球两种方法。

1)缩胸停球的动作要领

缩胸停球(见图9-10)一般用来停胸部高度的平直球。停球时,面对来球,两脚前后开立,两臂自然张开,挺胸迎球。当球运行到与胸部接触前的一刹那,迅速缩胸、收腹挡压球,以缓冲来球的力量,把球停在身前。

图9-10　缩胸停球

2)挺胸停球的动作要领

一般高于胸部的下落球,可采用挺胸停球(见图9-11)的方法。停球时,面对来球,两脚前后开立,两膝微屈。当球运行到与胸部接触前的一刹那,收下颚、挺胸、收腹,胸部接触球时,上体稍后仰以缓冲来球力量,使球弹起落于身前。

图9-11　挺胸停球

胸部停球易犯的错误如下:

(1)停球时,对球在空中的位置选择不准,未能用正确部位接触球。

(2)没有收下颚。

(3)收胸停球时,收胸和收腹过晚,未能缓冲来球的力量。

5.脚背停球

用脚背停空中下落球很方便,比较容易掌握。

脚背停球的动作要领如下:

脚背停球的方法有两种。一种方法是停球脚提起迎球,以脚背正面对准下落的球。在脚背与球接触前的一刹那开始下撤,在下撤过程中用脚背正面接触球的底部,小腿和脚腕放松,使球落在体前适当的位置上,如图 9-12 所示。另一种方法的动作较小,仅将脚稍伸出迎球。在脚背与球接触的一刹那,停球脚与踝关节放松撤引,以缓冲来球的力量。

图 9-12　脚背停球

脚背停球易犯的错误如下:
(1) 脚与踝关节太紧张,或球太靠近脚腕处,不能较好地缓冲来球的力量。
(2) 停球脚下撤太晚,使球不能随脚下撤。

6.大腿停球

大腿停球一般适用于弧度较大的高空下落球,或平行于大腿高度的来球。大腿停球有大腿停高空球和大腿停低平球两种方法。

1)大腿停高空球的动作要领

如图 9-13 所示,面对来球,停球腿大腿抬起,以大腿中部对准下落的球,肌肉适当放松。在大腿与球接触的一刹那,大腿迅速撤引,使球落于地面衔接下一个动作的位置上。

图 9-13　大腿停高空球

2)大腿停低平球的动作要领

如图 9-14 所示,面对来球,停球腿以大腿中部对准来球,动作适当放松,屈膝稍前迎。当大腿与球接触的一刹那,随球后撤,使球落在地面衔接下一个动作的位置上。

(二)停球技术的练习方法

(1) 一人一球进行各种停球动作的模仿练习。
(2) 两人一组相对站立,距离 5～15 米,一人用手抛球或滚球,另一人用脚掌、脚内侧和脚背外侧停球。
(3) 一人一球,先向上用手抛球,再用脚掌、脚内侧和脚背外侧停反弹球。

图 9-14　大腿停低平球

（4）两人一组，相距 5～15 米，一人用手抛空中球，另一人上迎用脚掌、脚内侧和脚背外侧停反弹球。

（5）两人一组，相距 5～15 米，一抛一停，进行各种停空中球的练习。

（6）两人一组，距离由近到远，结合传球进行各种停球练习。

三、头顶球

头顶球是足球的重要基本技术。头顶球是传球、射门和抢截的有效手段，在进攻和防守中都起着重要的作用。

（一）头顶球的技术动作方法

1. 原地头顶球的动作要领

如图 9-15 所示，身体正对来球，两脚前后开立，膝关节微屈，上体后仰，重心放在后脚上，两臂自然张开，两眼注视来球。当球运行到身体垂直部位前的一刹那，后脚用力蹬地，同时收腹，迅速向前屈体，身体重心由后脚移向前脚。当球运行到身体垂直部位时，颈部保持紧张，快速甩头，用前额正顶球的后中部，然后上体随球继续前摆。

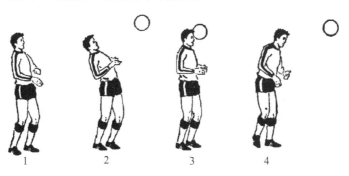

图 9-15　原地头顶球

2. 跳起头顶球的动作要领

如图 9-16 所示，原地双脚起跳时，两腿先弯曲，重心下降，然后两脚用力蹬地跳起，同时两臂屈肘上摆。在跳起上升过程中，上体后仰呈反弓形。当球运行到身体的垂直部位前的一刹那，收腹，上体快速前屈，甩头，用前额正面将球顶出。顶球后，两腿同时自然屈膝、屈踝落地。

跳起头顶球易犯的错误：

图 9-16　跳起头顶球

(1) 顶球时闭眼、缩脖,不能主动迎击球。

(2) 顶球点选择不当,顶不到球或头部稍蹭顶球。

(3) 击球用力过早,身体前伸,出球无力。

(4) 击球时,蹬地、收腹摆体和颈部紧张不一致,在向侧方顶球时,甩头动作与蹬地摆体配合不协调。

(二) 头顶球技术的练习方法

(1) 两人一组,距离 3～5 米,一人抛球,一人头顶球。可原地顶球,也可跳起头顶球。

(2) 8～10 人一组,围成半径为 4～5 米的圆圈,中间一人持球,按顺(逆)时针方向向圆圈上的人依次抛球,对方用前额正面把球顶给抛球人。

(3) 两人一组,距离 3～5 米,进行互抛互顶或连续对顶练习。

四、运球及运球过人

运球是运动员在跑动中用脚的推拨动作,使球保持在自己控制范围内的连续接触动作。运球与运球过人是运动员过人控制球能力和过人进攻能力的集中表现,它是为完成战术配合和过人突破服务的。

(一) 运球技术的动作方法

1. 脚背正面运球

脚背正面运球多在越过对手之后,前方纵深距离较长,仍需要快速运球前进的情况下使用。脚背正面运球的动作要领如下。

跑动时,身体自然放松,上体稍前倾,两臂自然摆动,步幅不要太大。运球脚提起时,膝关节弯曲,脚跟提起,脚尖下指,在迈步前伸着地前,用脚背正面推拨球前进。

2. 脚背外侧运球

脚背外侧运球多在快速奔跑和向外改变方向时使用,如图 9-17 所示。

脚背外侧运球的动作要领:跑动时,身体自然放松,上体稍前倾,两臂自然摆动,步幅要小些。运球脚提起时,膝关节弯曲脚跟提起,脚尖稍内转。在迈步前伸着地前,用脚背外侧推拨球。

3. 脚背内侧运球

脚背内侧运球多在改变方向并需要用身体掩护球的情况下使用。

脚背内侧运球的动作要领:跑动时,身体自然放松,步幅要小些,上体前倾并稍向运球方向转动。运球脚提起时,膝关节稍弯曲,脚跟提起,脚尖稍外转。在迈步前伸着地前,用脚背内侧

图 9-17　脚背外侧运球

推拨球。

4.脚内侧运球

脚内侧运球是足球运球技术中速度最慢的一种运球方法,但是当带球接近对方需要用身体掩护球时,多采用脚内侧运球。脚内侧运球如图 9-18 所示。

脚内侧运球的动作要领:运球时,支撑脚向前跨一步,踏在球的前侧方,膝关节稍弯曲,上体前倾并向里转。随着身体的向前移动,运球脚提起,用脚内侧推球的后中部。

图 9-18　脚内侧运球

在改变方向运球时,经常是用两只脚交替推拨球。例如,用右脚脚背外侧直线运球需要改向左侧运球时,就用脚背内侧扣拨球的前侧方,或用左脚脚背外侧向左拨球,使球改向左侧,接着再用左脚脚内侧运球。

(二)运球过人技术动作方法

1.拨球过人

当对手从正面来抢球时,先运球逼近对手,诱使对手伸脚抢球,然后运用脚和膝关节的抖动来拨动球。用脚背外侧触球,将球向侧方或侧前方突然拨动以摆脱对手。

2.拉球过人

当对手从正面或侧面来抢球时,先将球停住或减速运球,诱使对手伸脚抢球,然后用脚掌将球由前向后,或由一侧向另一侧做拖拉球的动作,紧接着用脚内侧或其他部位向侧前方推球摆脱对手。

3.扣球过人

当对手从正面或侧面来抢球时,突然转身,脚急转压扣,用脚背内侧或脚背外侧部位触球,将球向侧后方急停或改变方向摆脱对手。用脚背内侧扣球的动作称为里扣,用脚背外侧扣球的动作称为外扣。

运球过人易犯的错误如下:

(1) 运球者只是低头看球,而不能随时观察场上的情况,以致不能及时完成传球或射门。

(2) 运球者运球时不是推拨球而是踢球,以致球离人过远而失去控制。

(三) 运球及运球过人技术的练习方法

(1) 用两脚内侧来回拨球。先在原地,然后向前或向后移动。

(2) 用一只脚的脚内侧连续向里侧转圈拨球,或用脚背外侧连续向外侧转圈拨球。

(3) 用一只脚的脚掌连续向后转圈拉球,也可先用脚将球拉向右侧,换左脚将球拉向左侧,如此反复练习。

(4) 每人一球,做小"8"字形运球。在地上放两个 1 米间距的标志,可进行 1 分钟内看谁绕"8"字形运球次数多的比赛。

(5) 运球绕杆。在地上插上间距为 2 米的 8～10 根标志杆。每人一球用左、右脚的脚内侧、脚背内侧、脚背外侧结合做运球绕杆练习。

五、假动作

假动作是指攻守双方在比赛中为了隐蔽自己的真实意图,所做的一些迷惑对方的虚假动作。

假动作的形式很多,按是否有球分类,可分为无球假动作和有球假动作。

(一) 假动作技术动作方法

1. 无球假动作

1) 变速假动作

变速假动作是指队员在跑向空位接球前可先慢跑,诱使对手放慢速度,然后突然加速摆脱对手。

2) 变向假动作

变向假动作常采用变向、折转等动作诱骗对手,如先左后右、先拉后切等。

3) 抢截假动作

抢截假动作是指队员抢截球时,先向左(右)侧伴做抢截动作,诱骗对手,当对手企图改变方向向右(左)侧突破或传球,再突然向右(左)侧抢截球。

2. 有球假动作

1) 停球假动作

运球者正面运球,对手从后方企图断抢时,可先伴做向左停球动作,诱使对手堵抢左侧时,突然改变成真动作将球停向右侧,并摆脱对手。

2) 运球过人假动作

当对手正面抢球时,运球者可先用右(左)脚伴做向左(右)扣拨球或用身体向左(右)晃动。当对手向左(右)侧移动堵截时,运球者可突然改用右(左)脚的脚背外侧拨球。当对手从侧面抢球时,运球者先快速向前运球,诱使对手向前追赶,运球者突然降低速度或做停球假动作,诱使对手也放慢速度,然后突然加速运球甩开对手。当对手从背后抢球时,运球者用左(右)脚在球上方向前迈过,伴做向前运球的动作,身体也随之向前,吸引对手继续向前堵抢,然后运球者以前脚为轴向左(右)后方突然转身,再用右(左)脚脚背内侧将向前滚动的球扣回,从而把对手甩在身后。

假动作易犯的错误如下:

(1) 动作不假起不到假动作的作用。
(2) 动作生硬,无法隐蔽自己的真实意图。

(二) 假动作技术的练习方法

(1) 在球场上自由跑动,做变向、变速、转身、佯抢等动作。
(2) 两人一组,一攻一守。进攻者向前做左右晃动跑,防守者在后退跑中左右封堵对手。
(3) 每人一球,一路纵队,按前后顺序运球前进,途中可设标杆或防守者,练习左晃右拨、右晃左拨等运球假动作。
(4) 两人一组,一攻一守。防守者首先消极抢球,然后进行积极抢截。

六、抢截球

抢截球是转守为攻的积极手段,是防守技术的综合体现。全攻全守的踢法,要求每个运动员都应很好地掌握抢截球技术。抢截球包括抢球和截球两个部分。

抢球是用规则所允许的条件和动作,把对方队员控制的球夺过来、踢出去或破坏掉。

截球是把对方队员传出的球(空间运行或地面滚动球)堵截住或破坏掉。

(一) 抢截球方法

1. 正面跨步抢截球

正面跨步抢截球的动作要领:抢球者两脚前后开立,两膝稍弯曲,身体重心下降,重心平均落在两脚上,面向对手。对手运球前进,当脚触球即将着地或刚着地时,抢球者一脚立即用力蹬地,抢球脚以脚内侧正对球并向球跨出一步,膝关节弯曲,上体前倾,身体重心移至抢球脚上,另一脚立即前跨成为支撑脚。如果双方的脚同时触球,则要顺势向上提拉,使球从对方脚背滚过,身体要迅速跟上,把球控制住。正面跨步抢截球如图 9-19 所示。

正面跨步抢截球易犯的错误如下:

(1) 抢球者身体重心不能及时地移到抢球的脚上,抢球脚的踝关节没有紧张,使抢截无力。
(2) 抢球者支撑脚没有迅速跟上,影响下一动作的衔接。
(3) 抢球者抢截时,运用不合理的冲撞而造成犯规。
(4) 抢球者抢球时机掌握得不好,出脚过早或太迟,造成抢截失误。

图 9-19 正面跨步抢截

侧面合理冲撞抢球易犯的错误如下:

(1) 运球者冲撞时,用手或肘、臂推对方,造成犯规。
(2) 运球者不是在对方靠近自己一侧的脚离地时进行合理冲撞,因而影响效果。

2. 侧后铲球

侧后铲球的动作要领：如图 9-20 所示，当控球者拨出球的一刹那，抢球者后脚用力后蹬成跨步，前脚以脚外侧沿地面向前内侧滑出，用脚底将球蹬出去，然后小腿外侧、大腿外侧和臀部依次着地。

图 9-20　侧后铲球

侧后铲球易犯的错误如下：

（1）抢球者不是从侧后或侧方铲球，而是从正后方铲球，容易伤害控球者或犯规。

（2）抢球者的动作连贯性差，容易造成自己摔伤并影响迅速衔接下一动作。

（二）抢截球技术的练习方法

（1）两人一球，用脚内侧进行正面拼抢球的模仿练习。

（2）两人一球，相距 6～8 米，一人向前运球，另一人做上前跨步抢球练习。

（3）方形抢截练习。在长 20 米、宽 10 米的长方形场地内进行五对二、六对三抢传练习，触到球者与传球失误者互换位置。练习时可根据队员掌握技术的熟练程度，控制传球者的触球次数。

七、掷界外球

将比赛中越出边线的球掷入场内是一次很好的组织进攻的机会。如果能将球掷得既远又准，就会加快进攻的速度，特别是在对方罚球区附近掷界外球，由于接球者不受越位规则的限制，可为进攻创造有利的条件。

（一）掷界外球的方法

掷界外球有原地掷界外球和助跑掷界外球两种。

1. 原地掷界外球的动作要领

接球者面对出球方向，两脚前后或左右开立，膝关节弯曲，上体后仰呈背弓，重心移到后脚上（左右开立时，重心在两脚间），两手自然张开，拇指相对，持球的侧后部，屈肘将球上举置于头后。掷球时，接球者的后脚用力蹬地，两腿迅速伸直，身体重心由后脚移到前脚，收腹屈体，同时两臂急速前摆。当球摆到头上时用力甩腕将球掷入场内。掷球时，接球者的后脚可沿地面向前滑动，两脚均不得离地或踏入场内，但允许踏在线上。原地掷界外球如图 9-21 所示。

2. 助跑掷界外球的动作要领

接球者双手持球于胸前，在助跑迈出最后一步时，上体后仰呈背弓，同时将球上举至头后。掷球时的动作与原地掷界外球动作相同。助跑掷界外球主要是能用上助跑的速度把球掷得更远。

图 9-21 原地掷界外球

练习掷界外球时,动作必须符合规则要求。持球者要把球上举至头后,掷球动作要连贯,两脚均不得离地。掷球时,持球者要面向出球方向。

掷界外球易犯的错误如下:持球者掷球后脚离地过早,动作不连贯,两手用力不均。

(二)掷界外球技术的练习方法

(1)进行掷界外球动作的模仿练习。

(2)两人一球,相距 15 米左右进行掷界外球练习。

(3)两人或多人进行助跑掷界外球比赛,可同时掷,也可依次掷。

八、守门员技术

守门员是全队的最后一道防线,他的主要任务是不让对方将球射入本方球门。守门员要善于观察全局,起协助指挥全队防守和进攻的作用,并且要随时注意比赛的发展情况,力争扩大自己在罚球区内的防守范围,以便尽早截获各种来球,并快速、及时地把球传到有利进攻的位置上,组织发动进攻。

(一)守门员技术方法

守门员技术包括选位、准备姿势、移动、接球、扑球等。

1. 选位

守门员应站在球与球门柱形成的角的角平分线上,并根据场上情况适当调整自己的位置。

2. 准备姿势

守门员两脚左右开立、与肩同宽;两膝弯曲并稍提起,身体重心落在前脚掌上,使上体前倾;两臂于体前自然屈肘,两手五指张开、掌心相对,两眼注意来球。

3. 移动

守门员在接两侧低球与平球时,多采用侧滑步;接两侧高球时,多采用交叉步。

4. 接地滚球

1) 直腿接地滚球

如图 9-22 所示,守门员正对来球,两脚左右站立,上体前屈;两臂自然下垂,两手小指靠近,手掌对球稍前迎,两手接球的后底部,在手接触球的一瞬间,立即后引并屈肘、屈腕,两臂靠近将球抱于胸前。

2) 单腿跪撑接地滚球

如图 9-23 所示,守门员正对来球,两腿前后站立,前腿弯曲,后腿跪立,上体前倾,使手臂下垂,手掌对准来球;手触球后,两手后引并屈肘、屈腕,两臂靠近将球抱于胸前,然后起立。

图 9-22　直腿接地滚球

图 9-23　单腿跪撑接地滚球

5. 接平直球

1）接低于胸部的平直球

如图 9-24 所示，守门员两脚左右站立，上体前倾对准来球；两臂下垂并屈肘前迎，使两手小指相靠，手掌对球。当手触球时，守门员两臂后引并屈肘、屈腕，顺势将球抱于胸前。

图 9-24　接低于胸部的平直球

2）接齐胸高的平直球

守门员上体正对来球，两臂屈肘并稍上举；两拇指相靠，使手掌对球。当手触球时，手腕手指适当用力，同时屈臂后引，翻掌将球抱于胸前。

6. 接高球

守门员确定接球点后，迅速移动并跳起，两臂上伸迎球，两手拇指呈"八"字形，手指微曲，手掌对球。当手触球时，手腕和手指适当用力，将球抱于胸前。

7. 扑两侧的低球

守门员扑接左侧低球时，其右脚迅速蹬地，左腿屈膝向左跨出一步，身体左倒。守门员的左脚着地后，随后用小腿、大腿、臀部、上体和手臂的外侧依次触地，同时两臂向球伸出，左手掌心正对来球，右手在左手前上方，两拇指靠近，两手腕稍向内屈，触球后把球收回胸前，然后立即站起。扑两侧的低球如图 9-25 所示。

图 9-25　扑两侧的低球

（二）守门员技术的练习方法

（1）进行接球动作模仿练习。

（2）两人一球，相距 3～5 米，进行互相抛接地滚球和高空球的两种练习。

（3）守门员站在球门前，一人或多人向守门员的前、后、左、右抛球或踢球，守门员进行移动接球或扑球的练习。

第三节　足球运动的基本战术与练习方法

足球战术就是在比赛过程中，为了战胜对手，根据实际情况所采取的个人行动和集体配合的手段的综合体现。

足球比赛是由攻、守这一对矛盾体所组成的，比赛中进攻与防守不断地变换就组成了比赛的全过程。因此，足球战术可分为进攻战术和防守战术两大系统。

一、比赛阵形

比赛阵形是队员在场上的职责分工和位置排列的形式。阵形是以各位置队员排列的形状或数量命名的。阵形的人数排列原则是从后卫数向前锋的。近代足球阵形多以三个后卫和四个后卫进行区分。

1."四二四"阵形

"四二四"阵形由四名后卫、两名前卫和四名前锋组成。其长处是：既加强了前锋的攻击力，又增加了后卫的防御力，攻守兼备。两个前卫既是中场的职责者，又是防守的阻截者，在锋卫线之间进行协调联系。其缺点是中场力量薄弱。

2."四三三"阵形

"四三三"阵形是在"四二四"阵形的基础上改进而来的，即把一名前锋调到前卫线上，这样既加强了中场力量，又不减弱进攻的锐气，使前锋、前卫的进攻更加灵活，中场三个队员分工明确。

3."四四二"阵形

"四四二"阵形是以守为主、伺机反击的阵形。它加强了中场力量，使中场四个队员能根据进攻需要突然插上，加强了进攻的隐蔽性和突然性。

4."一三三三"阵形

"一三三三"阵形是在"四三三"阵形的基础上演变而来的。其阵形是，四名后卫中的三名后卫在前负责盯人，称为盯人后卫；一名中卫拖后，负责补位、堵抢、扼守球门中央危险地带，进攻时组织有效的反攻并伺机插上。

二、个人战术

个人战术是指队员为完成全队战术配合而采取的个人行动和方法。

(一)个人进攻战术

个人进攻战术包括跑位、传球、个人突破和射门。

1. 跑位

跑位是常常被人忽略的问题,但是它实际上具有很重要的作用。跑位的好坏,对一个队的战术质量和技术发挥都有重要影响。

(1)跑位队员首先应观察有球的同伴有无将球传出的可能,也就是说,跑位队员是否已经摆脱了对方的阻截,是否可以传球。当看到同伴起脚的时候,应根据同伴可能传球的方向立即跑动。

(2)接应是跑位一个重要的方面。接应可以减少传球者的传球困难,也可以达到快速出球的目的。

(3)跑空当是跑向防守者前后左右的空隙去接球。空当在一对一的情况下有两个:一个是前面的空当;另一个是后面或侧面的空当。应该尽可能地争取前面的空当,若不可能,再追寻后面或侧面的空当。

2. 传球

传球是队员在比赛中有目的地将球踢(顶)给同伴或踢(顶)到预定目标的方法。

1)对人传球

对人传球即直接将球传到同伴脚下的方法,一般在后场推进、打控制球和做屏障"二过一"时运用。

2)传空当球

传空当球是把球传到对方身后或传到跑动着的同伴前面的空隙地,让同伴切入接球。传空当球多用于突破对方防线的配合中。

3)转移传球

转移传球是指比赛中利用中、长距离的斜、横传球转移,拉空对方一边防守,以便进行声东击西的进攻。

3. 个人突破

个人突破是难度较高的个人进攻战术,在比赛中有很大的实用价值,尤其在一对一的情况下,若能突破对方就有射门得分的可能;同时可破坏对方的防线,造成以多攻少,为本方队员制造射门的机会。

要想突破对手,需要掌握全面的防守技术,尤其是要掌握快速起动和带球过人的技术。

(二)个人防守战术

站位与盯人是个人防守战术中的统一整体,在实际应用中,两者必须结合运用。

后卫在防守时,应站在对手与本方球门中心所构成的一条直线上,要根据球的位置,向左、右、前、后移动,但都必须站在对手与球门之间。

盯人有紧逼盯人和松动盯人两种。紧逼盯人是贴近对手,不给对手从容活动的机会。松动盯人是与对手保持一定的距离,以便随时上前断抢对手的球。这两种方法都应根据场上的活动情况灵活选用。在一般情况下,有球的一侧可采用紧逼盯人的方法,无球的一侧可采用松动盯人的方法。

三、局部战术

(一)局部进攻战术

1. "二过一"战术

"二过一"是突破对方、打开缺口最有效的方法。在比赛中,任何地区、任何位置,都可运用"二过一"来摆脱对方抢截或突破防守。一般常用的"二过一"配合有如下几种。

1)斜传直插"二过一"

如图 9-26 所示,带球遇对方⑥堵截时,将球斜传给⑩,⑩及时回传给切入的⑨射门。

2)横直传斜跑"二过一"

如图 9-27 所示,⑧横传给⑦后,立即跑向边线接⑦直线传球。

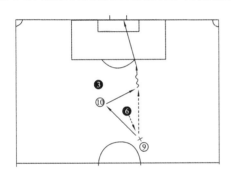
图 9-26　斜传直插"二过一"

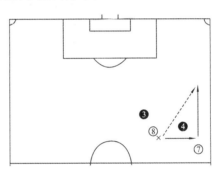
图 9-27　横直传斜跑"二过一"

3)回传反切"二过一"

如图 9-28 所示,⑦转身得球,对方❹紧逼,此时⑦回传给②,反身切入再接②传直线的过顶球。

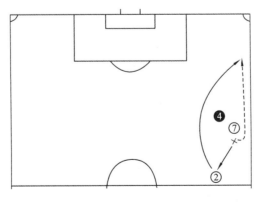
图 9-28　回传反切"二过一"

2. 三人连续"二过一"

"二过一"的运用不仅可以突破防守,如果有第三者的协助,它还可以发挥更大的威力,三人连续"二过一"可以变换进攻方向,并可保证传带的不停顿,形成连续的高速突破。

连续接应者要有先后次序、距离、角度的变化。先以一人接应,第二接应人要做好接或插的准备,在发现第一接应人受阻时,立即靠近接应,使出球者改变"二过一"的方向,这样会使对方的注意力集中于第一接应人,而使第二接应人取得更好的进攻时机。当球传给第二接应人时,第一接应人要迅速活动到另一有利的位置,以便切入或接应。总之,利用两个队员前后或左右拉开,突然地先后切入或接应,可以形成两条不同的进攻路线。如图 9-29 所示,⑦与⑨"二过一"突破对方❹后,对方中卫❸补位,⑦可再与⑧"二过一"突破❸防守。

（二）局部防守战术

1. 补位

补位是防守队员之间的互相协助,可以弥补漏洞,收到以多防少的效果。补位一定要了解球和双方队员的活动情况。

2. 折线防守

折线防守是相互补位和缩短补位距离的方法。当对方由左路进攻时,两个中卫应向右靠,借以缩短保护后卫的距离。要在靠近对方进攻的一边形成斜线,而远侧的后卫可适当地向中央移动,并站在几乎与中卫平行的地方,排列成折线形。这样不仅可缩小对方的活动范围,还能及时制造越位。

图 9-29　三人连续"二过一"

四、全队战术

（一）全队进攻战术

全队进攻一般可分为边线进攻、中间进攻、转移进攻和反越位进攻。

1. 边线进攻

根据阵形的排列,边线地区的防守力量最为薄弱,因此从边线发动进攻是最易突破对方防线的方式。

2. 中间进攻

中间进攻是直接威胁对方球门的战术,对付紧逼盯人的防守战术时效果较好。中间进攻必须与边线进攻相结合,才易发挥作用。

3. 转移进攻

当一侧的边线进攻无法突破时就应转移进攻方向,大部分用中、长距离的斜、横传球,它可以拉空对方一边防守,以便进行声东击西的进攻。

4. 反越位进攻

若对方经常制造越位时,可采用各种反越位的进攻方法。这不仅能避免越位,还可借此来攻击对方。使用这种战术时,首先要熟悉规则,并在比赛中时刻注意场上情况的变化,特别是注意对方后卫和本方同伴的位置。

（二）全队防守战术

全队防守战术一般有区域防守、紧逼盯人防守、紧逼盯人结合区域防守和制造越位四种。

1. 区域防守

区域防守是指根据场上位置的分布,每个队员防守一个区域的战术。当对方某一队员跑入本区时,就进行积极防守,限制他的进攻活动。

2. 紧逼盯人防守

紧逼盯人防守就是当本方由攻转守时,每个防守队员紧紧逼住对方一个相应的对手,尽可能地不给对手有任何自由活动或随意传接球的进攻机会,不允许对方从容地观察场上情况,迫使对方不断地忙于摆脱,用以消耗对方的体力和造成对方犯技术上或战术上的错误。

3. 紧逼盯人结合区域防守

紧逼盯人结合区域防守战术是在有球地区要紧逼对手,在无球地区可守区域;对离球门近的人要紧逼,离球门远的人可守区域。边后卫和前卫以盯人为主,中卫适当照顾可守区域。

4. 制造越位

制造越位是一种集体防守战术,它要求几个后卫同时迅速而机警地配合行动。

五、定位球战术

比赛开始或在比赛成死球的情况下,运用一定的战术配合可以使本队获得有利的形式或争取攻门得分的机会。

（一）开球战术

上、下半场比赛开始和每进一个球在中线开球时,通常采用两种定位战术:一种是利用守方不了解攻方的情况,给以出其不意的袭击;另一种是利用开球以集体短传控制球来进行试探性的进攻,以此掌握比赛的主动权。

（二）点球战术

点球是最好的得分机会,主罚队员经常用假动作来掩护射门的方向,增加守门员防守的困难。守门员有时可不站在球门线中央,可稍偏一侧,借以影响主罚队员射门点的选择和削弱其信心。

（三）角球战术

角球通常由边锋主踢,一般是把球踢至球门前处,使球向场内旋转,以增加对方判断的困难。踢角球时,可选择顶球技术好的队员站在球门前争顶高空球,以便顶球射门或传给其他队员射门。防守队一定要注意看好进攻队争夺头顶球的主力队员。

角球还可以短传给其他前锋或后卫,把对方门前的人拉开后再行传中。

（四）掷界外球战术

《足球比赛规则》规定,掷界外球没有越位限制,进攻队应很好地利用掷界外球组织进攻,在接近端线获得掷界外球的机会时,对对方的威胁相当于踢角球。在这种情况下,应由掷球较远的队员向球门方向掷球,其他队员冲上射门。掷界外球时可用假动作,场上接应队员也应互相交叉跑位。

(五)任意球战术

罚直接任意球时,如果有空隙,就直接射门。如果没有空隙,就可运用一些配合,向防守队"人墙"旁传球,由同队队员冲上射门;或由一队员策动,另一队员跑上接越过"人墙",高球射门。

防守对方20~30米以内的任意球时,要尽快由3~4人站成"人墙",封闭对方直接射门的角度,同时守门员要指挥"人墙"的行动。若"人墙"封住球门一侧,守门员则防守球门的另一侧,其余人都回防盯人。

(六)球门球战术

比赛中发球门球的次数很多。发球门球如果全部采用直接踢定位球的方式,则有时不能适应进攻的要求,因为踢出的球不能完全达到合适的远度和准确性。如果由守门员抛或踢,就可以更好地完成战术配合。

六、足球战术的练习方法

(一)传球练习

在进行传球练习时,练习者应由慢速移动到中速移动,再到快速移动;由短距离传地滚球到中距离传低平球,再到长距离传过顶球;由脚内侧传球到脚背内侧传球,再到脚背正面、脚背外侧传球;由两人一组无对抗到多人分组对抗,再到各组组合。

(二)摆脱跑位与盯人选位练习

在进行摆脱跑位与盯人选位练习时,在标志线处两个人一组面对面站立,相距1~2米,一攻一守。进攻者设法超越对手,防守者力图保持对手与球门之间的位置。

(三)传球跑位练习

(1)两人一组,相距8~10米,向前跑动进行传球练习,如图9-30所示。

(2)两人一组,相距8~10米。如图9-31所示,①慢速运球,②突然加速交叉向①前跑动并接①的直传球;①传球后,快速交叉跑位,连续配合直至射门。

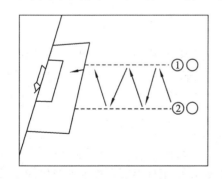

图9-30　向前跑动进行传球练习

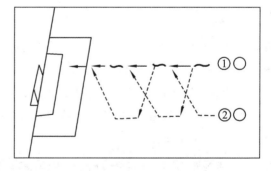

图9-31　两人连续交叉跑位配合

(四)"二过一"练习

三人一组,两人进攻,一人防守,进攻者根据防守者的位置,练习各种"二过一"战术配合。

第四节 足球运动的主要规则

一、比赛场地

1. 场地

根据《足球比赛规则》规定,足球比赛可以在天然或人造草坪上进行。足球的比赛场地必须是长方形的,边线的长度必须长于球门线的长度,长 90～120 米,宽 45～90 米,如图 9-32 所示。国际足球比赛场地长 100～110 米,宽 64～75 米,所有线的宽度不超过 12 厘米。比赛场地被中线划分为两个半场。在场地中线的中点处做一个中心标记,以距中心标记 9.15 米为半径画一个圆圈。

2. 球门区

从距每个球门柱内侧 5.5 米处,画两条垂直于球门线的线。这些线伸向比赛场地内 5.5 米,与一条平行于球门线的线相连接。由这些线和球门线组成的区域范围是球门区。

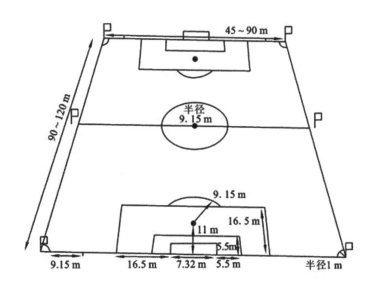

图 9-32 足球的比赛场地平面图

3. 罚球区

从距每个球门柱内侧 16.5 米处,画两条垂直于球门线的线。这些线伸向比赛场地内 16.5 米,与一条平行于球门线的线相连接。由这些线和球门线组成的区域范围是罚球区。在每个罚球区内距球门柱之间等距离的中点 11 米处设置一个罚球点。在罚球区外,以距每个罚球点 9.15 米为半径画一段弧。

4. 角旗杆

在场地每个角上各竖一根不低于 1.5 米的平顶旗杆,上系小旗一面。

5. 角球弧

在比赛场地内,以距每个角旗杆 1 米为半径画一个 1/4 的圆。在比赛场地外,距角球弧 9.15 米且垂直于球门线处做一个标记,以保证在踢角球时守方队员能遵守规定的距离。

6.球门

球门必须放置在每条球门线的中央。它们由2根距角旗杆等距离的垂直的柱子和连接其顶部的水平的横梁组成。2根柱子之间的距离是7.32米,从横梁的下沿至地面的距离是2.44米。2根球门柱和横梁具有不超过12厘米的相同的宽度与厚度。球门线与球门柱和横梁的宽度是相同的。球门网可以系在球门及球门后面的地上,并要适当地撑起以不影响守门员。球门柱和横梁必须是白色的。

二、球

(1) 球的圆周不长于70厘米,不短于68厘米;重量在比赛开始时不多于450克,不少于410克;压力在海平面上等于0.6～1.1个大气压力(600～1100克/平方厘米)。

(2) 球在比赛过程中破裂或损坏:①停止比赛;②用更换的球在原球破漏时所在地点以坠球方式重新开始比赛;③如果球在开球、球门球、角球、任意球、点球或掷界外球等成死球时破裂或损坏,按照相应的规定重新开始比赛。

三、队员

(1) 一场比赛每队上场队员不得多于11名,其中必须有1名守门员。如果任何一队少于7人则比赛不能开始。

(2) 正式比赛。在由国际足联、各联合会或各国足协主办的正式比赛中,每场比赛最多可以使用3名替补队员。足球比赛规则应说明可以有几名替补队员被提名,从3名到最多不超过7名。

(3) 其他比赛。在其他比赛中,最多可以使用4名替补队员。在所有比赛中,替补队员名单都必须在比赛开始前交给裁判员,未被提名的替补队员不得参加比赛。

(4) 被替补下场的队员不得再次参加该场比赛。任何场上队员都可与守门员互换位置,并规定:互换位置前通知裁判员,在比赛停止时互换位置。

四、比赛时间

足球比赛分为上下两个半场,每半场45分钟。特殊情况经裁判员和双方同意另定比赛时间除外。中场休息不得超过15分钟。在每半场比赛中损失的所有时间应予以补足。如果执行点球或重新执行点球,每半场结束时间可延长至点球结束。

五、比赛开始和重新开始

1.预备

通过掷币,猜中的队决定上半场比赛的进攻方向,另一队开球开始比赛。猜中的队在下半场开球开始比赛。下半场比赛两队交换比赛场地。

2.开球

开球是比赛开始和重新开始的一种方式,即在比赛开始时、在进球得分后、在下半场比赛开始时、在决胜期两个半场开始时都要开球。开球可以直接射门得分。开球时所有队员在本方半场内,对方队员应距球9.15米,直到比赛进行。球必须向前踢出,开球队员在球未经其他队员触及前不得再次触球;如果再触球,则由对方在犯规地点踢间接任意球。在开球程序上的其他犯规,重新开球。

3. 坠球

坠球是在比赛进行中因竞赛规则未提到的原因而需要暂停比赛之后,重新开始比赛的一种方法。裁判员在比赛停止时球所在的地点坠球。当球触地比赛即重新开始。

六、比赛进行及死球

当球不论从地面或空中全部越过球门线或边线时,或当比赛已被裁判员停止时,比赛成死球。若遇到下列情况,比赛继续进行:球从球门柱、横梁或角旗杆弹回场内,球从比赛场地中的裁判员或助理裁判员的身上弹回场内。

七、计胜方法

1. 进球得分

当球的整体从球门柱间及横梁下越过球门线,而此前攻进球的队未违反竞赛规则时,即为进球得分。在比赛中进球数较多的队为胜者。

2. 竞赛规程

当竞赛规程要求比赛成平局需要决出胜者时,只能遵循下列经国际足球协会理事会批准的程序:客场进球规则、决胜期、踢点球。

八、越位

1. 越位位置

队员处于越位位置本身并不是犯规。队员处于越位位置的情况是:该队员较球和最后第二名对方队员更接近于对方球门线。队员不处于越位位置的情况是:在本方半场内;齐平于最后第二名对方队员;齐平于最后两名对方队员。

2. 犯规

处于越位位置的队员,在同队队员踢或触及球的一瞬间,裁判员认为其就下列情况而言"卷入"了现实比赛中时才被判为越位犯规:干扰比赛,干扰对方队员,利用越位位置获得利益。如果队员直接从下列情况下接到球,则没有越位犯规:球门球、掷界外球、角球。对于任何越位犯规,裁判员应判给对方在犯规发生地点踢间接任意球。

九、犯规与不正当行为

1. 直接任意球

裁判员认为,如果队员草率地、鲁莽地或使用过分的力量违反下列六种犯规中的任何一种,将判给对方踢直接任意球:①踢或企图踢对方队员;②绊摔或企图绊摔对方队员;③跳向对方队员;④冲撞对方队员;⑤打或企图打对方队员;⑥推对方队员。如果队员违反下列四种犯规中的任何一种,也判给对方踢直接任意球:①为了得到对球的控制而抢截对方队员时,在触球前先触及对方队员;②拉扯对方队员;③向对方队员吐唾沫;④故意手球。裁判员应判给对方在犯规发生地点踢直接任意球。

2. 点球

在比赛进行中,无论球在什么位置,如果队员在本方罚球区内违反了上述十种犯规中的任何一种,应被判点球。

3.间接任意球

如果守门员在本方罚球区内违反下列四种犯规中的任何一种,将判给对方踢间接任意球:①用手控制球后在发出球之前持球超过6秒;②在发出球之后未经其他队员触及,再次用手触球;③用手触及同队队员故意踢给他的球;④用手触及同队队员直接掷入的界外球。裁判员认为,队员在出现下列情况时,也将判给对方踢间接任意球:①动作具有危险性;②阻挡对方队员;③阻挡对方守门员从其手中发球;④违反规则中未提及的任何其他犯规,而停止比赛被警告或罚令出场。裁判员应判给对方在犯规发生地点踢间接任意球。根据《足球比赛规则》的条款,队员可以用头部、胸部和膝盖等传球给守门员。

4.可警告的犯规

如果队员违反下列七种犯规中的任何一种,将被警告并被出示黄牌:①犯有非体育行为;②以语言或行动表示异议;③持续违反规则;④延误比赛或使比赛重新开始;⑤当以角球或任意球重新开始比赛时,不退出规定的距离;⑥未得到裁判员的许可进入或重新进入比赛场地;⑦未得到裁判员的许可故意离开比赛场地。

在场地的任何地点试图欺骗裁判员的佯装行为,必须作为非体育行为而进行判罚。当队员脱掉上衣庆祝进球时属于不正当行为,必须受到警告。

5.罚令出场的犯规

如果队员违反下列七种犯规中的任何一种,将被罚令出场并被出示红牌:①严重犯规;②暴力行为;③向对方或其他任何人吐唾沫;④用故意手球破坏对方的进球或明显的进球得分机会;⑤用可能被判为任意球或点球的犯规,破坏对方向本方球门移动着的明显的进球得分机会;⑥使用无礼的、侮辱的或辱骂性的语言及动作;⑦在同一场比赛中得到第二次警告。被罚令出场的队员必须立即离开比赛场地附近及技术区域。

从后面抢截而危及对方安全的动作应视为严重犯规并予以判罚。

十、任意球

1.直接任意球

如果直接任意球直接踢入对方球门,判为得分。如果直接任意球直接踢入本方球门,判给对方踢角球。

2.间接任意球

当裁判员判间接任意球时,应单臂上举过头,并保持这种姿势直到球踢出后被其他队员触及或成死球时为止。只有当球进门前触及另一名队员才可得分。如果间接任意球直接踢入对方球门,判为球门球;如果间接任意球直接踢入本方球门,判给对方踢角球。

3.任意球的位置

在罚球区内的任意球,属于守方的直接或间接任意球:所有对方队员距球至少9.15米,所有对方队员应站在罚球区外直到比赛进行,当球被直接踢出罚球区比赛即为进行,可以在球门区内任何一点踢任意球。属于攻方的间接任意球:所有对方队员距球至少9.15米直到比赛进行,除非他们已站在本方球门柱之间的球门线上;在对方球门区内踢间接任意球时,应在距犯规发生地点最近的、与球门线平行的球门区线上执行。

十一、点球

在比赛进行中,一个队在本方罚球区内由于违反了可判为直接任意球的十种犯规之一而被判罚的任意球,应执行点球。在每半场比赛或决胜期上、下半场结束时,应允许延长时间执行完点球。

守方守门员应站在本方球门线上,面对主罚队员,直至球被踢出。除主罚队员外的队员应处于比赛场地内、罚球区外、罚球点后,距罚球点至少9.15米。

主罚队员向前踢出点球,在其他队员触球前主罚队员不得再次触球。如果裁判员发出执行点球信号后,球进入比赛之前发生下列情况:①主罚队员在踢点球时违反竞赛规则且裁判员允许踢出该球点球的情况,如果球进入球门,应重踢;如果球未进入球门,不应重踢。②守门员违反竞赛规则且裁判员允许踢出该球点球的情况,如果球进入球门,得分有效;如果球未进入球门,应重踢。

十二、掷界外球、角球、球门球

1. 掷界外球

掷界外球不能直接进球得分。在掷出界外球的一瞬间,掷球队员应:①面向比赛场地;②任意一只脚的部分站在边线上或站在边线外的地上;③使用双手;④将球从头后经头顶掷出。掷球队员在其他队员触球前不得再次触球。守门员不得用手在罚球区内接本方队员掷出的界外球。

2. 角球

角球可以直接射入对方球门得分。踢球队员在其他队员触球前不得再次触球。对方应距球至少9.15米,直到比赛进行。

3. 球门球

球门球可以直接射入对方球门而得分。球门球由防守方从球门区内的任何一点踢球,对方应在罚球区外直至比赛进行;踢球队员在其他队员触球前不得再次触球;当球被直接踢出罚球区,比赛即为进行。如果球未直接踢出罚球区进入比赛,应重踢。

十三、决定比赛胜负的程序

客场进球规则、决胜期和踢点球是根据竞赛规则的要求,当比赛打成平局需要决出胜队时采取的方法。

1. 客场进球规则

竞赛规则应规定比赛队采用主客场制,如果第二场比赛后两队比分仍相同,则任何在客场进球数加倍计算。

2. 决胜期

竞赛规则可以规定再进行两个半场相等时间的比赛,每个半场的比赛时间不得超过15分钟。

3. 踢点球决胜

裁判员选定用于踢点球的球门,裁判员投币,挑币得胜的球队先踢点球。裁判员对踢点球做记录。两队应轮流各踢5次。

第十章　乒乓球、羽毛球、网球运动

第一节　乒乓球运动

一、乒乓球运动概述

乒乓球运动是由两名或两对选手，用球拍在中间放有球网的球台两端轮流击球的一种球类运动。

乒乓球运动于19世纪末起源于英国，最开始叫"table tennis"。从这个名字可以看出，网球运动是乒乓球运动的前身。1900年，出现了用赛璐珞制成的球，由于球与球拍撞击时发出"乒"的声音，而落到球台上时发出"乓"的声音，所以这种球又被称为"乒乓球"。

1903年，英国人古德发明了胶皮球拍，促进了乒乓球技术的发展。从1926年到1951年，世界各国选手大多使用表面有圆柱形颗粒的胶皮球拍，击球时增加了弹性和摩擦力，可以使球产生一定的旋转，因此出现了削下旋球的防守型打法。这种打法在欧洲流行了很长时间，不少运动员采用这种打法获得了世界冠军。20世纪50年代初，奥地利人发明了海绵球拍，日本运动员道德使用海绵球拍在世界比赛中取得了多项比赛的冠军。

1904年，上海一家文具店的老板从日本买回10套乒乓球器材。从此，乒乓球运动传入中国。中华人民共和国成立后，中国的乒乓球运动得到了迅速的普及和发展。1952年，中国加入国际乒乓球联合会。1959年，容国团在第25届世界乒乓球锦标赛上为中国夺得了第一枚金牌。从1959年至今，中国乒乓球队一直战绩辉煌，因此，乒乓球被视为我国的"国球"。

二、乒乓球运动的基本技术

（一）握拍

乒乓球拍的握法分为直拍握拍法和横拍握拍法两种。

1. 直拍握拍法（以右手握拍为例）

直拍握拍法如图10-1所示。以直拍快攻型握拍法为例进行说明。

图 10-1　直拍握拍法

(1) 拍前：以食指第二指节和拇指第一指节扣拍，拇指与食指之间的距离要适中。
(2) 拍后：其他三指自然弯曲，中指第一指节贴于拍的背面。

2. 横拍握拍法（以右手握拍为例）

动作要领如下：握拍时，虎口卡在拍柄两侧，中指、无名指和小指自然地握住拍柄，拇指在球拍的正面轻贴在中指旁边，食指自然伸直，斜放在球拍的背面，如图10-2所示。

图10-2　横拍握拍法

（二）基本站位

乒乓球运动员应当根据个人的打法来选择自己的基本站位，这样才有利于技术特长的发挥。一般来说，不同的运动员具有不同的打法，因此其基本占位也略有不同，以右手握拍为例进行说明。

(1) 左推右攻打法的运动员，基本站位在近台中间偏左。
(2) 弧圈球打法的运动员，基本站位在中台偏左。
(3) 攻削结合打法的运动员，基本站位在中台附近。
(4) 以削为主打法的运动员，基本站位在中远台附近。

（三）基本姿势

运动员在还击每一个来球之前，应当使身体保持正确的准备姿势，以便迅速起动抢占合理的击球位置，这样才能及时、准确地将球还击过去。

正确的基本姿势是（以右手握拍为例）：两脚开立，略比肩宽，提踵，前脚掌内侧用力着地，两膝微屈，上体略向前倾，重心位于两脚之间，下颌稍向后收，两眼注视来球，持拍的手臂自然弯曲，置于身体右侧，手腕放松，持拍于腹前，球拍离身体20～30厘米。

两脚开立，略比肩宽，是为了保持身体重心的稳定性；前脚掌内侧用力着地，两膝微屈，有利于迅速蹬地起动；提踵的动作对保证快速起动具有重要作用。

（四）发球与接发球

1. 发球

发球时，运动员可以凭主观意志站在任何位置，发出各种落点、弧线的球。高质量的发球可直接得分，还可以起到控制对方和破坏对方进攻的作用。发球由抛球和挥拍两个动作组成，抛球是前提，击球部位和挥拍决定发球性质和质量。

1) 正手平击发球

动作要领如下：左手将球向上抛起，同时右臂内旋，使拍面稍向前倾，向右后方引拍，当球从高点下降至稍高于球网时，击球的中上部向左前方发力，如图10-3所示。

2) 反手平击发球

动作要领如下：左手将球向上抛起，同时右臂外旋，使拍面稍向前倾，向左后方引拍，当球从

图 10-3　正手平击发球

高点下降至稍高于球网时,击球的中上部向右前方发力,如图 10-4 所示。

图 10-4　反手平击发球

3）正手发右侧上旋急长球

动作要领如下：左手将球向上抛起,同时右臂内旋,前臂、手腕自然下垂,肘关节高于前臂,向右后方引拍,当球从高点下降至差不多与球网等高时,击球的右侧向右侧上方摩擦,在接触球的一瞬间用拇指压拍,手腕从右后方向左上方抖动,如图 10-5 所示。

图 10-5　正手发右侧上旋急长球

4）反手发急球

动作要领如下：左手将球向上抛起,同时右臂外旋,使拍面稍向前倾,上臂自然靠近身体左侧,向左后方引拍,当球从高点下降至稍低于球网时,击球的左侧中上部,在接触球的一瞬间前臂加速向右上方横摆,用手腕控制球拍摩擦球,腰部配合向右转动,如图 10-6 所示。

图 10-6　反手发急球

5）反手发急下旋球

动作要领如下：左手将球向上抛起，同时右臂内旋，使拍面略向后仰，向腹前上方引拍，当球从高点下降至稍低于球网时，前臂加速向前下方推切，手腕同时稍外展，击球的中下部，如图 10-7 所示。

图 10-7　反手发急下旋球

2. 接发球

乒乓球比赛是从发球和接发球开始的，如果接发球质量不好，不仅会给对方较多的进攻机会，而且会引起自己心理上的紧张和畏惧，造成失误。反之，如果接发球质量好，不仅可以直接得分，而且可以破坏对方的抢攻，从而为自己的进攻创造有利条件。

1）选择站位

合理的站位，有利于提高接发球的质量。选择站位的方法如下。

（1）根据对方发球的站位来决定自己的站位。如果对方准备用正手在球台的右角发球，可能发出右方斜线或右方直线，考虑到右方斜线来球角度大，直线来球相对而言角度要小一些，接发球的站位应偏右一些；如果对方准备用反手在球台的左角发球，则接发球的站位应偏左一些。

（2）根据自己的习惯打法来决定基本的站位。正手进攻多的运动员，一般会站在球台的左角接发球，以利于直接侧身运用接发球抢攻；攻守结合的运动员，站位多在中路，且离球台稍远，以利于接发球时控制旋转和落点。

（3）针对不同的对手调整站位。例如，有的对手喜欢打相持球，就以发长球为主，我方站位要离球台稍远，但要留意突然性的近网短球；有的对手喜欢抢攻，就以发短球为主，我方站位应离球台稍近，但要防备对方以长球偷袭。

2）判断来球

及时、准确地判断来球是提高接发球质量的前提。

（1）根据对方发球时的拍面方向和挥臂方向判断来球的斜、直线。对方如果发斜线球，拍面方向向侧偏斜，手臂向斜前方挥动；对方如果发直线球，拍面方向则向前，手臂由后向前挥动。

（2）根据对方发球时球拍触球的移动方向判断来球的旋转性质，关键是观察对方球拍与球接触的瞬间球拍的移动方向，千万不能被对方的假动作迷惑。一般情况下，球拍从上向下移动是下旋；从下向上移动是上旋；从左向右移动是右侧旋；从右向左移动是左侧旋。

（3）根据对方发球时摆臂幅度的大小和手腕的用力程度判断来球落点的远近和旋转的强弱。一般来讲，摆臂幅度大的发球，其落点比较远，力量比较大，速度比较快；摆臂幅度小的发球则相反。如果对方在发球时手腕抖动得比较厉害，旋转就比较强，反之，旋转则比较弱。

3）接发球的方法

接发球的基本方法是由点、拨、带、拉、攻、推、搓、削等各种技术动作组成的。已经掌握了接发球的基本方法的优秀运动员可以根据自己擅长的打法和战术的需要,打破一般接发球的规律去回接对方的任何来球。

下面介绍接发球的一般规律和最基本的回球方法。

(1) 接下旋球。发过来的球速度较慢,触拍后向下反弹,用搓球回接时,要注意拍面后仰以增加向前上方的发力,用拉攻回接时,一定要增加向上提拉的力量。

(2) 接左(右)侧上旋球。回接时,拍面要稍向前倾,拍面所朝的方向应向左(右)倾斜以抵消来球的左(右)侧旋;向前下方用力要相对加大,防止球触拍时向右(左)上方反弹。

(3) 接左(右)侧下旋球。回接时,拍面要稍向后仰,拍面所朝的方向应向左(右)倾斜以抵消来球的左(右)侧旋;稍向上用力,防止球触拍时反弹。

(4) 接短球。回接时要注意及时向前移动,以迅速到达最佳的击球位置。无论采用哪一种方法回接短球,都应特别注意来球是在台内,受台面影响,引拍会受到阻碍,因此,要充分依靠前臂和手腕发力,同时要根据来球的旋转性质调节好拍面角度、击球部位、击球时间和用力方向。

(五) 攻球

乒乓球的攻球技术分为正手攻球、反手攻球、侧身攻球三种。

1. 正手攻球

1) 正手近台攻球

动作要领如下:全身协调用力(蹬地、转腰、移重心),以前臂发力为主,手腕辅助用力,击球点在身体右前侧,在触球的瞬间以向前打为主,略带向上摩擦。

2) 正手中远台攻球

动作要领如下:加大向右后方引拍的幅度,上臂带动前臂发力,身体其他部位协调用力。

3) 正手扣杀

动作要领如下:击球点离身体稍远,在高点期击球,击球的瞬间,整个手臂应用最大力量,并配合腰部转动及蹬地的力量。

4) 正手拉球

动作要领如下:身体重心略下降,右肩稍下沉,在下降前期击球,触球时应尽量增大摩擦球体的面积。

5) 正手台内突击

动作要领如下:击球前持拍手臂不宜伸得太直,用中等力量击球较为合适,应根据来球的旋转性质调节好拍面角度、击球部位和用力方向。

2. 反手攻球

1) 反手近台攻球

动作要领如下:击球过程中要注意收腹、转髋、转腰,以肘关节为轴心,以前臂发力为主,手腕有向前上方摩擦球的动作。选择适宜的击球点非常重要,击球点离身体太远或太近都难以发力。

2) 反手快拨

动作要领如下:上臂贴近身体,前臂迅速前伸迎球,用手腕控制使拍面前倾,借来球的反弹力将球拨回。

3）反手快拉

动作要领如下:根据来球的落点迅速移动,正对来球,击球过程中,注意收腹,以增大击球空间。

4）反手扣杀

动作要领如下:击球点不宜离身体太近,要通过整个手臂和腰的协调配合来增加击球的力量,在球拍接触球的瞬间用力要集中,避免仅用手腕弹击球。

3. 侧身攻球

动作要领如下:近台,两脚开立,约与肩同宽,左脚稍靠前,转腰将球拍引至身体右侧,在上升期击球的中上部,前臂主动向前上方发力,前臂内旋压拍,击球后顺势将球拍挥至前额。

（六）推挡球

推挡球是我国直拍快攻打法的基本技术之一,特别是在左推右攻打法中占有极其重要的地位。由于推挡球站位近,动作小,落点多变,速度快并具有一定的力量,所以在比赛中采用推挡球技术可以压制对方,为正手攻球和侧身攻球创造有利时机。

1. 挡球

挡球是推挡球技术的基础,动作要领如下:引拍时,上臂靠近身体,前臂前伸迎球,食指用力,拇指放松。

2. 加力推

动作要领如下:将球拍后撤上引,以增大用力距离,击球点适当离身体远一点,击球时间不宜过早或过晚,在击球的一瞬间要用全力。

3. 减力挡

动作要领如下:击球前前臂稍屈,使球拍保持合适的前倾角度,在触球的瞬间,在减小来球反弹力的同时,借来球的力量将球挡回去。

（七）削球

削球是乒乓球防守技术之一,具有球速慢、弧线长、球下旋等特点。

1. 远削

1）正手远削

动作要领如下:站位中台,左脚稍靠前,上体稍向右转,重心落于右脚,持拍手臂自然弯曲于腹前,顺着来球的方向向右上方引拍,拍面后仰,当球从球台上弹起时,持拍手从右上方向左前下方挥动,手腕向下转动,在右侧离身体40厘米处击中处于下降期的球的中下部,并顺势前送。

2）反手远削

动作要领如下:站位中台,右脚稍靠前,上体左转,重心落于左脚,持拍手臂自然弯曲于胸前,顺着来球的方向向左上方引拍,拍柄朝下,当球从球台上弹起时,持拍手从左上方向右前下方挥动,拍面后仰,在胸前偏左30厘米处击中处于下降期的球的中下部,并顺势挥至右侧下方。

2. 近削

动作要领如下:向上引拍比肩略高,根据来球的情况调节拍面后仰的角度,以前臂发力为主,手腕配合下压,击球后没有前送的动作。

3. 削弧圈球

动作要领如下:在下降后期触球,此时,球的旋转已减弱,击球点一般选在右腹前,并适当低一些,这样可以利用来球部分向上的反弹力形成自然的回球弧线,有利于提高削球的准确性。球拍接触球时,拍面不能过分后仰,应接触球的中下部。如果来球旋转较强,可使拍面竖直一些,并适当加大手臂向下压球的力量。

(八)搓球

搓球是近台还击下旋球的一种基本技术。由于回球路线较短,多在台内,因而可造成对方回球困难。

1. 慢搓

动作要领如下:根据来球的具体情况,控制好拍面的后仰角度,击球时,以前臂用力为主,转腕动作不宜过大。

2. 快搓

动作要领如下:身体重心前移,使身体靠近来球,前臂主动前伸插向球的中下部。快搓一般是借力还击,若来球下旋弱,可用力下切。

(九)步法

乒乓球运动的基本步法有以下几种。

1. 单步

动作要领如下:以一只脚为轴,另一只脚向前、后、左、右移动,身体重心随即落在移动脚上。

2. 跨步

动作要领如下:一只脚蹬地,另一只脚向移动方向跨出一大步,蹬地脚随后跟上半步,身体重心移到跨步脚上。

3. 并步

动作要领如下:一只脚先向另一只脚并一小步,另一只脚在并步脚落地后随即向来球方向移动一步。

4. 跳步

动作要领如下:来球异侧脚用力蹬地,两脚同时离地向来球方向跳起。

5. 交叉步

动作要领如下:以靠近来球方向的脚作为支撑脚,调整该脚使脚尖指向移动方向,远离来球方向的脚在体前交叉,向来球方向跨出一大步,身体随即向来球方向转动,支撑脚跟着向来球方向再迈一步,这是前交叉步。后交叉步是在体后完成交叉动作。

三、乒乓球比赛规则

(一)发球

发球时应注意以下几点。

(1)发球时,球应放在不执拍手的手掌上,手掌张开、伸平,球保持静止。

(2)发球员应用手将球垂直向上抛起,不得使球旋转,并使球在离开不执拍手的手掌之后上升不少于16厘米。

(3)当球从最高点下降时,发球员方可击球,使球先触及本方台区,然后越过球网触及对方台区。

(4)从抛球前球静止的最后一瞬间到击球时,球和球拍应在比赛台面的水平面之上。

(5) 击球时,球应在端线之后,但不能超过发球员身体(手臂、头、腿除外)离端线最远的部分。

(二) 还击

对方发球或还击后,本方运动员必须击球,使球直接越过球网,或触及球网后,再触及对方台区。

在单打中,首先由发球员合法发球,再由接发球员合法还击,然后两人交替合法还击。

在双打中,首先由发球员合法发球,接着由接发球员合法还击,然后由发球员的同伴合法还击,再由接发球员的同伴合法还击,此后,按此顺序轮流合法还击。

(三) 暂停比赛

在下列情况下可以暂停比赛。

(1) 裁判员要纠正发球、接发球次序错误时,应立即暂停比赛。
(2) 裁判员发现运动员应交换方位而未交换时,应立即暂停比赛。
(3) 警告或处罚运动员时,可以暂停比赛。
(4) 由于比赛环境受到干扰,以致该回合结果有可能受到影响时,可以暂停比赛。

(四) 得分

除被判重发球的回合外,下列情况下本方运动员得一分。

(1) 对方运动员未能合法发球。
(2) 对方运动员未能合法还击。
(3) 对方击球后,该球越过本方端线而没有触及本方台区。
(4) 对方阻挡。
(5) 对方连击。
(6) 对方用不符合规则的拍面击球。
(7) 对方运动员或其穿戴的任何东西使球台移动。
(8) 对方运动员或其穿戴的任何东西触及球网。
(9) 对方运动员不执拍手触及比赛台面。
(10) 双打时,对方运动员击球次序错误。

第二节　羽毛球运动

一、羽毛球运动概述

羽毛球运动是由印度的"浦那游戏"逐步演变而来的。该运动的雏形出现在19世纪中叶。当时在印度浦那,有一种类似于羽毛球的游戏开展得十分普遍,用绒线编织成球并插上羽毛,练习者手持木拍,将球在空中轮流击出。这项运动在英国驻印度军队中十分流行。

现代羽毛球运动开始于1873年。在英国伯明顿镇,有一位公爵,一天,他在他的庄园里组织活动,由于天气原因,不得不取消户外活动。应邀参加活动的人中有几位是英国驻印度军队的退役军人,他们建议进行"浦那游戏"。当时室内场地呈葫芦状,他们在场地中间拉了一根绳子代替球网,每局比赛只能有两人参加,有一定的分数限制,大家玩得非常开心。之后,羽毛球作为一种高雅的娱乐活动迅速传遍英国。

1893年,世界上的第一个羽毛球协会——英国羽毛球协会成立,并于1899年举办了全英羽毛球公开赛。

在1948—1949年举办的第一届世界男子羽毛球团体锦标赛中,马来西亚队荣获冠军。在1948—1979年间举办的11届世界男子羽毛球团体锦标赛中,印度尼西亚队夺得7次冠军,马来西亚队夺得4次冠军。20世纪60年代前期,中国队后来居上,1963年、1964年打败世界冠军印度尼西亚队,被誉为"无冕之王"(因为当时中国尚未加入国际羽毛球联合会,不能参加世界性锦标赛,直至1981年,中国才正式成为国际羽毛球联合会的成员)。

世界女子羽毛球团体锦标赛于1956年开始举行,前3届比赛的冠军均被美国队夺得。后来,优势逐渐转移到了亚洲。

二、羽毛球运动的基本技术

(一)握拍

握拍的方法正确与否,对掌握和提高羽毛球技术有着重要的影响。羽毛球拍的握法是多种多样的,但是基本的握拍方法有两种,即正手握拍法和反手握拍法。

1. 正手握拍法

动作要领如下:握拍时,先用左手拿着拍颈,使拍面与地面垂直,再张开右手(全部技术动作均以右手握拍为例进行说明),使右手的小鱼际肌靠在拍柄底托处,虎口对准拍柄内侧的小棱边,然后小指、无名指和中指并拢握住拍柄,小指和无名指在拍柄的末端应稍紧,保证球拍不脱手,食指与中指稍微分开,用食指和拇指轻轻地环扣住拍柄,如图10-8所示。

图10-8 正手握拍法

2. 反手握拍法

动作要领如下:在正手握拍法的基础上,拍柄稍向外转,食指收回,拇指第二指节紧贴在拍柄内侧的宽面上,其余四指并拢握住拍柄,手心与拍柄之间应有一个明显的空洞,如图10-9所示。

(二)发球

发球作为组织进攻的开始,其质量的好坏会直接影响运动员在比赛中的主动与被动。发球可分为正手发球和反手发球两种。不管采用哪种发球方式,都要求发球动作协调一致,落点及弧度准确、多变。运动员在比赛中要根据战术需要灵活运用各种发球技术达到战术目的。

图10-9 反手握拍法

1. 正手发球

1）正手发高远球

动作要领如下：发球时，左手将球举在身体的右前方并自然放下，使球下落，右手持拍通过大臂带动小臂，从右后方沿着身体向前并向左上方挥动，在球落到右手臂向前下方伸直能触到球的一瞬间，握紧球拍，利用手腕的力量向前上方发力击球，击球之后，球拍顺势向左上方挥动缓冲，如图 10-10 所示。

图 10-10　正手发高远球

2）正手发平高球

动作要领如下：发球的动作过程大致与正手发高远球相同，只是在击球的一瞬间，小臂加速带动手腕向前上方挥动，拍面向前上方倾斜，以向前用力为主。发平高球时要注意发出的球的弧线以对方接球时伸拍打不着球为宜，并且应发到对方场区底线处。

3）正手发平快球

动作要领如下：站位比发平高球稍靠后一些，充分利用前臂带动手腕向前用力，球直接从比对方的肩稍上的高度越过，直攻对方后场。

4）正手发网前球

动作要领如下：击球时，握拍要放松，大臂动作要小，主要靠小臂带动手腕向前切送，用力要轻。发网前球时应注意手腕不能有上挑的动作，另外，发出的球要贴网而过，这样可免遭对方扑杀。

2. 反手发球

反手发球是在身体的左前方用反拍面击球的一种发球方式，如图 10-11 所示。同正手发球一样，用反手同样能发出各种弧度的球。与正手发球相比，反手发球的动作更具有一致性、隐蔽性和突然性，因此，反手发球在比赛中，尤其是在双打比赛中被广泛采用。

10-11　反手发球

1) 反手发后场平高球

反手发后场平高球的步骤详述如下。

(1) 准备姿势。站位靠近前发球线,右脚在前,重心放在右脚上,左手拇指、食指、中指握住球的羽毛处,置于腹前,右手弯肘稍向上提起,用反手握拍,将球拍自然置于腹前持球手的后面,两眼正视前方。

(2) 击球。左手放球的同时,持拍臂的前臂内旋,由后向前挥动,击球时屈指收腕发力,用反拍面将球向前上方击出。

(3) 击球后的动作。以制动动作结束发力,并注意将握拍姿势迅速调整为正手握拍。

2) 反手发后场平快球

动作要领如下:与反手发后场平高球的动作基本相同,击球时,尽可能提高击球点,利用拇指的顶力迅速向前推进击球。

3) 反手发网前球

动作要领如下:与反手发后场平高球的动作基本相同,击球时,靠手腕和手指控制发球的力量,以斜拍面向前轻轻推进击球,使球贴网而过。

(三) 接发球

在比赛中,发球方总是想方设法地发出各种不同弧线的球,以此来控制对方;接发球方则后发制人,以达到反控制的目的。羽毛球比赛就是在这种控制与反控制的争夺中给人以刺激、乐趣。

1. 单打站位和准备姿势

单打站位一般是在离发球线 1.50 米处,在右发球区站在靠近中线的位置,在左发球区则站在中间的位置,这样站主要是为了防备对方直接进攻反手部位。一般左脚在前,右脚在后,双膝微屈,收腹含胸,身体重心放在前脚上,后脚脚跟稍提起,身体半侧对球网,球拍举在身前,两眼注视对方,如图 10-12 所示。

2. 双打站位和准备姿势

由于双打发球区比单打发球区短,发高远球容易被对方扣杀,所以双打发球多以发网前球为主。接发球时要站在靠近前发球线的地方。双打接发球的准备姿势和单打接发球的准备姿势基本相同,只是身体前倾更大,身体重心可前可后,球拍举得更高一些,在球飞行到最高点时击球。

图 10-12　单打接发球准备姿势

3. 接发各种来球

对方发来高远球或平高球时,可用平高球、吊球或杀球还击。一般来说,接发高远球是一次进攻的机会,还击得好,就可以掌握主动权。一些初学者常因后场技术没有掌握好,还击球的质量较差,以致遭到对方的攻击。

(四) 后场击球

1. 击高球

1) 正手击高球

动作要领如下:击球前,身体先半侧对球网,右脚在后,左脚在前,两脚尖均踮起,身体重心自然地落在右脚掌上。右手采用正手握拍法握拍,将球拍举到右肩侧上方,左手自然上举,两眼注视来球。当球下落到接近击球点高度时,右腿开始蹬伸,并以髋关节带动身体由右向左转动,做左腿后撤,右腿前迈的动作,胸部舒张,两侧肩关节外展,持拍臂的前臂向后移动,腰腹协调用力,上臂带动前臂利用伸肘关节、屈腕的力量,向前上方"甩臂"挥拍击球,如图10-13所示。

图 10-13　正手击高球

2) 反手击高球

动作要领如下:判断来球的方向和落点,迅速将身体转向左后方,移动到合适的击球位置,背对球网,并用反手握拍法握拍,最后一步用右脚前交叉跨到左后方,使球处于身体右上方,拍面朝上,击球时,以大臂带动前臂,通过手腕的闪动将球击出,击球后,转身,手臂回收,如图10-14所示。

图 10-14　反手击高球

3) 头顶击高球

动作要领如下:击球前的准备姿势以及击球动作与正手击高球基本相同,只是击球点偏左肩上方。准备击球时,侧身,稍向左后方向仰,击球时,大臂带动小臂使球拍绕过头顶,从左上方向前加速挥动球拍,注意利用手腕的爆发力以及蹬地收腹的力量击球,如图10-15所示。

图 10-15　头顶击高球

2. 吊球

1) 正手吊球

动作要领如下:击球前的动作与正手击高球基本相同。击球的一瞬间,前臂突然减速,通过手腕的闪动向前下方轻轻切击球托的右侧后下部,使球越过球网后即下落,击球后,手臂自然地回收到胸前。

2) 反手吊球

动作要领如下:击球前的动作与反手击高球基本相同,不同之处是前臂上摆,拇指内侧顶住拍柄,手腕向后甩腕闪动轻击球托的后下部,使球沿直线落到对方网前。

3) 头顶吊球

动作要领如下:头顶吊斜线球时,中指、无名指和小指屈指外拉拍柄,使球拍内旋,以斜拍面击球托的左侧部位;头顶吊直线球时,用球拍击球托的正中部位。

3. 杀球

1) 正手杀直线球

动作要领如下:用右脚起跳,身体后仰后收腹用力,靠腰腹带动上臂、上臂带动前臂、前臂带动手腕用力,以球拍正面击球托的后部,使球沿直线向前下方快速飞行,如图10-16所示。

图10-16　正手杀直线球

2) 头顶杀直线球

动作要领如下:挥拍击球时,要用全力向直线方向或对角方向下压。

3) 腾空突击杀直线球

动作要领如下:击球前,右脚在前,左脚在后,身体稍向前倾,屈膝,重心落在右脚上,准备起跳。起跳后,身体向右后方腾起,上身后仰,右臂向右上方抬起,右肩尽量后拉。杀球后,屈膝缓冲,右脚先着地,左脚后着地,如图10-17所示。

图10-17　腾空突击杀直线球

（五）前场击球

前场击球是羽毛球运动中一项非常重要的技术，熟练、合理地运用前场击球技术，可以使对方由主动变为被动，从而控制对方，给自己创造进攻的机会。前场击球技术包括：搓球、推球、扑球等。

1. 搓球

1）正手搓球

动作要领如下：身体侧对球网，右腿跨成弓箭步，重心放在右脚上，用正手握拍法握拍。击球前，前臂稍外旋，手腕闪动，搓击球的右下底部，使球旋转翻滚过网，如图10-18所示。

图 10-18　正手搓球

2）反手搓球

动作要领如下：击球前，前臂稍往上举，手腕前屈，手背约与球网同高，拍面低于网顶，以反拍面迎球，搓球时，主要靠前臂的前伸外旋和手腕由内收至外展的合力，搓击球的右侧后底部，使球旋转翻滚过网。

2. 推球

推球是指把对方击过来的网前球推击到对方后场两底角。

1）正手推球

动作要领如下：站在右网前，球拍向右侧前上方举起，在肘关节微屈回收时，前臂稍外旋，手腕稍向后侧，球拍也随之往右下后摆，拍面正对来球。这时，小指和无名指稍松开，使拍柄稍离开鱼际肌，拇指和食指向外捻动拍柄，使拍面更为后仰。推球时，用手腕和手指控制拍面角度，手腕由后伸至伸直并闪动，食指向前压，小指和无名指突然握紧拍柄，球拍急速地由右经前上至左挥动推球，使球飞向对方后场底角。

2）反手推球

动作要领如下：站在左网前，用反手握拍法握拍，前臂往前上方伸举，在前臂稍向左胸前收引，肘关节微屈，手腕外展时，球拍松握，以反拍面迎球。当前臂前伸并外旋，手腕由外展伸到伸直并闪动，中指、无名指和小指突然握紧拍柄，用拇指顶压，往右前方挥拍时，推击球托的左侧后部，使球沿对角线方向飞行。

3. 扑球

1）正手扑球

动作要领如下：右脚蹬步上网，身体右侧前倾，手举球拍于右肩上方，击球时，利用手腕由后伸到前屈收腕的力量，带动球拍向下扑球。如果球离网顶较近，靠手腕从右前向左前"滑动"击球。

2）反手扑球

动作要领如下：右脚跨至左前再蹬跳上网，身体右侧前倾，用反手握拍法握拍，将球拍举于左前上方。击球时,前臂伸直外旋带动手腕内收至外展,加速挥拍扑球。击球后,右脚着地屈膝缓冲,回收球拍于体前。

（六）中场击球

中场区是羽毛球比赛较为重要的场区,因为中场区是攻防转换的主要区域。控制好中场球可以为自己创造进攻的机会。

1. 挡网前球

1) 正手挡直线网前球

动作要领如下:移至右场边线,身体右倾,手臂右伸,前臂外旋,手腕外展。击球时,前臂内旋稍翻腕带动球拍由右下方向前上方推送击球,把球挡向直线网前。击球后,身体左转,面对球网,右脚上前一步,回收球拍于体前。

2) 反手挡直线网前球

动作要领如下:移至左场边线,身体左转前倾,右肩朝向球网,右肘弯曲,手腕外展,引拍至左肩前上方。击球时,以前臂带动球拍由左上方向左前方用拇指的顶力挥拍轻击球托,把球挡向直线网前。击球后,身体右转,面对球网,回收球拍于体前。

2. 挑高球

挑高球是指把对方击过来的吊球或网前球挑高回击到对方后场区,这是在比较被动的情况下采取的一种防守性技术。挑高球技术分为正手挑高球和反手挑高球两种。

3. 抽球

1) 正手平抽球

动作要领如下:两脚开立,右脚稍向右侧迈出一小步,上体稍向右倾,右臂向右侧上摆,球拍随着上举,肘关节保持一定角度,击球前肘关节前摆,前臂稍往后带外旋,手腕稍外展后伸,引拍至体后。击球时,前臂内旋,手腕伸直并闪动,手指抓紧拍柄,球拍从右后方往右前方高速平扫击球。击球后,球拍顺势向左边摆,左脚往左前方跟进一步,准备迎击下一次来球。

2) 反手平抽球

动作要领下:左脚向左伸出,身体随之转动,左脚脚尖指向边线,右脚随后马上随左脚向前迈,右肩朝向球网,用反手握拍法握拍。击球前,肘部稍上抬,前臂内旋,手腕外展,引拍至身体左侧。击球时,向右转髋,前臂外旋,手腕由外展伸到伸直并闪动,挥拍击球托的底部。击球后,球拍回收至身体右侧前方。

4. 快打

1) 正手快打

动作要领如下:两脚开立,右脚在前,左脚在后,半蹲,将球拍上举经过头顶往头后引至右侧下方。当判断来球是在头顶上方时,身体稍往前移,同时左脚往前跨一小步,使击球点在右肩的前上方。上臂向前上方抬起,肘部弯曲,前臂稍后摆带外旋,引拍于头后。击球时,前臂向前,手腕由后伸至前屈并闪动,挥拍击球托的后部,使球平直、快速地飞向对方中场区附近。击球后,球拍由左下方回举至前上方,准备迎击下一次来球。

2) 反手快打

动作要领如下:两脚平行站在左场区,重心在右脚上,举拍于身体右侧前方。当判断来球是在左场区时,右前臂往左摆,身体稍向左转至右肩朝向球网,左脚也往左侧迈一小步,前臂内旋,手腕外展引拍于左侧后方。击球时,前臂外旋,手腕伸直并闪动,手指突然握紧拍柄,前盖球托后部,使球比较平直地向前飞行。击球后,球拍由右下方回举至前上方,准备迎击下一次来球。

（七）步法

羽毛球运动员在单打比赛中,要在本方场区约35平方米的面积内来回奔跑并完成各种击球动作,如果没有快速而准确的步法,就会顾此失彼。羽毛球运动的常用步法有蹬步、跨步、腾跳步、交叉步、垫步、并步等,在这些步法的基础上形成了上网、后退、向两侧移动和起跳腾空等综合步法。

上右网前的步法如下：如果站位靠前,可采用两步交叉步上网,若站位靠后,则采用三步交叉跨步的移动方法,即右脚向右前方迈一小步,左脚接着前交叉迈过右脚,然后右脚顺着这一方向跨一大步到位。为了加速上网,还可采用垫步上网,即右脚向右前方迈一小步后,左脚快速跟进到右脚跟后,左脚掌内侧后蹬,右脚同时向右前方跨出一大步。

上左网前的步法与上右网前基本相同,只是方向相反。

向右侧移动的步法如下：两脚开立,右脚跟稍提起,上体稍倒向左侧,左脚掌内侧用力蹬地,右脚同时向右跨出一大步到位击球。

向左侧移动的步法如下：两脚开立,上体稍倒向右侧,右脚掌内侧用力蹬地,左脚同时向左跨出一大步到位击球。

三、羽毛球比赛规则

（一）记分规则

羽毛球比赛中,记分规则如下。

(1) 正式比赛中,每场均采用三局两胜制,除非另有规定。
(2) 一局比赛中率先得到21分的一方赢得该局比赛。
(3) 如果双方比分打成20∶20,率先领先对方2分的一方赢得该局比赛。
(4) 如果双方比分打成29∶29,率先取得30分的一方赢得该局比赛。
(5) 一局比赛的获胜方在接下来的一局比赛中率先发球。

（二）违例

发球时出现以下情况为违例。

(1) 过腰,即球的任何部分在击球的瞬间高于发球运动员的腰部。
(2) 过手,即在击球的瞬间,球拍顶端未朝下,整个拍框没有明显低于握拍手。
(3) 未先击球托,即在击球的瞬间,不是先击中球托部分。
(4) 不正当行为。一旦开始发球,双方站好位置,任何运动员不得做假动作,不得有意妨碍对方,不得故意拖延发球或接发球的准备时间。
(5) 发球方位错误,即发球时,发球运动员未站在应该站的发球区内发球。
(6) 顺序错误,即双打中,发球或接发球运动员,没有按照正确的顺序进行发球或接发球。

在比赛过程出现以下情况为违例。

(1) 连击,即同一运动员在击球时两次挥拍或连续两次击球,同队两名运动员连续各击球一次也算连击。
(2) 持球,即击球时,球停滞在球拍上,紧接着被拖带抛出。

(3) 过网击球,即球拍与球的接触点不在击球者一方。
(4) 触网,即运动员的球拍、身体或衣服触及球网或球网的支撑物。
(5) 妨碍对方,即阻挡对方紧靠球网的合法击球。

第三节　网　球　运　动

一、网球的概述

网球运动起源于12至13世纪法国传教士在教堂回廊里用手掌击球的一种游戏。起初的网球,只是两个半球填充草、树叶或头发等制成的,后来随着网球运动的不断发展,网球的制作也越来越讲究。

现代网球运动一般包括室内网球和室外网球两种形式。现代网球运动的历史一般是从1873年开始的。那年,英国人沃尔特·克洛普顿·温菲尔德将早期的网球打法加以改进,使其成为夏天在草坪上进行的一种体育活动,并取名"草地网球"。

1874年,在百慕大度假的美国女士玛丽·奥特布里奇在观看了英国军官的网球比赛后,对这项体育活动颇感兴趣,于是将网球规则、网球拍和网球带到纽约。在美国,网球运动最初是在东部各学校中开展的,不久后就传到中部、西部,进而在全美得到普及。此时网球运动已经由在草地上开展演变到可以在沙土上、水泥地上、柏油地上举行比赛,于是"网球(tennis)"的名称就慢慢替代了"草地网球(lawn tennis)"的名称。

1878年,第一次男子双打锦标赛在英格兰举行。1879年,第一次女子单打和混合双打比赛在爱尔兰举行。1884年,温布尔登增加了女子单打和男子双打锦标赛,1913年又增加了女双和混双锦标赛。

1881年,世界上出现了第一个全国性的网球协会,即美国全国草地网球协会("全国"两字于1920年取消)。该会于当年8月31日至9月3日在罗得岛纽波特港举行了第一届美国草地网球男子单打和男子双打锦标赛,采用了温布尔登的比赛规则,参加比赛的有26人。

1913年3月1日,由澳大利亚等12个国家的网球协会代表,在巴黎成立了国际网球联合会(ITF),主要负责协调国际网球活动,安排全年比赛日程表,修订网球规则并监督规则的执行情况。1919年,抽签采用"种子"制度。1927年,英国首创无缝网球,使球速加快。1945年开始,网球趋向职业化。1963年开始举办女子团体赛——联合会杯赛。1968年,温布尔登首先实行不区分业余选手和职业选手的参赛制度。1972年,国际男子职业网球选手协会成立。1973年,国际女子职业网球协会成立。

1896年在雅典举行的现代第一届奥运会上,网球男子单打与双打被列为正式比赛项目。后来,由于国际奥林匹克委员会和国际网球联合会在"业余运动员"问题上有分歧,已经连续进行了七届的奥运会网球比赛项目被取消。直到1984年的洛杉矶奥运会上,网球才被列为表演项目。到1988年的汉城奥运会上,网球重新被列为正式比赛项目。

二、网球运动的特点

(一)具有独特的健身价值

一场网球比赛,来回奔跑路程为5 000~10 000米,同时要对来球做出及时、准确的判断,并不时地进行前进、后退、左右移动、急停、猛扣等技战术的配合。这些对运动员的力量、速度、耐力、柔韧性和灵活性素质提出了较高要求。

(二)老少皆宜的运动

网球是隔网运动,与对手没有身体接触,从儿童到老人都可以根据个人情况从事网球运动的锻炼。长期坚持网球运动,对于少儿来说,可以促进骨骼的生长;对于青年人来说,可以健身美体、陶冶情操;对于老年人来说,可推迟衰老、保持精力旺盛。

(三)高雅的社交活动

网球运动以高雅、时尚、健康的特点风靡全世界,这是由它的运动特点和锻炼价值决定的。网球被誉为一项"高雅运动",一直以来深受各界人士的喜爱。打网球可以交流球技,增进友谊,开展社会交往活动。

(四)具有独特的欣赏价值

现代网球具有快、狠、准、变的特点,运动员的凌空跳跃击球、斜飞鱼跃救球等精彩的场面,令人回味无穷。此外,网球的欣赏价值还体现在场地设施、器械使用、运动环境的布局、网球服装的实用而美观等方面。

三、网球运动基本技术

(一)握拍法

1.拍柄各部位名称

网球拍柄是多边形的,有八个面。当球拍处在垂直于地面的位置时,拍柄的八个面分别称为上平面、下平面、左平面、右平面、左上斜面、右上斜面、左下斜面和右下斜面,如图 10-19 所示。

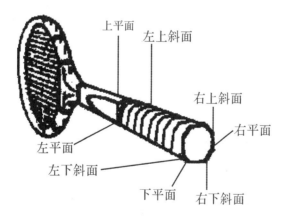

图 10-19 网球拍柄各部位名称

2.握法

常见的网球握拍方法有东方式握拍法、西方式握拍法、大陆式握拍法和双手握拍法等四种基本形式,每种基本形式中又有正手和反手两种握法。

1)东方式握拍法

东方式握拍法起源于美国东部,适合于红土球场,此握法已被业余选手和专业选手广泛采用。

①东方式正手握拍法。东方式正手握拍法与握手的姿势相似,大拇指与食指间的虎口呈"*"字形,对准拍柄上平面右侧与右上斜面交界的位置,手掌紧贴右平面,拇指自然弯曲,其第一指关节扣住拍柄左平面,食指与其他三个手指稍分开,从拍下平面绕过来,掌根与柏柄底部齐平。此种握法感觉到球拍如同手的延伸,而拍面是加长扩大了的手掌。东方式正手握拍法对初学者提高控制球拍的效果有好处。

②东方式反手握拍法。在东方式正手握拍法的基础上向左旋转约90°,虎口呈"V"字形,略偏左上斜面,食指关节在右上斜面的位置,手掌根紧贴左上斜面并与拍柄底部齐平。此握法有利于抽击任何高度的球。

2) 西方式握拍法

西方式握拍法起源于美国西部海岸加利福尼亚州一带,适用于硬地水泥球场。

①西方式正手握拍法。手掌虎口呈"V"字形,对准拍柄右上斜面的下缘,掌根贴住右下斜面与拍柄底部齐平,形象的说法就是"一把抓",即将球拍平放在地面上,再用手抓起来。此握法在击球时拍面略下倾,能产生强烈的上旋,"破网"效果很好。

②西方式反手握拍法。在西方式正手握拍法的基础上,手腕按顺时针方向转动,即手掌虎口呈"V"字形,位于拍柄的上平面和左上斜面的交接处,拇指第一指关节贴紧拍柄的左平面。简单地说,就是反拍柄上下平面颠倒过来,正反手用同一拍面击球,这也是西方式握拍法区别于其他握拍法最显著的特点。

3) 大陆式握拍法

大陆式握拍法起源于欧洲大陆,适用于草地球场,现在多用于上网截击、反拍削球、高压球和发侧旋球。

①大陆式正手握拍法。手掌虎口呈"*"字形,正对拍柄的左上斜面,大拇指压住左平面,食指关节握拍柄的上平面边缘和右上斜面的位置,掌根贴住上平面并与拍柄底部齐平。

②大陆式反手握拍法。手掌虎口呈"V"字形,位置与大陆式正手握拍法相同,不同之处在于大拇指略放松一些,而非紧扣拍柄。

4) 双手握拍法

双手握拍法是逐渐流行和普及起来的一种新式握拍法,尤其是双手反手握拍法被许多世界一流选手所采用。

①双手正手握拍法。通常以东方式正手握拍法为主体,另一只手于大陆式正手握拍法和东方式正手握拍法之间作为辅助性握法,因双手正手握法在步法上要比单手击球多跑一步,比较费力,故在比赛中很少有人采用。

②双手反手握拍法。双手反手握拍法介于东方式反手握拍法和西方式反手握拍法之间,使用东方式反手握拍法起辅助作用,这样可固定球拍,增强击球的力量。

(二) 发球

发球是比赛开始的第一个技术动作,是进攻的开始,也是唯一能由发球员自己支配而不受对方影响和干扰的技术。发球成功的关键在于变换发球的力量、速度、旋转和落点,攻击性越强,获胜的机会越大。

主要的发球技术有平击发球、切削发球和旋转发球三种。其中,旋转发球因技术难度大,对发球员要求较高,所以很少有人采用。

1.站位

发球员在端线后 7~10 厘米处自然、舒适和放松地站好,两脚分开与肩同宽,前脚与端线呈 45°角,重心放在后脚上,肩侧对球网,两脚的脚趾连线对着发球落点的区域。发球员在右区发球所站位置以靠近中线为佳,在左区发球应站在高中线约 1.5 米处。

2.抛球

发好球的关键是抛球,即要把球抛到可以最有效地击出去的那一点上。发球员要把握好手臂的惯性,使球平稳和缓地离开手指并垂直向上。正确的抛球点是球抛起后最高点大约在身体和握拍手臂充分伸展时球拍的顶部,并在球上升到最高点将要下降的一瞬间击球,过低或过高、过远或过近的抛球都会打乱发球的节奏。在抛球的过程中,发球员持拍的手臂同时做环形向后引伸动作。当后摆结束时,发球员持拍手屈肘抬起并外展,球拍下垂于背后,两膝微屈,腰呈反弓形,重心由后脚移向前脚。

3.平击发球

平击发球(见图 10-20)又称炮弹式发球。发球员用球拍中心平直击球,不带任何旋转,因此力量大、速度快,击球点在身体的右前方,身体重心同时跟进,使击球后的身体随同手臂挥动一起移到场内去。平发击球常用于第一发球。

图 10-20 平击发球

4.切削发球

切削发球是指发球员将球抛到右侧斜上方,球拍快速向右前方(朝着右边网柱)挥动,打在球的中部偏右侧,使它产生侧旋并以曲线轨迹进入发球区,造成对方回球有难度。它是初学者必须掌握的一种发球方法,简单易学,安全性高,常用于第二发球。握拍方法采用大陆式反手握拍法或东方式反手握拍法。

5. 旋转发球

旋转发球是比较难掌握的一种发球方法,因它比切削发球和平击发球需要更多的身体动作、手腕动作和较准确的击球时间。初学者和一般选手在掌握平击发球、切削发球之后再学习旋转发球。

旋转发球兼有侧旋和上旋两种性能,以曲线进入发球区,球常常在落地后弹离接发球员。抛球时,发球员应将球抛得稍向左一些,因为球拍要向上翻越过球,使球产生旋转,击球点较切削发球和平击发球低。

6. 发球常见错误及其纠正方法

(1) 向上抛球高度不够。训练者反复练习向上抛球动作,使抛出的球有合适的高度,然后站在发球位置练习连续发球。

(2) 抛球偏斜,球下落时常有偏左、偏右的现象。训练者反复练习向上抛球的动作,使抛出的球能较直地在右前上方升起和下落,然后站在发球位置用多球练习连续发球。

(3) 后摆没有下垂球拍,拍头向上直接拍击。训练者先徒手体会下垂球拍,使拍头在背后下垂,然后开始向前上方挥拍发球。待基本掌握后,再由下挥拍绕环至背后垂拍,然后伸臂挥拍将球发出。初学者可采用多球练习连续发球。

(4) 击球点选择不合适。教练员强调击球点的适宜高度,应在训练者身体垂直面右侧稍前的位置,高度略低于个人臂长加拍长,可徒手模仿发球动作,或用多球练习,重点注意选择合适的击球点。

(5) 上体过于后仰,发球经常失误。教练员强调发球时保持正确的姿势,训练者两脚前后开立,注视上抛的球,上体略仰,背后垂拍,在合适的击球点将球发出。训练者通过多次重复抛球,加强身体的协调配合能力。

(6) 发力过猛,失去控制。教练员强调大力发球时注意发球动作要领,特别是击球点,高度要合适,训练者在球拍触球瞬间,肘伸直,手腕突然发力,在挥拍速度最快时击球,然后迅速挥至身体左侧。大力发球要充分发挥全身的爆发力,但不能失去控球能力,可采用多球进行练习。

(三) 接发球

打好接发球的关键在于击球点是否在身体前面的齐腰部位,可通过变换调整握拍法、步法以及缩短球拍后摆动作等方面进行调整。因此,接发球技术应包括击球技术和战术意识两个方面。

1. 放松而又警觉地做好准备

大多数运动员在接发球时有紧张感,故而优秀运动员常用抖动手臂、大腿,或者转动手中的球拍来消除紧张的情绪,这些都是在起步接发球前自我放松的好办法。同时,接发球员应把注意力集中在发球员以及发球员即将抛出的球上,要保持头脑清醒,不要去理会其他运动员,也不要受场外的任何干扰。

2. 球动人动

接发球员要注意判断发球员抛球时拍面是平的还是有角度的,若拍面有角度即为切削发球,可准备向边上移动,也可以用耳朵听,因为平击球的声音要比旋转球大得多。当发球员已发出球时,接发球员踮起脚掌以减少身体惰性的影响,便于在判明来球时能及时地移动身体。

3. 早些向后拉拍

发球员的第一发球比一般的落地球的球速快、力量大,因此,接发球员要注意准备得更快些,当球一离开发球员的球拍时,马上就要做出判断,并尽可能快地完成后摆动作,为前挥动作创造良好的时机。

4. 减少后摆幅度

接发球员没有更多的时间对一个快速发来的球做出反应以及正常地后摆和击球,因此,必须根据来球减少后摆幅度争取良好时机把球打回去。

5. 用眼睛追踪球

接发球员从球离开发球员的手到它跳起将被球拍击到之时,其眼睛始终不能离开球。

6. 接发球之后要移动到位

接发球后,接发球员应该移到发球员可能回球的中心地区,随时准备在各个方位上回击发球员的来球。

(四)击球

击球由后引球拍、向前挥拍、球拍触球、随势挥拍四个部分组成。常用的击球基本技术方法有正手击球、反手击球、截击球、高压球、挑高球、放短球、反弹球等。

1. 正手击球

正手击球是网球技术中最基本的击球方法。如图 10-21 所示,当接发球员判断发球员来球是正手方向时,左手挥拍的同时双肩向右转,再辗动脚掌使左肩对着球网成侧身,右手快速平稳地向后拉拍,使拍头高于手腕并指向底线方向。准备就绪后,接发球员左脚向前跨出一步并前移重心,对准来球方向快速向前挥拍,身体重心从后脚移向前脚,主动迎上击球,此时手腕紧握拍柄,防止晃动而打出不稳定和力量不足的球。击球点在接发球员身体右前方,拍面垂直于地面,平行于球网,击球后,球拍立即随球的方向做较长的前挥跟随动作,此时才算完成了整个击球的技术动作。

图 10-21 正手击球

正手击球常见错误及其纠正方法如下:

(1)由于步法错误,妨碍重心移向击球方向。接发球员多做击球前正确上步的练习,击球动作完成后,要求重心随之移向击球方向。

(2)击球不及时或离身体太近,造成拍头垂落,接发球员挥拍呈垂钓状,可采用对墙练习或多球练习,掌握合适的击球点。球拍触球时,击球点要在前脚附近,并在体侧70~80厘米处。

(3)腕部力量不足,过分转动手腕。接发球员的击球动作不只是靠手腕,主要是靠手臂与转体的配合来完成,可通过在底线打深度球纠正错误的动作。

(4)挥拍动作始终在球的上方,而没有使球拍低于来球。这是由于后摆过高造成的,接发球员在击球时应练习掌握适宜的击球高度,保持在腰与肩之间,并使球拍略低于来球。接发球员可通过模仿动作和打自抛的落地球纠正错误的动作。

(5)抽击时膝盖过于挺直,而身体又过于弯曲。这是由于击球点太靠前造成的,接发球员可从练习正确的准备姿势做起,使膝部略微弯曲,而上体稍前倾,可通过对墙练习和打落地球来掌握正确的击球点。

2.反手击球

单手反手击球技术分为反手上旋球、反手平击球、反手下旋球和双手反手击球等。其中,反手上旋球既具有威胁力,又有较高的成功率。最好采用东方式握拍法,当接发球员决定对来球进行反手击球时,立即开始肩部的旋转,通过左手将球拍引向后面来加速后摆的动作,击球时侧身站立,两脚分开,确保击球手臂放松自然,击球点在身体的前方。反手击球如图10-22所示。

图 10-22 反手击球

双手反手击球是在端线附近抽击反手球时常用的方法。当接发球员判断发球员来球是反手方向时,移动到位的最后一步保持右脚在前,身体右侧朝来球方向,双手握球拍向左挥动,右臂弯曲,挥臂与转体动作配合,使球拍由低向高挥动,拍与球碰撞的击球点保持在髋部,两臂和髋部随着转动,拍面垂直或稍后仰,击球的中部位置。双手反手击球如图10-23所示。

图 10-23 双手反手击球

反手击球常见错误及其纠正方法如下:

(1)反手击球时左肩没有随着球拍击球方向转动。接发球员反手抽击应靠身体转动与挥拍共同完成动作,如果左肩没有转向击球方向,说明只是单纯挥拍而缺乏身体转动的配合。接发球员要练习转体带动挥拍,多打落地球,体会正确动作。

(2) 反手击球时肘部弯曲较大,导致球拍对着球向下摆动。接发球员反手抽击肘部过于弯曲,势必造成引拍过高,纠正时使前臂与上臂间的角度增大,就可以将拍头降低。接发球员可通过打自抛的落地球或打下降球予以纠正。

(3) 结束动作时球拍在身体右侧挥动的幅度不够大。接发球员多做反手抽击模仿练习,要求结束动作时上体右转,配合向右前上方挥拍,以增大随球前送的力量。

3. 截击球

截击球是指来球在落地前被凌空拦击,是网前技术中一种攻击性击球方法。它是单、双打比赛中网前取胜的关键。

截击球分为正手截击和反手截击两种,其握拍法最好采用大陆式正、反手握拍法(可避免换拍)。截击球的后摆动作不应过大,只是一个短促的向前撞击动作,而动作越短促越易打出质量高的球,击球点常在球的中下部,身体前方30~60厘米,距网前2.5~3米的位置主动向前迎击来球。

对高于网的来球,接发球员截击球时平击的成分多些,打出进攻性的力量较大的深球或斜线球;对低于网的来球,接发球员必须充分下蹲,保持拍头高于或平行于手腕,有利于身体重心的稳定。

截击球特别是上网截击时必须果断、快、狠、刁,因为在进行进攻性截击时,接发球员可能只有这一次机会得分,若不能置发球员于死地,反而会使发球员很容易突破接发球员的防线。

截击球常见错误及其纠正方法如下:

(1) 后摆过大。队员用转体附加后摆的动作,可防止后摆过大的现象,可采用一人在网前截击,两人在底线连续抽球的方法练习,也可采用多球练习。

(2) 手腕力不足,难以有力地截击来球。队员在球拍触球的瞬间,应增大手腕握力,同时伴以转体压球的动作。队员在网前进行一对二方法的练习,或采用多球练习。

(3) 截击球没有靠身体帮助压球,而是靠手腕。队员截击球时多靠身体转动带动球拍压球,球拍触球瞬间要紧握球拍。队员可对墙进行连续击空中球的练习,或采用多球练习。

4. 高压球

高压球就是回击对方挑来高球的一种击球方法,多用在网前,它像是跳起发球的打球。当自己上网时,对方挑高球破上网,这时多在头部上空用扣杀动作还击来球,有时在底线附近对落地后弹得很高的球也用高压球。

高压球多采用大陆式正手握拍法。根据来球的高低程度不同,高压球可分为原地高压、跑起高压和后退高压。

高压球常见错误及其纠正方法如下:

(1) 击球时没有移动到球的下落处击球。队员应提高视线随球移动的能力,准确判断球的落点。进行连续还击高压球的练习,注意要移动到球的下落处再打高压球。

(2) 打高压球时身体过分前倾或后仰,完全依赖手腕的运动。队员不仅要靠手腕来压球,而且要靠身体协调配合,身体过分前倾或后仰,容易失去平衡。队员应进行多球练习,选好击球点,身体协调配合,打好高压球。

(3) 没有看清球的位置,击球点太低或打高压球时有低头的现象。队员应加强训练视线随球移动的能力和判断预测的能力,进行多球练习改进技术,且击球时不要低头。

5. 挑高球和放短球

挑高球不仅是被迫使用的防御战术,对任何高水平的对手也是一种"可怕的武器"。挑高球可分为进攻性挑高球和防御性挑高球两种。当对方上网时,可用以迫使对方后退,采用飞行弧度大于防御性挑高球的弧度,将球挑到后场较深处,使对方没有时间跑回去将球救起来,这种挑高球得分的机会很大。防御性挑高球经常是击球队员处于被动状态时,利用挑高球来延长球在高空的时间而迅速调整恢复到有利的位置。

放短球一般是在网前的击球队员突然回击近网短球,使活动于底线的对手来不及还击。此外,也可用来使不善于网前击球的对手上网而受困。放短球要求击球队员多用手腕动作,带有削击性质。放短球的方法是要求拍面接触球的瞬间手腕放松拍面,轻轻地削击球的侧下面,使球产生侧下旋转。

挑高球和放短球常见错误及其纠正方法如下:

(1)动作不够隐蔽,过早地将球拍朝天,使对手有准备。要求训练者击球前的准备动作和抽击一样,拍面与地面垂直,击球时拍面突然朝天的意图不可过早地暴露。

(2)有时球挑得不够高、不够深。要求训练者将球挑到底线附近,挑高球时把目标瞄准对手的底线部位,而且尽量往高处挑。

(3)短球放得过高、过长。训练者击球前的后摆动作不宜过大,在球拍触球的一瞬间,手腕用力,使球强烈地下旋,挥拍动作要短。

6. 反弹球

反弹球是指在来球刚落地弹起上升的初期,球还未跳至最高点之前,击球队员在较低的击球点处击球。反弹球常常是击球队员在被动时来不及后退抽击,又来不及上前截击的情况下使用。反弹球可分为轻击反弹球、推击反弹球和抽击反弹球三种。按照网球拍面不低于手腕的原则,击球队员两腿弯曲要大,并注意尽量避免上体过于前倾。打反弹球时,击球队员挥拍运动要求短而快速,并有向前推送球的动作。

反弹球常见错误及其纠正方法如下:

(1)找不准击球点。队员的膝部要弯到与球刚弹起离地很近的位置,以便迎击来球。

(2)处理不好球,落网多。队员要有良好的灵敏性和精确的判断能力,准确地掌握时间,反弹球具有高度技巧的动作组合,队员一定要反复实践、耐心学习。

(五)步法

对网球运动来说,步法是手法的保证。在比赛中,运动员的跑动是否迅速,步法是否灵活、合理是获得优胜的重要因素之一。步法练习成为网球中最重要的基本功之一。网球的主要步法有开放式步法、闭锁式步法、滑步、左右交叉步法和向侧后移动交叉步法等。

1. 开放式步法

开放式步法是正手击球时常见的站位。击球队员以右脚为轴,向右转体转肩,左脚向右前方跨出,与端线约呈45°角,使左肩对网,跨出的左脚较右脚仍在偏左侧的场地,身体呈开放姿势。

2. 闭锁式步法

闭锁式步法是反手击球时常见的站位。击球队员以开立的准备姿势起动,以左脚为轴,向左转体转肩,右脚向左前跨出,步幅较大,超过左脚落左侧的场地,使右肩对网,甚至使右肩胛骨对网,身体呈闭锁姿势。

3.滑步

滑步是指击球队员面对球网两脚可左右滑步移动,向左移动时蹬右脚,先移动左脚,再跟右脚;向右移动时蹬左脚,先移动右脚,再跟左脚。

4.左右交叉步法

在底线的正反手击球中经常运用左右交叉步法。击球队员向右移时,脚掌向右移动,左脚先向右前方跨一步,交叉于右脚前,同时向右转体进右脚,再进左脚。击球队员向左移动时,方法与向右移动时相同,方向相反。

5.向侧后移动交叉步

在打高压球时常运用向后侧移动交叉步法。击球队员向右侧后移动时,先向右侧后方移动右脚,同时向右后转体,接着左脚向右后跨步,再用交叉步向左后方跑动;向左侧后方移动时,方法相同,方向相反。

(六)网球的练习方法

1.发球练习

(1)队员采用不同的握拍法进行正、反手的挥拍练习。

(2)两人一组,一人投球,一人击球。

(3)队员进行抛球挥拍练习。队员先原地抛球,让球自然落在离左脚前面约30厘米处,抛球高度为自己踮起脚尖,握拍手臂向上充分伸展时的球拍顶部位置,掌握后,再配合挥拍动作,但不击球,主要体会两手的配合动作。

(4)队员进行挥拍练习,教练员重点检查队员挥拍的搔背动作和击球时的扣腕动作是否正确到位。

(5)队员进行对墙发球练习,距墙约12米,将球发向墙区域,高度在1～1.3米之间。

(6)队员进行发球练习,并由盲目地发球转向有目标地发球。

2.击球练习

(1)选择适宜的距离,队员进行轻击球、快速击球、击反弹球、击高压球等对墙练习。

(2)一人在对面场地上送球,其余队员轮流在场内将来球击回对方场内的多人连续场内接回击球练习。

(3)一对一进行击球练习。

(4)二对二进行击球练习。

3.步法练习

随着击球技术动作的逐渐熟练、完善,队员可以有意识地控制击球的方法和落点。同时,队员还要注意合理运用脚下步法。

(1)队员在网球场上做以中点为始点,分别跑向半场内的各个对角线再折回中点的折回跑练习。

(2)向前、后、左、右做各种击球的挥拍步法练习,可一人或数人同时做此练习。

(3)队员手持球拍做前冲、后退练习。

(4) 甲乙两人面对面站立，相距 2~3 米，甲掷地滚球，乙用侧滑步和交叉步快速移动接球，然后传给甲，甲连续向不同方向和不同距离抛球，直到乙十分疲劳为止。

(5) 队员进行单脚跳、双脚跳、移动的单脚交替跳等跳绳练习。短时间快速跳能训练脚步的灵活性，长时间跳绳能提高耐力和髋关节的力量。

四、网球运动的基本战术

就战略战术而言，对不同水平的网球选手有不同的要求。另外，场地地面条件（如沙土地、硬地等）、环境条件（如风、阳光、室内、室外等）以及心理因素等都决定了对不同战略战术的要求。

(一) 单打的基本战术

(1) 正确处理好稳定性击球和冒险性击球的关系。比赛中，运动员击球的目的是使对方失误，在早期练习中，以稳定性为主，提高击球的成功率，避免无故失误，当自己的信心和技能提高后，再将注意力集中在击球的落点上，试着打一些可控制的威胁性很大的球。

(2) 了解对方，争取主动。了解对方的握拍方法、正反手击球的特点、站位习惯、击球线路、击球力量、年龄及体力情况、心理素质等。了解对方后，制订出自己的比赛战术。

(3) 积极调动对方，寻找有利空当。采用大角度拉底线战术，使对方在左右跑动中接球。

(4) 攻击对方反手。加大力量攻击对方反手，迫使对方逐步离开场区的位置，掌握主动。

(5) 发球后立即上网。

(6) 阻止对方发球上网。最有效的方法是在对方上网跑动过程中把球击向其脚部。如果对方已占据了网前有利的位置，则可把球直线击向对方所在发球区边线附近，斜线击向右发球区边线附近，挑高球，击向对方左底线附近。

(7) 接发球后快速上网截击。当对方发球力量不大、角度不刁、旋转速度慢时，把球用力击到对方后场，随即上网截击。

在单打战术的运用上，要善于抓住对方的弱点，力争牵住对方，使对方随着自己的节奏变化而变化，不要被对方牵着。

(二) 双打的基本战术

双打战术与单打战术主要有以下几点区别。

(1) 击球的路线和落点不同。以单打底线战术为例，在慢速场地和女子网球比赛中流行的战术是以正反拍抽击直线深区为基本路线和落点来组织进攻的。而双打由于两人并肩站位，有效的击球路线和落点多为中路和小斜线。高水平的双打有时会拉开对方，攻中间空当，把球打到对方脚下，迫使对方从下向上击球，从而抓住时机抢截击，有时落点比力量更重要。

(2) 战术的特点与分类不同。单打战术可以简单地分为底线型、网前型和综合型。双打比赛中发球局几乎是清一色的网前型，两人不利用发球抢攻夺下发球局，想在接发球时反攻就比较困难。但是，接发球也要全力反扑，伺机上网，争取主动。

(3) 击球的方式不同。双打需要更全面的技术，凌空击球的次数明显增加，并出现许多高难技术,如接发球破网、接发球挑高球、反弹球、截击挑高球和放小球等。

(4) 双打比赛的发球局得胜率比单打比赛高。双打比赛中,发球局有一人先占据了网前进攻位置,加上发球者大力发球进攻,使得发球方得胜概率增多。在势均力敌的较量中,局数战至4平,应避免发球失误,不然很难挽回败局。

五、网球运动的主要规则

(一) 网球比赛场地

网球场地可分为草地、硬地、土地和塑胶场地。场地长23.77米,单打端线长8.23米,双打端线长10.97米,网的中部高0.914米,网的两侧高1.07米,全场除端线可宽至10厘米外,其他线宽2.5~5厘米,各区丈量除中线(长10厘米、宽5厘米)外,都从各线的外沿计算。单打网球场地图如图10-24所示,双打网球场地图如图10-25所示。

球的直径为6.35~6.67厘米,质量为56.7~58.47克,弹力为从2.54米高处自由落下,在平硬地上弹起1.346~1.473米。

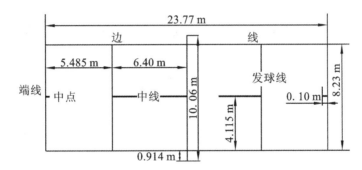

图10-24 单打网球场地图

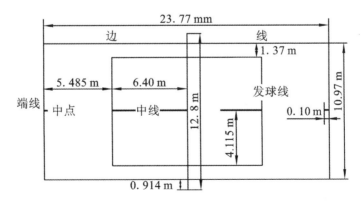

图10-25 双打网球场地图

(二) 网球的主要规则与裁判法

1.发球前的规定

发球员应站在端线后、中点和边线的假定延长线之间的区域里,用手将球向空中抛起,在球触地前用拍击球。

2. 发球时的规定

发球员在整个发球动作中不得通过行走或跑动改变原来站的位置,两脚只准站在规定的位置,不得触及其他区域。

3. 发球员的位置

(1) 每局开始先从右区端线后发球,得或失 1 分后,应换到左发球区。

(2) 发出的球应从网上越过,落到对角的对方发球区内或其周围的线上。

4. 发球失误

发球失误可分为以下几种情况:未击中球;发出的球落地前触及固定物(球网、中心带和网边白布除外);违反有关发球站位的规定。发球员第一次发球失误后,应在原发球位置进行第二次发球。

5. 发球无效

发球触及网后仍然落到对方发球区内,接发球员未做好准备,均应重发球。

6. 交换发球

第一局比赛终了,交换发球,以后每局终了均依次互相交换直至比赛结束。

7. 交换场地

双方应在每盘的第一、三、五等单数局结束后,以及每盘结束双数局数之和为单数时,交换场地。

8. 失分

发生下列任何一种情况,均判失分:

(1) 在球第二次着地前未能还击过网。

(2) 还击的球触及对方场区界线以外的地面、固定物或其他物件。

(3) 还击空中球失败。

(4) 故意用球拍触球超过一次。

(5) 运动员的身体、球拍在发球期间触及球网。

(6) 过网击球。

(7) 抛拍击球。

9. 压线球

落在线上的球都算界内球。

10. 双打发球次序

每盘第一局开始时,由发球方决定由何人首先发球,对方则同样地在第二局开始时,决定由何人首先发球。第三局由第一局发球员的同伴发球。第四局由第二局发球员的同伴发球。以下各局均按此次序发球。

11. 双打接球次序

先接球的一方,应在第一局开始时决定何人先接发球,并在这盘单数局继续先接发球。对方同伴应在第二局开始时决定何人先接发球,并在这盘双数局继续先接发球。每方队员应在每局中轮流接发球。

12.双打还击

接发球后,双方应轮流由其中任何一名队员还击,如队员在其同伴击球后,再用球拍触球,则判对方得分。

13.网球计分方法

(1)胜一局。每胜一球得 1 分,先胜 4 分者胜一局。双方各得 3 分时为平分,平分后净胜 2 分为胜一局。

(2)胜一盘。一方先胜六局为胜一盘。双方各胜五局时,一方净胜两局为胜一盘。

(3)决胜局计分制。在每盘的局数为 6 平时;采用长盘制时,一方净胜两局为胜一盘;选用短盘制时(决胜盘除外,除非赛前另有规定),先得 7 分者为胜该局该盘(若比分为 6 平时,一方须净胜 2 分);发球员发第 1 分球,接发球员发第 2、3 分球,然后轮流发两球,直至比赛结束;第 1 分球在右区发,第 2 分球在左区发,第 3 分球在右区发;第 4 分球和决胜局结束都要交换场地。

第十一章 健美操运动

第一节 健美操概述

一、健美操的概念

健美操是在音乐伴奏下运用各种不同类型的动作,融体操、舞蹈、音乐于一体的运动项目。健美操既是健身美体、陶冶情操的大众化健身方式,又是一种竞技运动项目。

根据健美操的目的和任务的不同,可以将其分为健身健美操和竞技健美操两大类。健身健美操以健身为目的,旨在全面活动身体,锻炼身体。竞技健美操则以竞技为目的,有特定的比赛规则和评分方法,对人的身体素质和艺术表现能力有较高的要求。

二、健美操的特点

1. 健身美体的实效性

健美操是根据人体解剖学、运动生理学、体育美学等多个学科的理论编排而成的,它的动作内容丰富,形式多样,每个动作都具有针对性,对人的身心的影响较为全面。因此,参加健美操运动可收到健身美体的实效。

2. 鲜明的节奏感和韵律感

健美操必须在音乐伴奏下进行练习,音乐是健美操的灵魂。健美操的音乐节奏鲜明,风格热情、奔放。节奏鲜明易于使练习者随乐起舞,风格热情、奔放能使练习者产生一种轻松、愉快的感觉。练习者通过参加健美操运动,既可以得到美的享受,又可以提高协调性,增强节奏感、韵律感和表现力。

3. 广泛的群众性

健美操不受年龄、性别、身体素质、场地、器材等条件的限制,易于开展,安全有效,具有广泛的群众性。

三、健美操的锻炼价值

健美操除了具有增强体质、提高身体素质等其他体育项目都具有的功能外,还具有独特的锻炼价值。

1. 塑造健美的形体,提高艺术素养

健美操动作频率较快,跳跃动作较多,讲求力度,运动量较大,因而有利于消除体内多余的脂肪,在减少多余脂肪的同时发展某些部位的肌肉,从而塑造健美的形体。此外,健美操是具有艺术性的运动项目,长期参加健美操运动既可以增强韵律感和节奏感,提高音乐素养,也可以提高认识美、鉴赏美、表现美、创造美的能力。

2.陶冶情操,改善精神面貌

健美操是在音乐伴奏下进行的身体练习,音乐给健美操带来了生机。人们在欢乐的气氛中进行锻炼,心情愉快,不易疲劳,还可以清除紧张的情绪。在这种使人的心灵得到净化,情操得到陶冶,身心得到全面发展的活动中,人的精神面貌会有所改善,集体配合练习还有助于增进友谊,增强团队意识。

第二节 健美操基础训练

健美操的基本动作正确与否,不仅会影响人的健美姿势,还会影响动作的难易程度和锻炼效果。正确的姿势,对人体的骨骼和肌肉的生长发育,以及内脏器官的正常活动十分重要。正确掌握健美操的基本动作,可建立健美操的基本概念,提高动作的协调性。健美操的基本动作包括头颈部动作、肩部动作、上肢动作、胸部动作、腰部动作、髋部动作、下肢动作等。

一、手型

下面介绍三种基本手型。

(1) 分掌:五指用力分开,手腕保持一定的紧张程度。

(2) 合掌:五指并拢伸直。

(3) 拳:五指弯曲紧握,大拇指压在食指上。

二、身体各部位的基本动作

1.头颈部动作

头颈部动作包括以下几种。

(1) 屈:指头颈部关节弯曲,包括前屈、后屈、左屈、右屈。

(2) 转:指头颈部绕身体垂直轴转动,包括左转、右转。

(3) 绕:指以颈为轴,头部做弧形运动,包括左绕和右绕。

(4) 绕环:指以颈为轴,头部做圆形运动,包括左绕环和右绕环。

头颈部动作的要求是:上体保持正直,头颈部移动的方向要准确。

2.肩部动作

肩部动作包括以下几种。

(1) 提肩:指肩胛骨做向上的运动。

(2) 沉肩:指肩胛骨做向下的运动。

(3) 绕:指以肩关节为轴做弧形运动。

(4) 绕环:指以肩关节为轴做圆形运动。

肩部动作的要求是:提肩时要尽力向上,沉肩时要尽力向下,动作幅度大而有力,绕肩时上体不能摆动,颈与头不能前探。

3. 上肢动作

上肢动作包括以下几种。

(1) 举:指以肩为轴,臂的活动范围不超过180°而停止在某一部位。

(2) 屈:指肘关节有一定的弯曲,包括胸前屈、胸前平屈、肩侧屈、肩侧上屈、肩侧下屈、腰间屈、头后屈,如图9-1所示。

(3) 绕:指以肩关节为轴,单臂或双臂向内、外、前、后做弧形运动。

胸前屈　胸前平屈　肩侧屈　肩侧上屈　肩侧下屈　腰间屈　头后屈

图 11-1　上肢动作(屈)

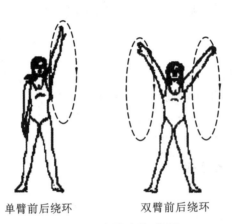

单臂前后绕环　　　双臂前后绕环

图 11-2　上肢动作(绕环)

(4) 绕环:指以肩关节为轴,单臂或双臂向前、后、内、外做圆形运动,如图9-2所示。(5) 振:指以肩为轴,臂用力摆至最大幅度,包括上举后振、下举后振、侧举后振,如图11-3所示。

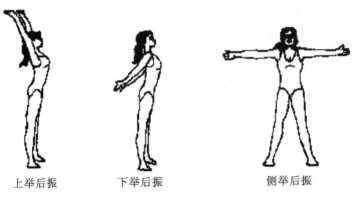

上举后振　　下举后振　　侧举后振

图 11-3　上肢动作(振)

(6)旋:指以肩或肘为轴,臂做内旋或外旋动作,如图11-4所示。
上肢动作的要求是:上体保持正直,位置要准确,幅度要大。

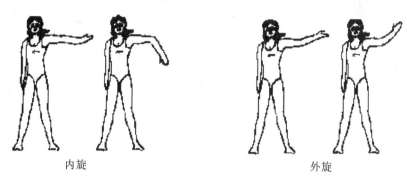

内旋　　　　　　　　　　　外旋

图11-4　上肢动作(旋)

4.胸部动作

胸部动作(见图11-5)包括以下几种。

(1)含胸:指两肩内合,缩小胸腔。

(2)挺胸:指两肩外展,扩大胸腔。

(3)移胸:指髋部固定,胸向左或向右水平移动。

胸部动作的要求是:动作要做到最大幅度。

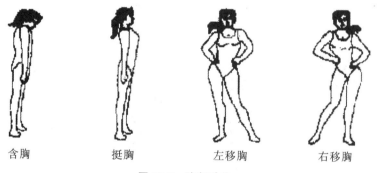

含胸　　　挺胸　　　左移胸　　　右移胸

图11-5　胸部动作

5.腰部动作

腰部动作(见图11-6)包括以下几种。

(1)屈:指下肢不动,上体沿水平轴运动,包括前屈、后屈、左侧屈、右侧屈。

(2)转:指下肢不动,上体沿垂直轴扭转,包括左转、右转。

(3)绕:指下肢不动,上体沿垂直轴做弧形运动,包括左绕、右绕。

(4)绕环:指下肢不动,上体沿垂直轴做圆形运动,包括左绕环、右绕环。

腰部动作的要求是:身体远端尽力向外延伸,幅度要大。

6.髋部动作

髋部动作(见图11-7)包括以下几种。

(1)顶髋:指髋关节做急速的水平运动,包括左顶、右顶、前顶、后顶。

(2)提髋:指髋关节快速地向一侧上提,包括左提、右提。

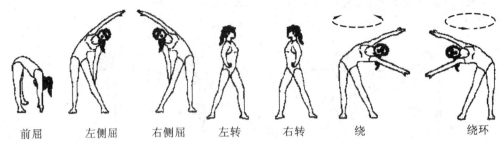

| 前屈 | 左侧屈 | 右侧屈 | 左转 | 右转 | 绕 | 绕环 |

图 11-6　腰部动作

（3）绕：指髋关节做弧形运动，包括左绕、右绕。
（4）绕环：指髋关节做圆形运动，包括左绕环、右绕环。
髋部动作的要求是：动作要平稳、柔和、协调，并且稍带弹性。

| 左顶 | 右顶 | 前顶 | 后顶 |

| 左提 | 右提 | 绕 | 绕环 |

图 11-7　髋部动作

7. 下肢动作

下肢动作包括以下几种。
（1）滚动步：两脚交替做由脚尖至全脚掌依次落地的动作。
（2）交叉步：一脚向另一脚前或后交叉行进。
（3）跑跳步：两脚交替进行，跑后的支撑阶段有一个跳的动作。
（4）并腿跳：双腿并拢，直膝或屈膝跳。
（5）侧摆腿跳：单腿跳起，同时另一腿向侧摆动。

下肢动作的要求是：跳跃要轻松，要有弹性，注意呼吸的配合。

第三节 大学生健身健美操

大学生健身健美操是专门为大学生编排的一套现代健美操,吸取了现代舞、迪斯科的精华,整套操活泼、欢乐、节奏感强、动作优美、柔中有刚,能充分展现当代大学生的青春魅力。大学生健身健美操共有58个八拍,运动强度达到了健身要求,对提高大学生的身体机能具有较好的作用。

预备姿势:两脚开立,两臂自然下垂,低头。

第一节:热身运动

第一个八拍(见图11-8)的动作如下。

1~4拍:两臂经侧至上举(五指分开,掌心向前),低头。

5~8拍:抬头,同时半蹲,两臂屈肘下落合掌至胸前(五指并拢,指尖向上)。

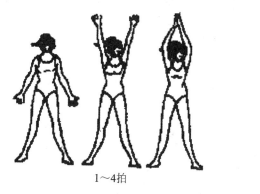

图11-8 热身运动的第一个八拍

第二个八拍(见图11-9)的动作如下。

1~2拍:重心移至左腿,右脚脚尖点地,同时左臂经胸前平屈至侧上举(五指分开,掌心向前)。

3~4拍:重心移至右腿,左脚脚尖点地,同时右臂经胸前平屈至侧上举(五指分开,掌心向前)。

5~8拍:半蹲,同时两臂屈肘下落合掌至胸前(五指并拢,指尖向上),抬头。

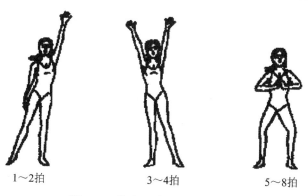

图11-9 热身运动的第二个八拍

第三个八拍(见图 11-10)的动作如下。

1 拍:右脚向左前一步,同时两膝微屈,右臂上举(五指分开,掌心向前),抬头。

2 拍:左腿侧伸,脚尖点地成右弓步。

3~4 拍:腿的动作同 1~2 拍,方向相反,同时右臂经胸前平屈向下伸直(五指分开,掌心向内),目视前方。

5~6 拍:腿的动作同 1~2 拍,两臂经前摆至侧举(五指分开,掌心向前)。

7~8 拍:左脚向右前一步交叉转体 360°,两臂置于体侧。

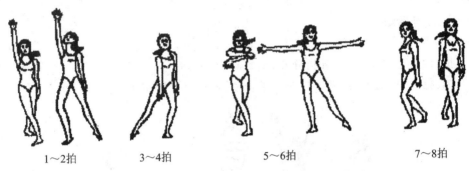

图 11-10　热身运动的第三个八拍

第四个八拍(见图 11-11)的动作如下。

1~6 拍:左脚起动原地踏步,直臂前后摆动,臂与身体的夹角约为 45°(握拳,拳心向后)。

7 拍:左脚向左一步,同时两臂置于体侧。

8 拍:右脚向右一步,两脚开立。

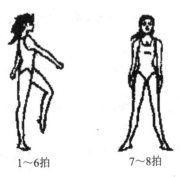

图 11-11　热身运动的第四个八拍

第二节:头部运动

第一个八拍(见图 11-12)的动作如下。

1~2 拍:半蹲,抬头,左臂前举(立腕,五指并拢)。

3~4 拍:低头。

5 拍:头左转,同时左臂摆至侧举。

6 拍:两腿伸直,同时头右转 180°。

7 拍:头还原。

8 拍:左臂还原至体侧。

第二个八拍的动作同第一个八拍的动作,方向相反。

图 11-12 头部运动的第一个八拍

第三个八拍(见图 11-13)的动作如下。
1～2 拍:半蹲,同时头向左屈。
3～4 拍:两腿伸直,同时头向右屈。
5～8 拍:头经后向左绕环一周后还原。
第四个八拍的动作同第三个八拍的动作,方向相反。

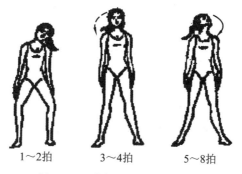

图 11-13 头部运动的第三个八拍

第三节 肩部运动

第一个八拍(见图 11-14)的动作如下。
1～2 拍:左腿向前屈膝,脚跟提起,同时左肩上提。
3～4 拍:左腿还原,同时左肩还原。
5～6 拍:动作同 1～2 拍,方向相反。
7～8 拍:动作同 3～4 拍,方向相反。
第二个八拍(见图 11-15)的动作如下。
1～2 拍:左腿屈膝成左弓步,同时双肩向后绕环一周。
3～4 拍:右腿屈膝并于左腿,同时双肩向后绕环一周。
5～6 拍:右脚向侧一步成半蹲,同时双肩向前绕环一周。
7～8 拍:两腿伸直,同时双肩向前绕环一周。
第三个八拍的动作同第一个八拍的动作,方向相反。
第四个八拍的动作同第二个八拍的动作,方向相反。

1~2拍　　　3~4拍　　　5~6拍　　　7~8拍

图 11-14　肩部运动的第一个八拍

1~2拍　　　3~4拍　　　5~6拍　　　7~8拍

图 11-15　肩部运动的第二个八拍

第五个八拍(见图 11-16)的动作如下。

1拍：左脚向侧半步，同时两臂上举(五指分开，掌心向前)。

2拍：右腿并于左腿后，同时两膝微屈，两臂经后绕至体侧屈肘(五指分开，掌心向前)。

3拍：两臂向侧屈伸 1 次。

4拍：两臂向侧伸出至侧举。

5拍：左臂外旋(五指并拢，掌心向上)，同时右臂内旋(五指并拢，掌心向下)。

6拍：动作同 5 拍，方向相反。

7~8拍：动作同 5~6 拍。

第六个八拍的动作同第五个八拍的动作，方向相反，最后一拍两臂还原至体侧。

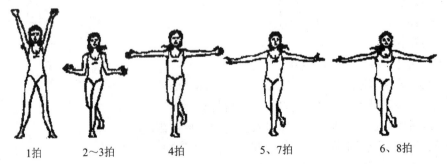

1拍　　　2~3拍　　　4拍　　　5、7拍　　　6、8拍

图 11-16　肩部运动的第五个八拍

第四节：胸部运动

第一个八拍(见图11-17)的动作如下。

1～2拍：左脚向左前一步成半蹲,右腿屈膝并于左腿,同时向左转体45°,两臂体前下举(五指并拢,手背相对),含胸,低头。

3～4拍：左脚后蹬成右后弓步,脚跟着地,同时两臂屈肘后拉收于腰际(握拳,拳心向上),挺胸,头右转。

5～6拍：重心移至左腿成左前弓步,同时两臂伸直经前向侧打开扩胸(五指并拢,掌心向前)。

7拍：左腿伸直,重心前移,右脚尖点地,同时两臂经下、前至上举后振(五指并拢,掌心向前)。

8拍：向右转体45°成开立,同时两臂经侧还原至体侧。

第二个八拍的动作同第一个八拍的动作,方向相反。

第三个八拍至第四个八拍的动作同第一个八拍至第二个八拍的动作。

图11-17 胸部运动的第一个八拍

第五节：踢腿运动

第一个八拍(见图11-18)的动作如下。

1拍：向左转体90°,同时左腿伸直提踵立,右腿向前45°弹踢,左臂胸前平屈(握拳,拳心向下),右臂侧举(握拳,拳心向下)。

2拍：右脚落地,同时左腿屈膝,两臂落于体侧。

3拍：动作同1拍,方向相反。

4拍：向右转体90°,同时左脚落地,两臂肩侧屈(握拳,拳心向前)。

5拍：左脚提踵立,同时右腿直膝前踢,两臂上举(五指分开,掌心向前)。

6拍：左脚落踵,同时右腿落下,两臂向内交叉于腹前(握拳,拳心向后)。

7拍：右腿直膝侧踢(脚面向上),两臂侧举(五指分开,掌心向前),上体稍前倾。

8拍：右腿落至右侧,同时两臂还原。

第二个八拍的动作同第一个八拍的动作,方向相反。

第三个八拍至第四个八拍的动作同第一个八拍至第二个八拍的动作。

第六节：体侧运动

第一个八拍(见图11-19)的动作如下。

1～2拍：右腿屈膝成右侧弓步,同时左臂屈肘外张,手扶右膝,右臂后上举,上体右侧屈。

图 11-18 踢腿运动的第一个八拍

3 拍:动作同 1~2 拍,方向相反。

4 拍:左腿伸直成开立,同时右臂肩侧屈(握拳,拳心向前),左臂自然落于体侧。

5~6 拍:上体左侧屈,同时右脚并于左脚旁,右脚尖点地,两膝微屈,右臂向前伸直上举(五指分开,掌心向前)。

7 拍:右脚侧出一步成开立,同时右臂经左下绕至侧举(五指并拢,掌心向下)。

8 拍:上体还原,同时右臂落于体侧。

第二个八拍的动作同第一个八拍的动作,方向相反。

第三个八拍至第四个八拍的动作同第一个八拍至第二个八拍的动作。

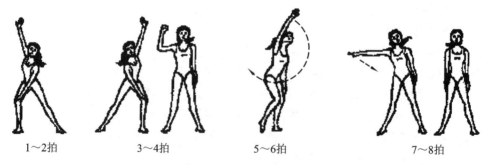

图 11-19 体侧运动的第一个八拍

第七节 体转运动

第一个八拍(见图 11-20)的动作如下。

1 拍:右腿屈膝成右后弓步,同时上体左转 90°,右臂屈肘,手扶左肩。

2 拍:右腿伸直,同时上体转回,右臂自然放于体侧。

3～4拍:动作同1～2拍,方向相反。

5拍:半蹲,同时上体左转90°,两臂侧下举(五指分开,掌心向前)。

6拍:两腿伸直,同时上体转回,两臂自然放下。

7拍:半蹲,同时上体左转90°,两臂侧举(五指分开,掌心向前)。

8拍:动作同6拍。

第二个八拍的动作同第一个八拍的动作,方向相反。

第三个八拍至第四个八拍的动作同第一个八拍至第二个八拍的动作。

图 11-20 体转运动的第一个八拍

第八节:腹背运动

第一个八拍(见图 11-21)的动作如下。

1拍:左脚向左侧一步,同时两臂腹前交叉(五指并拢,掌心向后)。

2拍:右腿并于左腿同时跳起,两臂经胸前至侧举(掌心向下)。

3拍:两腿跳成开立,两臂内旋(掌心向下)。

4拍:两腿跳成开立,两臂上举(掌心向前)。

5拍:上体前屈,同时两臂屈肘由胸前向下伸出。

6拍:上体稍抬起。

7～8拍:动作同5～6拍。

图 11-21 腹背运动的第一个八拍

第二个八拍(见图 11-22)的动作如下。

1拍:上体前屈。

2拍:上体稍抬起同时左转45°,两臂摆至侧举(掌心向下)。

3拍:上体前屈。

4拍:上体抬起,同时两臂自然落于体侧。
5拍:右臂经前向后绕环一周。
6拍:右臂继续绕至前举(掌心向下)。
7拍:右腿向前屈膝成右前弓步,同时右臂向上弯曲(握拳,拳心向后),头向右转45°。
8拍:右腿伸直,同时上体转回,右臂自然落于体侧。
第三个八拍至第四个八拍的动作同第一个八拍至第二个八拍的动作,方向相反。
第五个八拍至第八个八拍的动作同第一个八拍至第四个八拍的动作。

图11-22 腹背运动的第二个八拍

第九节:髋部运动

第一个八拍(见图11-23)的动作如下。

1~2拍:右腿屈膝,同时左腿伸直向左顶髋两次,左臂侧举(五指分开,掌心向前),目视左手。

3~4拍:动作同1~2拍,方向相反,但左臂保持侧举。

5拍:向左顶髋,同时两臂腹前交叉(五指分开,掌心向后),头转正。

6拍:向右顶髋,同时两臂绕至上举。

7拍:向左顶髋,同时两臂绕至侧举。

8拍:向右顶髋,同时两臂绕至体侧。

第二个八拍(见图11-24)的动作如下。

1拍:左脚向前踏步,同时右腿屈膝后提,右臂摆至胸前平屈,左臂摆至侧举(两手握拳,拳心向下)。

2拍:右腿屈膝落于左腿后,同时两臂自然落于体侧。

3拍:左脚向后踏步,同时左腿自然屈膝,左臂摆至胸前平屈,右臂摆至侧举(两手握拳,拳

1～2拍　　　3～4拍　　　5拍　　　6拍

图 11-23　髋部运动的第一个八拍

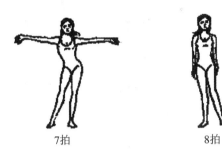

7拍　　　　　8拍

续图 11-23

心向下)。

4 拍:右腿屈膝落于左腿前,同时两臂自然落于体侧。

5 拍:左脚向前一步内旋,同时上体右转 45°,提左髋(重心移至右脚),两手叉髋。

6 拍:左腿屈膝,同时向右后顶髋。

7 拍:提左髋。

8 拍:左脚收至右脚旁成开立,同时两臂自然落于体侧。

第三个八拍的动作同第一个八拍的动作,方向相反。

第四个八拍的动作同第二个八拍的动作,方向相反。

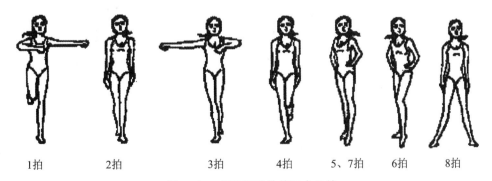

1拍　　　2拍　　　3拍　　　4拍　　　5、7拍　　　6拍　　　8拍

图 11-24　髋部运动的第二个八拍

第十节:全身运动

第一个八拍(见图 11-25)的动作如下。

1～2拍：上体左转45°，同时左腿弹动一次，右腿由屈膝向左前伸出（脚尖点地），左臂前伸立腕屈指（鹰爪掌，掌心向前），右臂屈肘后拉至腰旁（鹰爪掌，掌心向下），头右转。

3～4拍：左腿弹动一次，同时右腿由屈膝向后伸出（脚尖点地），左臂屈肘后拉至腰旁（鹰爪掌，掌心向下），右臂推至前举（鹰爪掌，掌心向前），头转回。

5～6拍：以左脚为轴向左转体135°成分腿半蹲，同时右臂经下绕至肩侧上屈（五指并拢，掌心向内），左臂自然落于体侧。

7拍：以右脚为轴向左后转体180°度成分腿半蹲，同时左臂肩侧上屈（五指并拢，掌心向内）。

8拍：抬头。

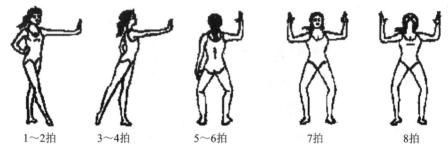

图11-25　全身运动的第一个八拍

第二个八拍（见图11-26）的动作如下。

1～2拍：跳至并腿全蹲，同时两臂屈肘外张，两手扶膝（五指并拢），低头。

3～4拍：跳至开立，同时两臂经前至侧举（五指分开，掌心向前），挺胸，头还原。

5～8拍：左脚起步向后退三步，最后一拍右脚退到右侧，同时两臂逐渐向前推进（掌心向前，手指向上），头逐渐抬起。

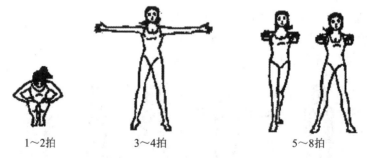

图11-26　全身运动的第二个八拍

第三个八拍（见图11-27）的动作如下。

1拍：左腿侧出一步屈膝成左点弓步，同时上体稍左转，左臂屈肘收于腰间（掌心向上），右臂前伸（五指并拢，掌心向外）。

2拍：左腿伸直，同时右脚并于左脚（提踵），右臂由前向右画弧屈肘收于腰间（掌心向上），上体转回。

3～4拍：动作同1～2拍，方向相反。

5～8拍：动作同1～4拍。

第四个八拍至第六个八拍的动作同第一个八拍至第三个八拍的动作,方向相反,但第五个八拍的 5～8 拍右脚起步向前走三步。

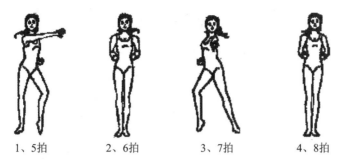

1、5拍　　2、6拍　　3、7拍　　4、8拍

图 11-27　全身运动的第三个八拍

第十一节：跳跃运动

第一个八拍(见图 11-28)的动作如下。

1～4 拍:左脚起步做一次十字步跑跳,两臂自然摆动。

5 拍:跳至开立,同时两臂胸前平屈上下拉开(五指并拢,掌心向下,右手在左手上方)。

6 拍:跳至并立,同时两手胸前重叠。

7～8 拍:动作同 5～6 拍。

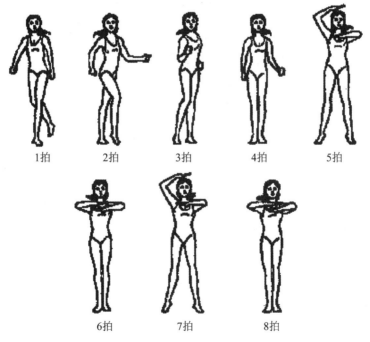

图 11-28　跳跃运动的第一个八拍

第二个八拍的动作同第一个八拍的动作,但最后一拍两臂前举(握拳,拳心向下)。

第三个八拍(见图 11-29)的动作如下。

1 拍:双脚跳起落至左腿屈膝,右腿侧伸,同时左臂胸前平屈后振(掌心向下),右臂侧举后振(掌心向下)。

2拍:双脚跳回成直立,同时两臂前伸(掌心向下)。

3拍:动作同1拍,方向相反。

4拍:动作同2拍。

5拍:右脚蹬跳,同时左腿屈膝上提,两臂经前至侧举(掌心向下)。

6拍:左腿下落,同时两臂上举(掌心向前)。

7拍:腿的动作同5拍,同时上体左转,两臂落至侧举(五指分开,掌心向前)。

8拍:腿的动作同6拍,同时上体转回,两臂前举(握拳,拳心向下)。

图11-29 跳跃运动的第三个八拍

第四个八拍的动作如下。

1~7拍:动作同第三个八拍的1~7拍,方向相反。

8拍:右腿下落,同时两臂屈肘收于腰间(握拳,拳心向上)。

第五个八拍(见图11-30)的动作如下。

1拍:跳至马步,同时右臂前伸冲拳(拳心向下)。

2拍:双脚蹬回成直立,同时右臂屈肘收于腰间(拳心向上)。

3拍:动作同1拍,方向相反。

4拍:腿的动作同2拍,两臂落于体侧。

5拍:双脚蹬跳成左前弓步,同时向左转体90°,两臂肩侧屈(握拳,拳心相对)。

6拍:双脚蹬回成直立,同时向右转体90°,两臂落于体侧。

7拍:动作同5拍,方向相反。

8拍:双脚蹬回成直立,同时向左转体90°,两臂屈肘收于腰间。

第六个八拍的动作同第五个八拍的动作,最后一拍两臂收至肩侧屈(掌心向前)。

第七个八拍(见图11-31)的动作如下。

1拍:左腿向前弹踢,同时两臂向上伸出(五指分开,掌心向前)。

2拍:左脚着地,同时右腿屈膝后提,两手握拳收至肩侧屈(握拳,拳心向前)。

3拍:动作同1拍,换腿做。

4拍:右脚着地,同时左腿屈膝后提,两臂向内交叉至腹前(握拳,拳心向后)。

5拍:左腿向左侧弹踢,同时两臂向外摆至侧下举(五指分开,掌心向后)。

6拍:左脚着地,同时右腿屈膝后提,两臂收至腹前交叉(握拳,拳心向后)。

图 11-30 跳跃运动的第五个八拍

7拍：动作同5拍，换腿做。

8拍：腿的动作同4拍，两手握拳收至肩侧屈（拳心向前）。

第八个八拍的动作同第七个八拍的动作，但最后一拍并腿，同时两臂落于体侧。

图 11-31 跳跃运动的第七个八拍

第十二节:整理运动

第一个八拍(见图 11-32)的动作如下。

1～2 拍:左脚起步向左走一步,右脚脚跟并步,同时左臂经侧至上举(掌心向下)。

3 拍:左腿再向左一步伸直(重心左移,右脚脚尖点地),同时,向左转体 45°,左臂向上伸出。

4 拍:左腿半蹲,同时右腿屈膝并于左腿,上体放松前屈,左臂屈肘经前自然落下。

5～8 拍:动作同 1～4 拍,方向相反。

图 11-32　整理运动的第一个八拍(5～8 拍略)

第二个八拍(见图 11-33)的动作如下。

1 拍:左脚侧出一步成开立,同时上体转回,两臂由腹前向外经侧至上举。

2 拍:腿同 1 拍,两手翻掌(掌心相对)。

3～4 拍:两腿屈膝半蹲逐渐加深,同时两臂屈肘向下按掌(指尖相对,掌心向下)。

5～8 拍:动作同 1～4 拍,最后左脚并于右脚,同时两臂落于体侧。

图 11-33　整理运动的第二个八拍(5～8 拍略)

第十二章　武术运动

第一节　武术概述

一、武术的概念

武术,是指打拳和使用兵器的技术,是中国传统的体育项目。其内容是把踢、打、摔、劈、刺等动作按照一定的规律组成各种徒手的和器械的攻防格斗功夫。武术起源于中国,属于世界,归类于体育,但高于体育。

二、武术的特点

1. 具有技击性

对于武术,无论是散打格斗还是套路形式的演练,其动作都具有攻防意义,也正是这种攻防意义,使武术具有技击性。

2. 具有内外合一、形神兼备的练功方法

无论是何种流派的武术,都强调内在的意(意念)和气(呼吸)与外在的动作相统一,这一点充分反映了武术作为一种文化形式在长期的历史演进中受到了中国古代哲学、医学、美学等的影响,形成了独具民族风格的运动形式和练功方法。

3. 具有广泛的适应性

武术运动内容丰富多彩,形式多样,不同的武术运动有着不同的动作结构、技术要求、运动风格和运动量,人们可以根据自己的实际情况进行选择。同时,武术运动不受时间、场地等的限制,这为开展群众性体育活动带来了极大的方便。

第二节　武术基本功

一、压肩

压肩可以两手抓握肋木进行,也可以两人相对站立进行,还可以在助手的帮助下进行,如图12-1所示。

二、单臂绕环

单臂绕环如图12-2所示。手臂由上向前、向下、向后绕环,称为前绕环。手臂由上向后、向下、向前绕环,称为后绕环。练习时,可左、右臂交替练习。

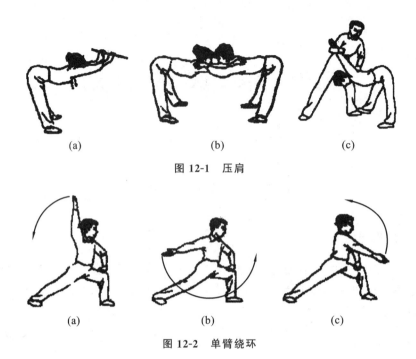

图 12-1 压肩

图 12-2 单臂绕环

三、压腿

（一）正压腿

左腿抬起，脚跟放在肋木上，脚尖勾起，两手放在膝上，两腿伸直，上体前屈并向前振压，如图 12-3(a)所示。练习时，可左、右腿交替进行。

（二）侧压腿

左腿抬起，脚跟放在肋木上，脚尖勾起，右臂上举，左掌放于右胸前，两腿伸直，上体向左侧振压，如图 12-3(b)所示。练习时，可左、右腿交替进行。

（三）仆步压腿

两腿左右开立，右腿屈膝全蹲，全脚掌着地，左腿挺膝伸直，脚尖内扣，两手分别抓握两脚外侧，向前、向下振压，如图 12-3(c)所示。练习时，可左、右腿交替进行。

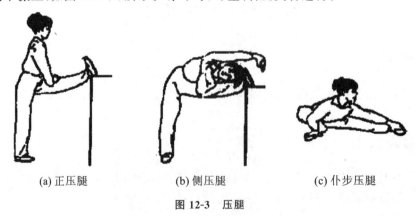

(a) 正压腿　　　　(b) 侧压腿　　　　(c) 仆步压腿

图 12-3 压腿

四、踢腿

（一）正踢腿

两臂平伸，手掌直立，如图12-4(a)所示，左脚向前半步，全脚掌着地，右腿膝部挺直，右脚尖勾起，向前额处猛踢，手臂不要前后摇动，如图12-4(b)所示。练习时，可左、右腿交替进行。

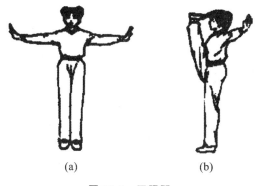

图12-4　正踢腿

（二）侧踢腿

左脚向前半步，脚尖外展，全脚掌着地，右脚跟稍提起，左臂后举，右臂前伸，如图12-5(a)所示，右脚尖勾起，向右耳侧猛踢，同时，右臂屈肘立掌于左肩前，左臂上举伸直，两眼平视前方，如图12-5(b)所示。练习时，可左、右腿交替进行。

图12-5　侧踢腿

（三）外摆腿

左脚向前半步，右脚尖勾起，向左侧猛踢，经面前向右侧上方外摆，落于左脚旁，两眼平视前方，如图12-6所示。练习时，可左、右腿交替进行。

（四）里合腿

右脚向前半步，左脚尖勾起，向左侧猛踢，经面前向右侧上方里合，落于右脚旁，两眼平视前方，如图12-7所示。练习时，可左、右腿交替进行。

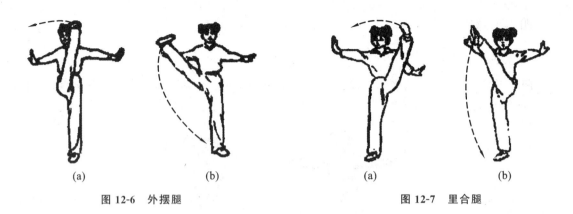

图 12-6 外摆腿　　　　　　　　图 12-7 里合腿

五、劈叉

劈叉主要是为了增大髋关节的活动幅度,增加腿部的柔韧性。劈叉可分为竖叉和横叉两种。在此以竖叉为例进行介绍。两手左右平举,两腿前后分开,左腿的后侧着地,脚尖勾起,右腿的内侧或前侧着地,如图 12-8 所示。

图 12-8　竖叉

六、手型

(一) 拳

五指弯曲紧握,拇指压在食指上,如图 12-9(a)所示。

(二) 掌

四指并拢伸直,拇指弯曲,紧扣于虎口上,如图 12-9(b)所示。

(三) 勾

五指指尖捏拢,屈腕,如图 12-9(c)所示。

七、步型

(一) 弓步

左脚向前一大步,脚尖微内扣,屈膝半蹲,大腿接近水平,右腿挺膝伸直,右脚脚尖内扣,脚掌紧贴地面,上体正对前方,两手抱拳于腰间,两眼平视前方,如图 12-10 所示。练习时,可左、右腿交替进行。

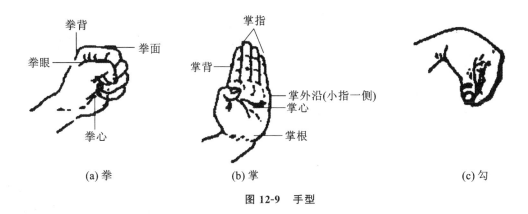

图 12-9　手型

（二）马步

两脚平行开立，双脚脚尖正对前方，屈膝半蹲，膝部不超过脚尖，大腿接近水平，全脚掌着地，身体重心在两腿之间，两手抱拳于腰间，两眼平视前方，如图 12-11 所示。

图 12-10　弓步　　　　　　　　　图 12-11　马步

（三）虚步

两脚前后开立，右脚脚尖外展，屈膝半蹲，左脚脚跟离地，脚面绷直，脚尖微内扣，虚点地面，膝微屈，重心落于右脚上，两手叉腰，两眼平视前方，如图 12-12 所示。

（四）仆步

两脚左右开立，右腿屈膝全蹲，大腿和小腿靠在一起，全脚掌着地，脚尖和膝关节外展，左腿挺膝伸直，脚尖内扣，全脚掌着地，两手抱拳于腰间，两眼平视前方，如图 12-13 所示。

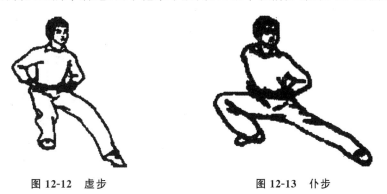

图 12-12　虚步　　　　　　　　　图 12-13　仆步

图 12-14 歇步

（五）歇步

两腿交叉靠拢全蹲，左脚全脚掌着地，脚尖外展，右脚前脚掌着地，膝部贴近左小腿外侧，臀部坐在右腿接近脚跟处，两手抱拳于腰间，两眼平视左前方，如图 12-14 所示。

八、跳跃

（一）大跃步前穿

左脚向前一步，重心前移，左掌后摆，右掌向左腿外侧后摆，如图 12-15(a)所示。右腿屈膝用力向前摆，左脚立即蹬地向前跃出，两臂向前、向上摆动，上体右转，眼看左掌，如图 12-15(b)所示。右脚落地成全蹲，左脚随即落地成仆步，右掌变拳抱于腰间，左掌停于胸前，如图 12-15(c)所示。

(a)　　　　　(b)　　　　　(c)

图 12-15 大跃步前穿

（二）腾空飞脚

右脚向前一大步，上体略向后仰，左臂向头上摆起，右臂自然地摆至身后，左脚向前、向上踢，右脚蹬地跃起身体腾空，右臂由下向前、向头上摆起，右手背迎击左手掌，如图 12-16(a)和图 12-16(b)所示。在空中，右腿向前上方弹踢，脚面绷直，右手迎击右脚面，左腿屈膝收于右腿旁，脚面绷直，脚尖向下，在击响的同时左手摆至左侧变勾手，上体稍向前倾，两眼平视前方，如图 12-16(c)所示。

(a)　　　　　(b)　　　　　(c)

图 12-16 腾空飞脚

腾空飞脚的要点如下。

(1) 在击响的一瞬间,左腿屈膝收于右腿旁。
(2) 在腾空的最高点完成击响动作。
(3) 在空中,上体稍向前倾。

第三节　实用攻防动作

一、防守的基本动作

(一) 预备姿势

两脚前后开立,两膝微屈,身体重心在两腿之间,左脚在前为正架,右脚在前为反架,两手握拳,左拳在前,右拳在后,拳眼均朝向斜后上方,左臂屈肘,拳大约与鼻同高,右臂屈肘,拳大约与下颌同高,下颌微收,面部、左肩、左拳正对对方,如图12-17(a)所示。

(二) 步法

1. 进步

以预备姿势站立,前脚(左脚)先向前进半步,后脚再跟进半步,如图12-17(b)所示。

进步的要点如下:进步的步幅不宜过大,后脚跟进要快,身体保持平衡,进步后身体姿势保持不变。

2. 退步

以预备姿势站立,后脚(右脚)先后退半步,前脚再后撤半步,如图12-17(c)所示。

退步的要点如下:退步的步幅要小,前脚后撤越快越好。

(a) 预备姿势　　(b) 进步　　(c) 退步　　(d) 上步

图 12-17　预备姿势和步法

3. 上步

以预备姿势站立,后脚(右脚)向前上一步,同时左、右拳前后变换成反架预备姿势,如图12-17(d)所示。

上步的要点如下:上步时身体不能前后摆动。

4. 闪步

以预备姿势站立,左脚向左侧移半步,右脚随之向左滑步,同时身体向右转动约90°。

闪步的要点如下：步法要灵活，转体要敏捷。

5. 换步

以预备姿势站立，左脚与右脚同时蹬地并前后交换位置，同时两拳也前后交换位置。

换步的要点如下：转换时要以髋关节带动两腿，两脚要擦地而换，身体向上腾空不明显。

（三）闪躲防守

1. 后闪

以预备姿势站立，身体重心后移，前脚（左脚）稍后撤，上体稍向后仰闪躲，目视对方，如图12-18(a)所示。

后闪的要点如下：后闪的幅度要小，下颌微收。

2. 侧闪

以预备姿势站立，前脚（左脚）向左横跨半步，右脚略向左脚靠近，两膝弯曲，同时两拳变掌护于胸前，目视对方，如图12-18(b)所示。

侧闪的要点如下：跨步后身体重心下降，侧身不转头，目视对方。

3. 下闪

以预备姿势站立，两脚不动，屈膝，缩颈，重心下降，向下闪躲，两拳护于胸前，目视对方，如图12-18(c)所示。

下闪的要点如下：向下闪躲要屈膝、缩颈。

(a) 后闪　　　　　　(b) 侧闪　　　　　　(c) 下闪

图12-18　闪躲防守

（四）接触性防守

1. 拍挡

以预备姿势站立，左臂屈肘由外向里，用拳心拍挡对方，如图12-19(a)所示。

拍挡的要点如下：左前臂要垂直，拍挡的幅度要小，用力要短促。

2. 上挂

以预备姿势站立，左臂屈肘由下向上，向同侧头部或肩部上挂，如图12-19(b)所示。

上挂的要点如下：上挂要有力，含胸侧身，暴露面要小。

3. 拍压

以预备姿势站立，左拳变掌，由上向下拍压对方，如图12-19(c)所示。

拍压的要点如下：向下拍压要短促、有力。

(a) 拍挡　　　　　　　(b) 上挂　　　　　　　(c) 拍压

图 12-19　接触性防守

二、进攻的基本动作

（一）拳法

1. 冲拳

1）左冲拳

以预备姿势站立，右脚向下蹬地，重心稍前移，左拳以直线向前冲出，力达拳面，如图 12-20(a)所示。

左冲拳的要点如下：拳要直出直入，冲拳后迅速还原。

左冲拳是一种直线进攻动作，其特点是灵活性较强，可以击打对方腰部以上的任何部位。

2）右冲拳

以预备姿势站立，右脚蹬地并向内扣，转髋，右拳以直线向前冲出，力达拳面，如图 12-20(b)所示。

(a) 左冲拳　　　　　　(b) 右冲拳

图 12-20　冲拳

右冲拳的要点如下：要充分利用蹬地、转髋的力量加大冲拳力量。

右冲拳是主要的进攻动作，其特点是攻击距离较远、击打力量较大。

2. 贯拳

1）左贯拳

以预备姿势站立，上体稍向右转，蹬地，拧腰，同时左臂屈肘，左拳经外向前、向里横贯，拳心朝下，力达拳面，右拳护于右下颌，如图 12-21(a)所示。

左贯拳的要点如下：左肘上抬，大约与肩同高。

左贯拳是横向进攻动作，可以结合身体姿势的高低变化快速击打对方的侧面。

2）右贯拳

以预备姿势站立，右脚蹬地，向左拧腰，同时右拳经外向前、向里横贯，力达拳面，左拳收回护于左下颌，如图12-21(b)所示。

(a) 左贯拳　　　　　　(b) 右贯拳

图 12-21　贯拳

右贯拳的要点如下：右脚要蹬地扣膝，拧腰发力。

右贯拳多用于连续击打对方或防守后的反击，其特点是进攻路线长、力量大，能充分借助右脚蹬地、拧腰的力量。

3．抄拳

1）左抄拳

以预备姿势站立，重心稍下降，右脚蹬地，上体向右转，左拳由下向前上方勾击，拳心朝里，高不过肩，力达拳面，如图12-22(a)所示。

左抄拳的要点如下：左抄拳时要利用蹬地、拧腰的力量，发力短促。

左抄拳击打距离近，适合于近距离攻击对方的胸腹、下颌等部位。

2）右抄拳

以预备姿势站立，右脚蹬地，扣膝，稍向左转体，右拳由下向前上方勾击，拳心朝里，力达拳面，如图12-22(b)所示。

右抄拳的要点如下：右抄拳时要利用蹬地、扣膝、拧腰的力量，发力短促。

右抄拳的用法同左抄拳。

(a) 左抄拳　　　　　　(b) 右抄拳

图 12-22　抄拳

(二) 腿法

1. 前蹬腿

以预备姿势站立,右腿微屈支撑,左腿屈膝抬起,脚跟先向前蹬出,力达脚跟,脚掌下压,力达前脚掌,如图 12-23(a)所示。

前蹬腿的要点如下:向前蹬腿时要屈膝抬起,注意顶髋并稍向前送。

前蹬腿适合于正面进攻对方的躯干等部位。

2. 踹腿

以预备姿势站立,身体重心前移,左腿屈膝支撑,身体向左转,同时右腿屈膝抬起,小腿外摆,脚尖内扣,脚掌正对攻击目标用力向其身体右侧踹出,力达脚掌,如图 12-23(b)所示。

踹腿的要点如下:结合不同的步法可以攻击对方的下肢、躯干、头部等部位,速度快,力量大,不易防守。

(a) 前蹬腿　　　　　　(b) 踹腿　　　　　　(c) 侧弹腿

图 12-23　腿法

3. 侧弹腿

以预备姿势站立,右腿微屈支撑,上体右倾,左腿屈膝向左摆起,扣膝,脚背绷直,随即挺膝向前侧弹小腿,力达脚背,如图 12-23(c)所示。

侧弹腿的要点如下:脚背要绷直,膝盖内扣,以膝带腿,快速有力。

侧弹腿适合于从侧面快速进攻或配合上肢连环反击对方。

(三) 摔法

1. 抱腿前顶摔

当乙用左拳攻击甲的头部时,甲的左脚向前上一步,同时向下闪躲,两手迅速抱住乙的双腿用力向后拉,左肩同时向前顶,将乙摔倒,如图 12-24 所示。

抱腿前顶摔的要点如下:身体向下闪躲要快,抱腿要紧,前顶肩与双手后拉要同时完成。

(a)　　　　　　(b)

图 12-24　抱腿前顶摔

2. 抱腿绊摔

当乙的两脚前后站立或抬左腿进攻时,甲突然迅速地俯身抱住乙的左腿,用力向上抬起,随即用左腿绊住乙的支撑腿,同时甲的上体向右拧转,用胸和左肩压乙的腿部将其绊倒,如图 12-25 所示。

抱腿绊摔的要点如下:抱腿要准,绊腿、下压要协调配合,动作要快速有力。

图 12-25 抱腿绊摔

(四) 擒拿法

1. 擒腕

当乙用右手抓握甲的右手腕部时,甲迅速用左手扣压住乙的右手手背,随即两臂屈肘向胸前拉带,同时甲的右手由下向上缠绕,如图 12-26 所示。

擒腕的要点如下:缠绕时要拧腰、转体、拉臂。

图 12-26 擒腕

2. 别臂

当乙抄拳攻击甲的腹部时,甲用右手抓握乙的左手腕并下压,同时甲的身体右转,用左臂用力上挑乙的左肘内侧,迫使其左肘上抬,随后甲的身体左转,同时右脚上步至乙的身后,左臂由上向左下方别住乙的左臂,最后用左手掌按压乙的左肩部,同时尽量用右手向前推乙的左手腕,如图 12-27 所示。

别臂的要点如下:抓腕要紧,转体要迅速,别臂、推腕同时进行。

图 12-27 别臂

第四节 24 式简化太极拳

24 式简化太极拳是参照杨式太极拳的基本框架,根据化繁为简、循序渐进、动作连贯等原则,经过提炼创编而成的。24 式简化太极拳的整套动作易学、易练、易记,不仅便于男女老少练习,还有利于向国外推广。目前,它在全世界已经有了较为广泛的群众基础。

24 式简化太极拳的动作如图 12-28 所示。

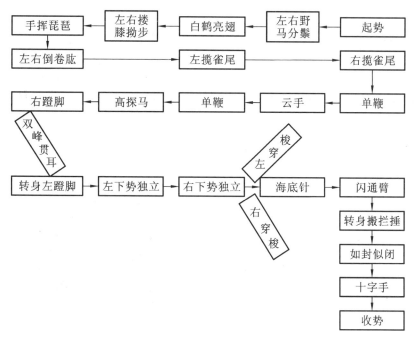

图 12-28 24 式简化太极拳的动作

一、学习步骤

1. 单式分解练习

初学者应按动作套路的顺序,先逐个进行单式动作的学习。为了便于记忆和练习,可对单式中的连续动作进行分解,并按以下步骤进行练习:记住单式的名称,学习单式分解动作中的手型、手法、步型和步法,通过练习将单式中的分解动作连接起来。

2. 单元组合练习

在学会单式动作的基础上,可以对单式进行组合(如第一组由起势、左右野马分鬃、白鹤亮翅组成),这样既有助于熟练掌握已学会的单式动作,又可以为学习整套动作打下基础。

二、动作要求

1. 头部姿势

头部自然上顶,与水平线基本垂直,注意力集中,使头顶有绳悬之感。头转向侧面时,颈部应配合身体沿纵轴转动,而不是仰头或歪头。

2. 胸背姿势

避免胸部外挺,但也不要过分内缩,尽量使胸部肌肉自然放松,背部肌肉舒展,使其不妨碍动作与呼吸的配合。

3. 腰脊姿势

腰部向下松垂,不前挺后屈,脊柱保持端正。

4. 臀部姿势

尽量放松臀部肌肉,使其向外、向下舒展,然后轻轻向内收敛。

5. 上肢姿势

沉肩坠肘,放松关节,使手臂活动不受限制。出掌动作要轻松自然,手指动作要舒展大方,拳要松握。

6. 下肢姿势

腿部动作应注意保持身体平衡,但又要虚实分明、进退灵活。总的要求是松胯、屈膝、两脚轻起轻落。

三、24 式简化太极拳的动作及口诀

1. 第一组

第 1 式起势(见图 12-29)的口诀为左脚开立,两臂前举,屈膝按掌。

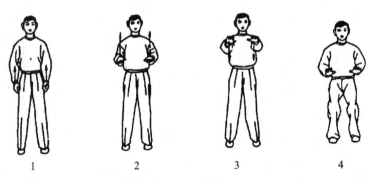

图 12-29 起势

第 2 式左右野马分鬃(见图 12-30)的口诀如下。

(1) 稍右转体,收脚抱球,转体上步,弓步分手。

(2) 后坐撇脚,收脚抱球,转体上步,弓步分手。

(3) 后坐撇脚,收脚抱球,转体上步,弓步分手。

图 12-30　左右野马分鬃

第 3 式白鹤亮翅(见图 12-31)的口诀为稍右转体,跟步抱球,后坐转体,虚步分手。

图 12-31　白鹤亮翅

2. 第二组

第 4 式左右搂膝拗步(见图 12-32)的口诀如下。

图 12-32　左右搂膝拗步

(1) 转体摆臂,摆臂收脚,上步屈肘,弓步搂推。
(2) 后坐撇脚,摆臂收脚,上步屈肘,弓步搂推。
(3) 后坐撇脚,摆臂收脚,上步屈肘,弓步搂推。

第5式手挥琵琶(见图12-33)的口诀为跟步展臂,后坐引手,虚步合手。

图 12-33 手挥琵琶

第6式左右倒卷肱(见图12-34)的口诀如下。
(1) 稍右转体,撤手托球,退步卷肱,虚步推掌。
(2) 稍左转体,撤手托球,退步卷肱,虚步推掌。
(3) 稍右转体,撤手托球,退步卷肱,虚步推掌。
(4) 稍左转体,撤手托球,退步卷肱,虚步推掌。

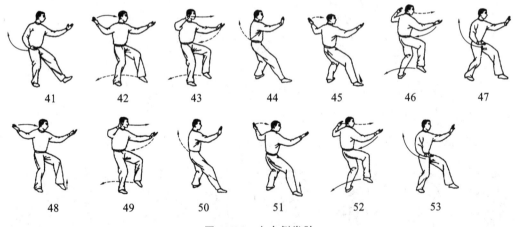

图 12-34 左右倒卷肱

3. 第三组

第7式左揽雀尾(见图12-35)的口诀为转体撤手,收脚抱球,转体上步,弓步掤臂,摆臂后捋,转体搭手,弓步前挤,转腕分手,后坐引手,弓步前按。

第8式右揽雀尾(见图12-36)的口诀为后坐扣脚,收脚抱球,转体上步,弓步掤臂,摆臂后捋,转体搭手,弓步前挤,转腕分手,后坐引手,弓步前按。

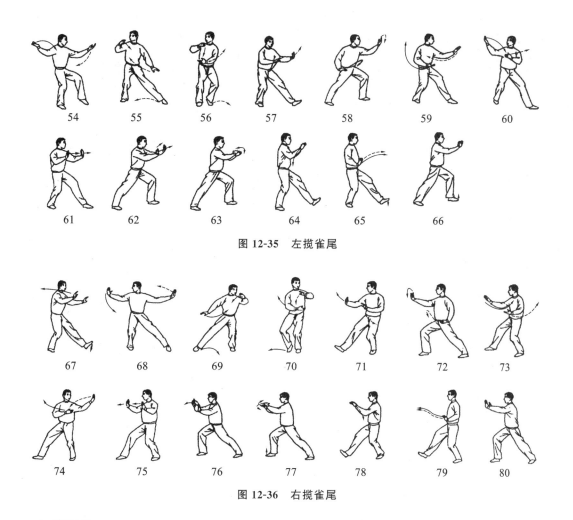

图 12-35 左揽雀尾

图 12-36 右揽雀尾

4. 第四组

第 9 式单鞭(见图 12-37)的口诀为转体运臂,右脚内扣,上体右转,勾手收脚,转体上步,弓步推掌。

图 12-37 单鞭

第 10 式云手(见图 12-38)的口诀为后坐扣脚,转体松勾,并步云手,开步云手,并步云手,开步云手,并步云手,扣脚云手。

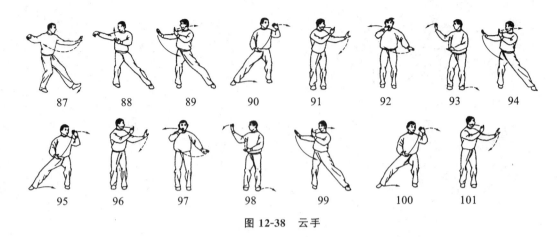

图 12-38 云手

第 11 式单鞭(见图 12-39)的口诀为转体勾手,转体上步,弓步推掌。

图 12-39 单鞭

5. 第五组

第 12 式高探马(见图 12-40)的口诀为跟步托球,后坐卷肱,虚步推掌。

图 12-40 高探马

第 13 式右蹬脚(见图 12-41)的口诀为穿手上步,分手弓腿,收脚合抱,蹬脚分手。

图 12-41 右蹬脚

第14式双峰贯耳(见图12-42)的口诀为屈膝并手,上步落手,弓步贯拳。

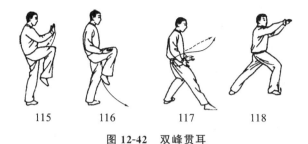

图 12-42　双峰贯耳

6.第六组

第15式转身左蹬脚(见图12-43)的口诀为后坐扣脚,转体分手,收脚合抱,蹬脚分手。

图 12-43　转身左蹬脚

第16式左下势独立(见图12-44)的口诀为收脚勾手,屈蹲撤步,仆步穿掌,弓腿起身,独立挑掌。

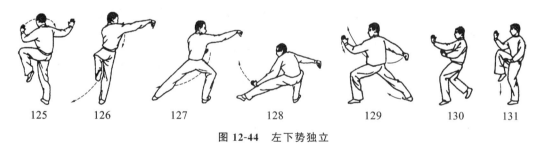

图 12-44　左下势独立

第17式右下势独立(见图12-45)的口诀为落脚勾手,碾脚转体,屈蹲撤步,仆步穿掌,弓腿起身,独立挑掌。

图 12-45　右下势独立

7. 第七组

第18式左右穿梭(见图12-46)的口诀如下。

(1) 落脚抱球,转体上步,弓步架推。

(2) 后坐撇脚,收脚抱球,转体上步,弓步架推。

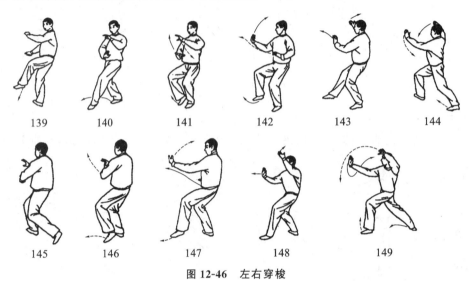

图 12-46　左右穿梭

第19式海底针(见图12-47)的口诀为跟步提手,虚步插掌。

第20式闪通臂(见图12-48)的口诀为提手提脚,弓步推掌。

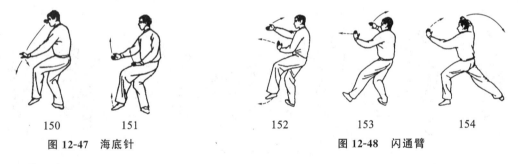

图 12-47　海底针　　　　　　图 12-48　闪通臂

8. 第八组

第21式转身搬拦捶(见图12-49)的口诀为后坐扣脚,坐腿握拳,摆步搬拳,转体收拳,上步拦掌,弓步打拳。

第22式如封似闭(见图12-50)的口诀为穿手翻掌,后坐引手,弓步前按。

第23式十字手(见图12-51)的口诀为后坐扣脚,弓步分手,交叉搭手,收脚合抱。

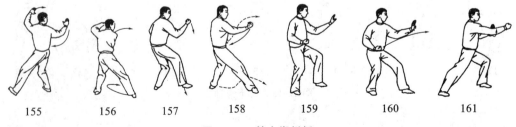

图 12-49　转身搬拦捶

图 12-50 如封似闭

图 12-51 十字手

第 24 式收势(见图 12-52)的口诀为翻掌分手,垂臂落手,并步还原。

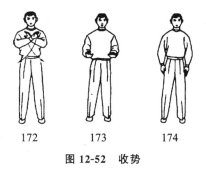

图 12-52 收势

第十三章 体育舞蹈

第一节 体育舞蹈概述

体育舞蹈,又称为国际标准交谊舞,简称国标舞,是一项具有竞技性和艺术性的体育项目。

一、体育舞蹈的发展概况

体育舞蹈的前身是社交舞,也称为交际舞、交谊舞。社交舞早在14—15世纪就已在意大利出现,16世纪末,社交舞传入法国并流行于欧美各国,逐渐成为一种普遍的社交方式。

1924年,英国皇家舞蹈教师协会对社交舞的一部分进行了整理,对7种舞的舞姿、舞步和跳法进行了系统化、规范化,从此,人们将规范化的华尔兹、探戈、维也纳华尔兹、狐步舞、快步舞、伦巴和布鲁斯舞称为国际标准交谊舞。第二次世界大战后,拉丁舞被纳入国际标准交谊舞的范畴。

后来,国际标准交谊舞逐渐成为人们建立友谊、陶冶情操、锻炼身体的一种方式。由于国际标准交谊舞具有文化娱乐和体育的双重特点,所以西方舞蹈界又将其称为体育舞蹈。

我国体育舞蹈的开展,受西方文化的影响。20世纪四五十年代,全国各大城市广泛流行交谊舞。20世纪80年代初,随着改革开放的深入,体育舞蹈在我国进入了一个新的发展时期,国外的体育舞蹈专家纷纷来我国表演、交流,使体育舞蹈迅速地从北京、广州向全国各地推广。与此同时,我国还多次举办全国和部分省市的体育舞蹈比赛,选派优秀选手参加国际体育舞蹈比赛,并取得了优异的成绩。

二、体育舞蹈的分类

体育舞蹈按技术结构可分为现代舞和拉丁舞两大类。

1. 现代舞

现代舞起源于欧洲,具有端庄、含蓄、稳重、典雅等特点,舞步流畅、轻柔、洒脱,舞姿优美、起伏有序,音乐节奏清晰。

2. 拉丁舞

拉丁舞起源于非洲和拉丁美洲,具有热情、奔放、浪漫等特点,舞蹈动作豪放、粗犷,速度多变,手势和脚步内容丰富,音乐节奏鲜明、强烈,充满激情。

第二节 体育舞蹈的基本知识

一、体育舞蹈的握抱姿势

初学者学习体育舞蹈,必须先学会正确的握抱姿势。男女舞伴面对面站立,男伴左手四指并拢,女伴将右手放在男伴的虎口处,男伴右手五指并拢放在女伴左肩胛骨下部,女伴将左手轻轻地放在男伴的右肩上,两人之间的距离约为 10 厘米,如图 13-1(a)和图 13-1(b)所示。双方稍向左转,从对方的右肩向前看,这种握抱姿势称为闭式舞姿,如图 13-1(c)所示。

在跳舞的过程中,男伴的上体一般保持正直,但是不要过于僵硬,双肩保持稳定和放松。女伴胸部以上的部位要自然后仰,下颌上扬,略呈仰视状。

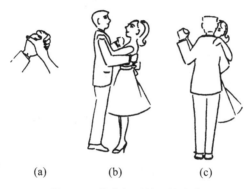

图 13-1 体育舞蹈的握抱姿势

二、体育舞蹈的基本舞步

体育舞蹈有四种基本舞步,分别是走步、侧步、平衡步和摇摆步。在体育舞蹈中,男女舞伴的许多舞步动作都是相同的,只是方向相反。以下关于舞步的叙述皆指男步,凡女步相同者,都不再专门说明;凡女步不同者,则另外加以说明。

(一)走步

立正站好,左脚开始向前走三步,或者右脚开始向后退三步,如图 13-2(a)所示。向前走时,先用前脚掌触地,然后随着脚趾上抬过渡到脚跟擦地向前,脚跟着地后过渡到脚趾。后退时正好相反,先用前脚掌触地,然后用脚尖擦地向后,脚趾着地后过渡到脚跟。

(二)侧步

立正站好,左脚向左侧迈一步,右脚向左脚并拢,左脚再向左侧迈一步,如图 13-2(b)所示;右脚向右侧迈一步,左脚向右脚并拢,右脚再向右侧迈一步。

(三)平衡步

平衡步[见图 13-2(c)]是由走步和踏步组成的。根据运动方向,平衡步可分为前平衡步、后平衡步、左平衡步和右平衡步。

立正站好,左脚向前一步,右脚向前,用前脚掌踏在左脚侧,然后右脚向后退一步,左脚向后,用前脚掌踏在右脚侧,接着左脚向左侧一步,右脚向左脚并拢,用前脚掌踏在左脚侧,最后右脚向右侧一步,左脚向右脚并拢,用前脚掌踏在右脚侧。

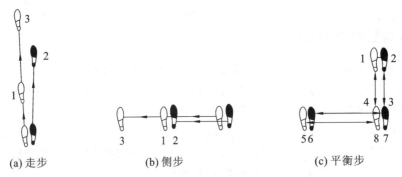

图 13-2 体育舞蹈的基本舞步

(四) 摇摆步

摇摆步是拉丁舞的基本舞步。

立正站好,左脚向前一步,重心随之前移,然后脚不动,重心再向后移,再向前移,再向后移,反复摇摆,这种舞步称为前后摇摆步。

立正站好,左脚向左侧一步,重心随之左移,然后脚不动,重心再向右移,再向左移,再向右移,反复摇摆,这种舞步称为左右摇摆步。

三、体育舞蹈的基本舞步组合

初学者掌握了基本舞步和握抱姿势后,就可以学习基本舞步组合。

(一) 方步

方步由走步和侧步组成。它因脚的六次移动构成一个正方形而得名。

立正站好,左脚向前一步,右脚向侧一步,左脚向右脚并拢,右脚向后退一步,左脚向侧一步,右脚向左脚并拢,如图 13-3(a)所示。方步的要点是每次两脚并拢时身体重心都要转移到双脚上。

(二) 方步转体

方步转体,每次转体 90°,如图 13-3(b)所示。

以闭式舞姿站立,男伴方步转体的舞步如下。

(1) 左脚向前一步,出脚的同时身体向左转。

(2) 右脚向侧一步,同时身体完成 90°旋转。

(3) 左脚向右脚并拢,重心转移至左脚。

(4) 右脚向后退一步,退脚的同时身体向左转。

(5) 左脚向侧一步,同时身体完成 90°旋转。

(6) 右脚向左脚并拢,重心转移至右脚。

后 6 步动作同前,做一次完整的方步转体,共走 12 步,转体 360°。练习时应记住,第一次转体时如果出左脚,下一次转体时就要退右脚。

(三) 交叉步

交叉步是由侧步和前后摇摆步组成的,如图 13-3(c)所示。

以闭式舞姿站立,男伴交叉步的舞步如下:左脚向侧一步,右脚交叉在左脚的斜后方,用前脚掌点地,身体重心向后移,再向前移。右侧交叉同前,动作方向相反。

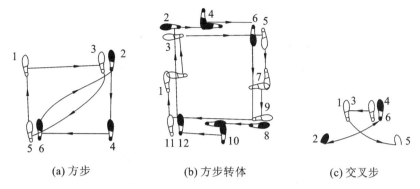

(a) 方步　　　　　(b) 方步转体　　　　(c) 交叉步

图 13-3　体育舞蹈的基本舞步组合

(四) 并列行进步

以闭式舞姿站立,男伴并列行进步的舞步如下。

(1) 左脚向侧一步,同时上体左转成闭式舞姿。

(2) 右脚向前一步,交叉在左脚前。

(3) 左脚向侧一步,同时向右转体。

(4) 右脚向左脚并拢,成闭式舞姿。

第三节　体育舞蹈的练习方法

一、慢四步舞(布鲁斯舞)

慢四步舞,节奏多为 4/4 拍,舞蹈风格为庄重、平稳、缓慢、抒情。慢四步舞的基本节奏是慢、慢、快、快,慢占两拍,快占一拍。

(一) 走步

慢四步舞的走步可以向前进四步,也可以向后退四步,其节奏是一、二步为慢拍,三、四步为快拍。

(二) 方步

慢四步舞的方步向前和向后都是慢拍,侧步是快拍,其节奏为慢、快快、慢、快快。也可以采用另外一种舞步,即右脚不后退,而是向前进,如图 13-4(a)所示。

(三) 方步转体

方步转体的节奏同方步,向前和向后都是慢拍,侧步是快拍。

(四) 平衡步

慢四步舞的平衡步向前、向后、向左、向右都是慢拍。

(五) 并列行进步

慢四步舞的并列行进步左脚向侧走步慢,右脚向前走步慢,左脚向侧走步快,右脚并拢快。

（六）前进侧步

前进侧步既简单又实用，由走步和侧步组成，如图 13-4(b)所示。

以闭式舞姿站立，男伴前进侧步的舞步如下。

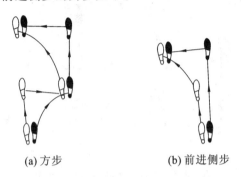

图 13-4　慢四步舞的方步和前进侧步

(1) 左脚向前一步。
(2) 右脚向前一步。
(3) 左脚向左前一步。
(4) 右脚向左脚并拢，重心转移至右脚。

（七）摇摆步转体

摇摆步转体适合在拐角处或前方受阻需要改变方向时使用，由摇摆步和转体侧步组成，如图 13-5 所示。

以闭式舞姿站立，男伴摇摆步转体的舞步如下。

(1) 左脚向前一步，重心向前移。
(2) 右脚不动，重心向后移。
(3) 身体向左转 90°，同时左脚向侧一步。
(4) 右脚向左脚并拢，重心转移至右脚。

图 13-5　摇摆步转体

（八）向左转体 180°

以闭式舞姿站立，男伴向左转体 180°（见图 13-6）的舞步如下。

(1) 左脚向左前方迈步。
(2) 右脚向前侧步，同时向左转体 90°。
(3) 身体继续向左转 90°，左脚向后退一步。

(4) 右脚向左脚并拢,重心转移至右脚。

(九) 向右转体 180°

以闭式舞姿站立,男伴向右转体 180°(见图 13-7)的舞步如下。

图 13-6　向左转体 180°　　　图 13-7　向右转体 180°

(1) 左脚向前一步。
(2) 右脚向前一步,同时向右转体 90°。
(3) 身体继续向右转 90°,左脚向后退一步。
(4) 右脚向左脚并拢,重心转移至右脚。

二、慢三步舞(华尔兹)

慢三步舞,舞步婉转、流畅,素有"舞中之后"的美称。

(一) 平衡步

向前、后、左、右走时,第一步膝关节微屈,占一拍的时间,第二步支撑腿的膝关节要逐渐伸直,占两拍的时间。

(二) 方步

男伴前三步的舞步如下。
(1) 左脚向前一步,左腿膝关节微屈。
(2) 右脚向侧一步,左腿膝关节逐渐伸直。
(3) 左脚向右脚并拢,重心转移至左脚。
男伴后三步的舞步如下。
(1) 右脚向后退一步,右腿膝关节微屈。
(2) 左脚向侧一步,右腿膝关节逐渐伸直。
(3) 右脚向左脚并拢,重心转移至右脚。

(三) 方步转体

方步转体的节奏与脚的使用基本同方步。所有旋转都需要有上体动作和膝部动作的配合。前三步,左脚向前出脚的同时身体向左转,侧步时完成 90°旋转。

(四) 走步

走步可以走三步,也可以走六步,可以走直线,也可以走弧线。走三步时,第一步要大,膝关节微屈,第二步、第三步要小,膝关节逐渐伸直。

(五) 交叉步

男伴交叉步的舞步如下。

(1) 左脚向侧一步。

(2) 右脚交叉在左脚的斜后方,用前脚掌点地,身体重心后移。

(3) 身体重心向前移。

(4) 右脚向侧一步。

(5) 左脚交叉在右脚的斜后方,用前脚掌点地,身体重心向后移。

(6) 身体重心向前移。

(六) 臂下转体

以闭式舞姿站立,男伴臂下转体的舞步如下:先走方步的前三步,然后右脚向后退一步,同时用左手将女伴的右手抬起,并用右手暗示女伴向右转体,左脚向侧一步,右脚向左脚并拢。

女伴臂下转体的舞步如下:先走方步的后三步,然后左脚向前一步,同时身体右转;右脚向前一步,同时向右转体180°;左脚向右脚并拢,继续向右转体180°;左脚向右脚并拢,继续向右转体180°;左脚向右脚并拢,继续向右转体180°,与男伴成闭式舞姿。

第十四章 户外运动

第一节 定向运动

定向运动(见图14-1)是利用定向地图和指北针选择道路和目标的体育运动,是一项集健身、娱乐、竞技和国防教育于一体的体育项目。定向运动按运动形式可分为山地车定向运动、滑雪定向运动、轮椅定向运动以及徒步定向运动。定向运动既能提高人们在野外判断方向的能力,又能促进人们学会使用地图,还能培养勇敢、顽强的品格。

图14-1 定向运动

一、定向地图

定向地图是一种专题地图,是以地形图为基础建立的运动用地图。与一般的地图相比,定向地图更加详尽地记录了地面的情况。定向地图要求将对识别地图和选择路线有影响的因素都要表示出来,如地貌、可奔跑性、水系、建筑群与独立的房屋、道路网、对判断方向与确定位置有用的地物等。一张标准的定向地图包括比例尺、等高线、地物符号、图例说明、检查点说明等内容。

定向地图上常见的颜色有黑色、棕色、蓝色、绿色、白色、黄色、红色等。

(一) 比例尺

要想将地球表面展示在图纸上就需要将其缩小,要将其缩小就必须有一个比例关系,并将这种比例关系作为两者之间的计算尺度,这个尺度就是我们平常所说的比例尺。

比例尺的表达式为:比例尺=图上距离/实际距离。比例尺 1∶1000 说明地图上的 1 厘米相当于实际地形中的 1000 厘米。

比例尺主要有以下三种表示方式。

(1) 数字式,如 1∶10 000。

(2) 文字式。

(3) 图解式。

(二) 等高线

在定向地图上,我们可以看到很多棕色的一圈套一圈的曲线图形,这就是等高线,如图 14-2 所示。定向地图就是利用等高线来表示地面的起伏状态的。等高线越密集,表示坡越陡;等高线越稀疏,表示坡越缓。利用等高线分析地貌是定向运动中的一项基本技能。

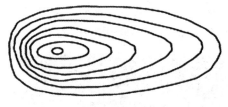

图 14-2　等高线

(三) 地物符号

地物在地图上是用统一规定的符号表示的,这些规定的符号叫地物符号。地物符号是构成地图的重要因素,没有它就无法绘制地图。各种地物是用形状不同、大小不一、色彩不同的符号表示的。

二、指北针

指南针是中国古代的一项伟大发明。战国时期,我们的祖先发明了司南,司南是指南针的前身。司南由勺子和刻着方位的铜盘组成,勺子是用天然磁石制成的,铜盘上刻有方位。用手转动勺子,当勺子停下来时,勺把所指的方向就是南方。

指南针与地图结合使用时,需要确定北方,所以人们常称指南针为指北针。在定向运动中,指北针的主要作用是辨别方向、标定地图、确定位置等。定向运动中使用的指北针一般都以装有磁针的透明的有机玻璃盒为主体,在有机玻璃盒内一般装有起稳定作用的特殊液体,用来增强磁针的稳定性。当指北针的磁针静止后,其 N 端(通常都有标记)所指的方向就是北方。

目前,定向运动中常用的指北针有三类:基板式指北针、拇指式指北针、拇指刻度盘式指北针,如图 14-3 所示。

三、定向运动的基本器材

不同类型、不同等级的定向比赛所需要的物质条件是不同的,但定向地图、指北针、检查点标志、打卡器是任何定向比赛中都不可缺少的物质条件。定向地图、指北针在前面已介绍过,这

(a) 基板式指北针　　　　(b) 拇指式指北针　　　　(c) 拇指刻度盘式指北针

图 14-3　指北针

里主要介绍检查点标志和打卡器。

（一）检查点标志

检查点用于检验运动员是否按规定跑完全程，为此，应设置专门的标志。检查点应在地图上准确地表示出来。检查点标志由 3 面正方形的标志旗连接组成，每面标志旗沿对角线分开，左上为白色，右下为红色，尺寸为 30 厘米×30 厘米。

悬挂标志旗的方式有两种：有桩式和无桩式，如图 14-4 所示。悬挂高度一般从标志旗上端计算，一般为 80～120 厘米。

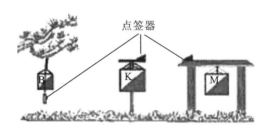

图 14-4　悬挂标志旗的方式

K,M—有桩式；B—无桩式

（二）打卡器

打卡器是与检查点标志配合使用的。为了证实运动员在比赛中通过了各个检查点，运动员必须在到达每一个检查点时，使用打卡器打卡。

图 14-5　钳式打卡器

1.钳式打卡器

钳式打卡器是用弹性较好的塑料制成的，一端装有钢针，另一端装有橡胶垫，如图 14-5 所示。这种打卡器价格便宜，使用方便，适合在日常训练以及小型比赛中使用。

2.电子打卡计时系统

随着定向运动的不断发展，定向运动所使用的器材也不断更新。1994 年电子打卡计时系统首次在大型定向比赛中使用。电子打卡计时系统的应用改变了路线设计的部分规则，使比赛路线可以变得更加复杂、有趣，同时也提高了比赛的公平性。电子打卡计时系统的应用使定向比赛的质量得到了明显提高。

电子打卡计时系统（见图 14-6）由指卡、点签器和终端打印系统组成。

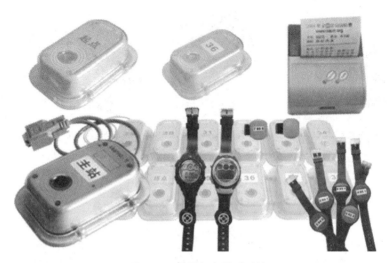

图 14-6　电子打卡计时系统

指卡用来记录运动员是否到达检查点,以及到达检查点的时间。指卡是针对定向运动的特点设计的,储存容量大,可以记录运动员到达检查点的各种资料,这些资料可以一直储存在指卡内,直到下一次在清除站清除。指卡可以重复使用。指卡是非磁性的,不会干扰指北针的使用,而且指卡的编码设计保证了号码的唯一性,可对运动员的身份进行识别。指卡的打卡时间可以精确到 0.1 秒,使得运动员的比赛成绩更加精确。

点签器全部采用防水、防震设计,内部具有独立的时钟,并且采用了掉电保护等技术,使其可以在户外的各种恶劣环境中使用。

当数据传输到主站时,主站连接终端打印系统可直接打印运动员的成绩。终端打印系统采用充电电池供电,无须外接电源,适合在野外使用。

四、定向运动的一般方法

定向运动的一般方法如下。

(1) 了解比赛概况。在起点拿到定向地图后,先大概了解检查点的数量,标定地图,然后迅速找出第一个检查点的位置,并了解周围的地形特征。

(2) 正确地选择行进路线并行进。行进过程中一般把地图折叠起来,把要用的区域留出来,左手拿地图和检查卡片,右手拿指北针。

(3) 寻找检查点并打卡。到检查点附近时,对照地图,确定检查点的具体位置,并找到检查点。找到检查点后,使用打卡器打卡。按照上述方法依次找到全部检查点并打卡。

(4) 冲刺。找到最后一个检查点后,以最快的速度冲向终点。到达终点时,把检查卡片交给工作人员。

第二节　攀　　岩

攀岩(见图 14-7)是近些年迅速发展起来的很受年轻人欢迎的一种极限运动。攀岩具有很高的身体锻炼价值。

14-7 攀岩

一、攀岩训练的目的和意义

攀岩训练的目的是使攀登者掌握征服悬崖峭壁等各种天然和人工障碍的技能。它要求攀登者面对艰险的地理环境,以最快的速度、最小的代价和合理的技术完成攀爬。攀登者如果没有良好的攀爬技术和心理素质,就会在攀爬过程中出现烦躁、紧张、犹豫不决等心理状态,降低攀爬效率,甚至无法顺利完成攀岩。相反,良好的攀爬技术和心理素质可以使攀登者迅速克服障碍,对胜利充满信心。因此,攀岩训练既可以锻炼身体,也可以培养人们的意志品质和自信心。

二、攀岩的主要技术

攀岩作为勇敢者的运动,具有很强的挑战性。攀岩可以分为自然条件下的攀岩和人工模拟条件下的攀岩。无论是自然条件下的攀岩还是人工模拟条件下的攀岩,其技术要领都是基本相同的。

(一)探点技术

1.换手技术(以右手换左手为例)

首先向左移动身体重心,使右手在离开原支点前就不承担身体负荷,此时,右手移向左手抓握的支点,然后左手向外侧移动,接着右手抓握住支点上空出的位置。若支点较小,可以先将右手放在左手上,然后逐渐抽出左手,使右手抓握住该支点。

换手时,身体重心移动要平稳,换手时机要选在右手无负荷时,以利于保持平衡。

2.换脚技术(以左脚换右脚为例)

在不增加手部负担的情况下,保持身体的平衡,先将左脚提到右脚上方,右脚转动,使支点左侧空出,这时左脚从上方切入,右脚待左脚已支撑体重时抽出。

(二)固点技术

1.手部固点技术

在攀岩过程中,不会有两个一模一样的手点,它们形状不同、大小也不同。抓握这些手点时,需要采用不同的手部技术。

1) 开握技术

当支点的边缘可以支撑住手指的第二关节时,可以将手平坦地靠在支点表面上,手指并拢,让手指与支点充分接触,整个手掌不用紧握支点。

2) 抠握技术

当遇到相对较小的支点,四指并拢后能套住该支点时,可以用大拇指压住食指,将支点完全套在手掌中,从而握住该支点,如图 14-8 所示。采用抠握技术时,要注意避免没有必要的压力和拉力,以免手指受伤。

图 14-8　抠握技术

3) 捏握技术

当一个支点没有可握住的边缘,只能依靠手指的摩擦力时,可以采用捏握技术。采用这种技术时,大拇指捏的方向与其余四指抓的方向一般是相对的。当支点很小时,只能靠拇指和食指第二关节的外侧面去捏握。

4) 抓握技术

抓握支点时,手臂的位置要低,主要靠向下的拉力加大水平摩擦力,要充分使用拇指的力量,尽量使拇指搭在支点上。对于常见的水平浅槽支点,可使拇指指肚一侧扣进槽内,以增加抓握力量。

5) 反扣技术

手掌朝上,手尽可能伸到支点的背后,向上抓住支点的凹下部位,完成固点动作。此技术的关键是掌握用力的方向。

2. 脚部固点技术

脚部的固点是攀岩成功的关键,是整个攀爬过程的基础。在攀岩过程中,通常会遇到两种脚点:凹凸点和摩擦点。

1) 挂点技术

当同侧手脚都已抓住支点时,身体处于一种不平衡的状态,这时攀登者可以将另一只脚的后跟挂在这一侧的支点上(支点的高度约在腰部或偏下的位置),然后另一只手可以去抓握其他支点。脚部要紧贴岩壁,避免挂点不稳造成脱落,腿部的弯曲度以利于控制身体平衡为准。

2) 踏点技术

采用踏点技术时,主要的固点部位为支点的上部。一般情况下,脚可利用的部位有三个:外侧、内侧和脚尖。踏点技术因此分为侧踏和正踏两种。踏点时,先根据支点的大小选择利用脚的部位,然后采用该部位压紧支点,并保持正确的踝关节角度。踏点后,脚尽量不要移动,脚要压紧支点,侧踏时,腿部不要距离岩壁太远。

3) 摩擦点技术

该技术利用摩擦力完成动作。弯曲脚踝,放低脚后跟,尽量使鞋子与岩壁的接触面积增大,然后用力下压,使鞋子底部的纹理与岩壁的纹理相吻合,形成支撑。

4) 反勾技术

一只脚正压在支点的上部,另一只脚用脚尖反勾该支点的下部,两脚用力的方向相对且在一条直线上。

(三) 移动技术

攀岩的移动技术主要包括上升技术和施力技术。

1. 上升技术

1) 三点固定上升技术

三点固定上升技术是一种利用岩壁的支点,采用两手一脚或两脚一手固定并利用各种手部技术、脚部技术和施力技术使身体上移的技术,如图 14-9 所示。采用该技术时,手脚要密切配合,要注意保持身体重心的稳定,转移重心的过程要平稳、流畅。

图 14-9　三点固定上升技术

2) 蛙式上升技术

蛙式上升技术如图 14-10 所示。双手抓稳支点后,两只脚分别抬到靠近躯干的平行支点上,然后站起。使用该技术时,双脚一般处于平行状态。由于使用此技术时,手点和脚点的距离较近,人体处于弯曲状态,重心落在脚点外侧,所以双手应适当牵引,同时两腿外旋使两腿内侧贴近岩壁。

图 14-10　蛙式上升技术

3）蹬点上升技术

手臂尽量悬垂，腿部弯曲，保持静止，眼睛盯住所要抓握的支点，然后手脚同时发力，通过拉和蹬的施力方式使身体升高，当身体到达最高点时，一只手向上伸直抓住支点。

2. 施力技术

1）手部施力技术

（1）下拉施力技术。

抓握住支点后，先沉肩坠肘，使手臂处于支点的正下方，然后用拉的方式向下施力，如图 14-11 所示。这是一种常用的施力技术。

图 14-11　下拉施力技术

（2）侧拉施力技术。

当一个支点的方向为竖直方向，并且很难用手从支点的上面往下拉时，可以采用这种手部施力技术。侧拉时，身体斜对支点，手与脚用力的方向相对，如图 14-12 所示。

图 14-12 侧拉施力技术

(3) 平拉施力技术。

当遇到外凸的岩壁时,要通过该岩壁,需要采用平拉的技术动作。采用平拉的技术动作时,一般先用手抓握住该支点,然后沿垂直于岩壁的方向向外平拉,以利于身体靠近岩壁,如图 14-13 所示。

图 14-13 平拉施力技术

2) 脚部施力技术

脚部施力技术主要有以下两种。

(1) 正蹬施力技术。

(2) 侧蹬施力技术。

第三节 野外生存

野外生存是指人在山野丛林中求生,是探险运动的一种。现在,野外生存逐渐成为一种时尚。人类在自然的怀抱中创造了文明,文明却使人类远离自然。也许是因为人们远离自然太久,所以开始渴望回归自然。野外生存的兴起,正好满足了人们的这一需求。

野外生存所包括的知识非常广泛,如判断方位、猎捕动物、就地取材搭建帐篷、识别和利用草药治病等。概括起来就是行、吃、住、自救四项。

在竞争日趋激烈的知识经济时代,科技发展日新月异,现代社会中的人们,尤其是每日穿梭于高楼大厦间的职业人士越来越多地感受到来自于社会、工作、学习及家庭的各种压力和挑战,他们往往感觉疲惫不堪、力不从心。参加野外生存训练可以帮助人们重新认识自我,挖掘自身的潜能,唤起人们面对困难和挑战的勇气。

一、野外生存训练的内容

(一)体能训练(负重越野)

背包重10~15千克,徒步穿越山野。要求参加训练的人员不能掉队,不能扔掉背包。目的是让参加训练的人员体验人生的艰辛,不轻言放弃,树立坚持就是胜利的信念。

(二)徒步穿越

要求参加训练的人员互相帮助、团结友爱,不允许有掉队现象和消极言论。目的是提高参加训练的人员的团队意识。

(三)野外露营

要求大家分工合作,搭建帐篷,寻找柴火,生火做饭。目的是使参加训练的人员自力更生,相互了解,增进感情。

(四)攀岩

要求参加训练的人员必须尽最大的努力攀爬。目的是挑战自身的极限,体验达到目标的艰辛以及获得成功的喜悦。

二、野外生存的装备

(一)背包

背包应结实、防水、不易磨损,最好有内衬。

(二)睡袋和帐篷

睡袋的材料通常有两种:一种是人造织物;另一种是羽绒。睡袋应防火、防潮、卫生,如果受潮应及时晒干,禁止在睡袋内吸烟。帐篷是野外露营的必备装备,应选择抗风性、保暖性、防水性较好的帐篷。

(三)鞋子

鞋子要轻,鞋底要软,并有防滑条纹,穿上鞋后,脚尖要能自由活动。

(四)急救用品

在野外生存时,很容易受伤、生病,所以要随身携带解毒剂、消炎药、感冒药、腹泻药、镇痛药、纱布、胶带、绷带等。

（五）照明用品

应选用占用极小空间的微型手电筒。

（六）其他物品

除了上述物品外,还要根据需要准备其他物品,如指南针、水壶、地图、绳索、针线、砍刀、照相机、望远镜、小型收音机等。

三、野外生存的技巧

（一）物品的准备

物品的准备应遵循少量、简易和保障的原则。少量是指尽可能不多带,少量还包括物品的一物多用,比如听装食品使用前可作板凳,用过的听装容器可当水杯等。简易是指物品要便于携带、使用方便。保障是指需要的物品一定不能少带,如食物、药品等。

（二）水的饮用

在野外,有几种水是不能饮用或不能直接饮用的:一是死水;二是有异味的水;三是雪水,直接吃雪不仅会使体温降低,还会导致肠胃功能紊乱,体温一旦过低,人就神志不清,甚至会产生幻觉。

（三）营养的摄入

糖类是人体所需能量的主要来源,在野外生存时,可准备一些馒头、马铃薯、糖果、巧克力等,以保证充足的能量供应。一般来说,动物蛋白质的营养价值比植物蛋白质要高,因此,可以准备一些动物蛋白质含量较高的食物,比如鱼罐头、肉罐头等。值得注意的是,森林里有很多蕨类植物和野生菌都是可以食用的,但采摘时应注意,色彩鲜艳的可能有毒。

（四）野外自卫与自救

在野外面对危险情况时应注意以下几点。

(1) 沉着应对。在毫无准备的情况下,突然面对来自外部的威胁,心情紧张是不可避免的,但为了自卫,必须将紧张的心情迅速调整为平静的状态。

(2) 充分利用随身携带的工具。遇到危险时尽可能利用随身携带的工具自卫,如绳索、小刀等。

(3) 紧急求救。在孤立无援的情况下,要通过各种手段向外界发出求救信号。

（五）意外事故的应对

1. 被毒蛇、昆虫咬伤

被毒蛇咬伤后,要迅速用布条、手帕等将伤口的近心端扎紧,以防止毒液扩散,然后用消过毒的刀在伤口处划开一个长1厘米左右、深0.5厘米左右的刀口,用嘴将毒液吸出。如果口腔黏膜没有损伤,不必担心中毒。被昆虫咬伤后,要先用冰或凉水冷敷,然后在伤口处涂抹解毒剂。如果被蜜蜂蜇伤,应先用镊子等将刺拔出,再涂抹解毒剂。

2. 骨折

如果发生骨折,应先用夹板固定再冷敷。如果是从树上摔下来伤到脊椎,应先将患者放在平坦、坚固的担架上固定,然后将其送往医院。

3.外伤出血

如果被刀等利器割伤,可以先用干净的水冲洗,然后用绷带等包扎。

4.食物中毒

吃了变质的食物,除了会腹痛、腹泻外,还会伴有发烧等症状,此时应采取催吐的方法将食物呕吐出来,并多喝些饮料或盐水。

第十五章 帆船运动

第一节 帆船运动的起源和发展

一、帆船运动的起源

帆船的出现,是人类文明发展过程中与大自然做斗争的智慧结晶和有力见证。帆船最早起源于古埃及,在距今约有4700年历史的古埃及红海岸边发掘出的古埃及船的陶器遗物上就印有帆船图案。

中国是世界上造船航海历史最悠久的国家之一。早在5000年前,勤劳的中国人就开始制造舟楫了。商代已经出现了帆船运输,唐代对外贸易的商船直达波斯湾和红海之滨,所经航路被誉为"海上丝绸之路"。

那时候使用的海船具有9个水密隔舱,抗沉性好,并设有帆和舵,可利用侧逆风行驶。到了12世纪初期,中国将指南针用于航海导航;15世纪初至15世纪30年代,郑和七下西洋,所用的船有9桅12帆,长44丈、宽18丈,船队共有大小200余艘船,最远航程到达非洲东岸,即现今的索马里和肯尼亚一带。

二、帆船运动的发展

(一)世界帆船运动的变化发展

帆船作为一种比赛项目,最早的文字记载出现于1900多年前古罗马诗人维吉尔的作品中。到了13世纪,威尼斯有了定期举行的帆船比赛。到16—17世纪,帆船又作为娱乐活动出现在荷兰。古代的荷兰地势较低,开凿运河较多,人们会使用小船捕捞和运输,这种简单的小船被称为"jaght schip",荷兰语的意思是"既快又轻的捕鱼船",长14~20米。

到了17世纪中叶,英国王子查理二世被国内起义军赶到荷兰避难时,发现并喜欢上帆船这种娱乐活动;1660年,查理二世回国,阿姆斯特丹市市长将"玛丽"号小船赠送给他,之后英国就依据"玛丽"号的样子建造了比赛用的帆船,英文名"yacht",一直沿用至今。1662年,英国国王与荷兰举办了一次帆船比赛,比赛路线从格林尼治到格来乌散德再到格林尼治,英国"金吉尔"号参赛,荷兰"什护拉"号参赛。

18世纪初,俄罗斯圣彼得堡创建了世界上第一个帆船俱乐部。从此,帆船俱乐部和帆船协会相继诞生。1720年左右,英、美、瑞典、德、法等国家先后成立了帆船俱乐部、帆船竞赛协会。

19世纪初,现代竞技帆船运动在欧美兴起。1812年,英国创建了皇家帆船中队;1844年,美国成立了纽约帆船俱乐部。这个时期欧洲、美洲的各个国家在国内和国际之间举行定期的帆船比赛,1870年美、英两国举行了第一届著名的横渡大西洋"美洲杯"帆船比赛。这场比赛让美国帆船称霸一个多世纪,直到1995年新西兰队才成为第二个"美洲杯"夺冠国家。

1896年,第一届现代奥运会就把帆船列为正式竞赛项目,但由于当时天气情况不佳,帆船比赛未能进行。1900年,第二届奥运会明确规定了帆船的七个比赛级别,进行了第一次世界性的大型帆船比赛。当时比赛船只较大且笨重,适合远航。到了20世纪40年代,工业快速发展,船舶制造材料不断改进,帆船体型也逐渐从大而笨重向小型、快速、轻便的方向发展。之后,小型船在世界上得到不断的改进并迅速发展起来。

国际帆船联合会(International Sailing Federation,ISF),简称国际帆联,1907年成立于法国巴黎,创始国是英国,总部设在英国伦敦,现有协会会员122个,其正式用语为英语。国际帆联的任务是不分种族、宗教、性别、政治信仰,开展各类帆船运动;制定、监督和解释帆船比赛的规则,处理项目间的矛盾;解决各类帆船的竞赛资格;组织奥运会帆船赛;管理各种帆船锦标赛等活动;审查、研究和调查有关帆船运动的各种问题,并做出报告,传递信息;维护协会会员的利益;组织各种比赛活动,激发公众兴趣,奖励运动员和其他人员,为关心帆船运动的人士和组织提供服务。

(二)中国帆船运动的变化发展

虽然中国制造和使用帆船的历史悠久,但将其作为一种体育竞技项目起步较晚。1904年,德国人开始在青岛举办海上帆船比赛;1922年,欧美客居青岛人士在青岛成立帆船俱乐部,这是中国的第一个帆船俱乐部。此后直到20世纪50年代中国才开始涉足航海运动,接着许多航海俱乐部相继建立,主要项目是航海多项运动。1958年,上海、武汉、广州、青岛、哈尔滨等城市在武汉东湖举行了首次帆船表演赛。70年代末,国家体育总局(原国家体委)在原有的舢板驶帆运动的基础上进一步开展了竞技帆船、帆板运动,并于1978年初举办了包括山东、浙江、湖北、上海、河北等省市的帆船大集训,为各省市培养帆船教练和骨干。1980年以后,我国帆船运动逐渐普及和发展起来,国外专家和选手经常来访讲学,国际交往增多。1984年3月10日,中国帆船帆板运动协会(简称"中国帆协")加入国际帆联。中国帆协是中国奥林匹克委员会承认的全国性运动协会,也是具有独立法人资格的全国性群众体育组织,中国帆协是中国帆船帆板运动的领导机构,是代表中国参加国际帆船组织的唯一合法组织。

中国帆船运动的历史虽短,但是在中国帆船运动当中出现了许多优秀的运动员和航海家。徐莉佳,2008年北京奥运会帆船激光雷迪尔级季军,2012年伦敦奥运会帆船激光雷迪尔级冠军,是中国帆船运动历史上首位激光雷迪尔级奥运冠军。殷剑,奥运冠军,中国女子帆板运动员,在2008年北京奥运会上夺得女子RS-X级帆板金牌。郭川,第一位完成沃尔沃环球帆船赛的亚洲人,2012年11月18日,郭川开启单人不间断帆船环球航行,经历了海上近138天的艰苦航行后,于2013年4月5日驾驶"青岛号"帆船荣归母港青岛,成为第一个单人不间断帆船环球航行的中国人。2016年10月25日,郭川因突发事故落水失联。

目前国内大多数帆船俱乐部的帆船课程主要面向青少年和儿童,以及有一定经济基础的人。针对不同需求的客户,分别开设了龙骨船、双体船、稳向板船的课程,个别俱乐部还拥有游艇培训及大帆船环球远航培训。

俱乐部的帆船课程主要在夏令营和冬令营的一周或几周时间内开展,通过长期且集中地教学,加强巩固知识,以达到掌握新知识和新技能的目的。而俱乐部在校园的培训形式主要有两种:一种是在课堂内进行的航海理论及海洋知识文化的学习;一种是周末海上实践操作。

三、世界著名帆船赛事

（一）奥运会帆船赛

奥运会帆船赛四年一届,是帆船运动最重要的赛事。参赛船只数控制严格,每个国家在每个级别只允许一条船参赛。目前有 11 个奥运会级别,以轻型的稳向板船为多;帆板比赛项目是第 23 届奥运会列入的项目;女子帆板是第 25 届奥运会列入的项目。

（二）美洲杯帆船赛

美洲杯帆船赛起源于 19 世纪中叶,迄今已有超过 150 年的历史。1870 年美、英两国举行了第一届著名的横渡大西洋美洲杯帆船比赛。美洲杯帆船比赛是帆船赛中影响最大、声望最高的赛事,与奥运会、世界杯足球赛以及一级方程式赛车并称为"世界范围内影响最大的四项传统体育赛事"。

（三）沃尔沃环球帆船赛

沃尔沃环球帆船赛是世界上历时最长的职业体育赛事,也是全球最顶尖的离岸帆船赛事,并与美洲杯帆船赛和奥运会帆船比赛并称为世界三大帆船赛事。沃尔沃环球帆船赛事创立于 1973 年,当时名为怀特布莱特环航挑战赛,现在已无可争议地成为世界最高级别的环球帆船赛,被誉为"航海的珠穆朗玛峰",每四年举行一次。这项航海马拉松赛最初鲜为人知,如今已成为国际航海届最重要的远洋帆船赛,同时是目前全世界影响力最大的专业帆船赛之一。

（四）世界帆船锦标赛

每年在世界各地都会举行各类帆船世界锦标赛,主要分为以下几类:

ISAF 奥林匹克级别综合世界锦标赛,四年一届;

各级别举行的单项世界帆船锦标赛,每年一届;

ISAF 世界青年帆船锦标赛,每年一届;

ISAF 世界帆船团体锦标赛,每年一届;

ISAF 世界帆船对抗锦标赛,每年一届;

ISAF 世界女子帆船对抗锦标赛,每年一届;

ISAF 世界女子龙骨帆船锦标赛,每年一届。

（五）悉尼—霍巴特帆船赛

悉尼—霍巴特帆船赛是创建于 1945 年的世界著名远洋帆船赛事,每年在澳大利亚举行一次,赛事吸引了来自世界各国的航海爱好者。比赛起点为悉尼湾,终点为澳洲第二古城霍巴特,全程 640 海里,最快不到三天就可以到达,最长需要七八天才能到达。1997 年,中国香港帆船协会会长郭志梁先生亲自驾船参赛,成第一次获得该项赛事冠军的亚洲选手。1998 年的比赛碰到了历史上少见的风暴,当时风速达到每小时 135 千米,5 条帆船在风暴掀起的 20 米巨浪中被淹没,致使 6 人失踪。这一事件也成为一次历史性的灾难,被人们铭记。

四、帆船运动进入奥运会

1896年,第一届奥运会就把帆船列为正式竞赛项目,但由于天气情况恶劣,第一届奥运会的帆船比赛未能举行。1900年第二届奥运会在法国巴黎举行,帆船运动共进行7个级别的比赛。除在美国圣路易斯举行的第三届奥运会没有帆船比赛外,其余的奥运会都设有帆船项目。

除个别级别由组委会提供比赛器材外,其他所有级别的比赛器材都由各代表团自带,由集装箱或空运途径从海外运至赛场。每届奥运会后都将对下届奥运会帆船比赛个别级别及项目进行调整。

五、中国高校开设帆船运动课程

习近平主席会见全国群众体育先进单位和先进个人代表时强调,体育承载着国家强盛、民族振兴的梦想,关乎人民幸福,关乎民族未来。加快建设体育强国,就要深刻把握体育强国梦与中国梦息息相关的定位,把体育事业融入实现"两个一百年"奋斗目标大格局中去谋划和推进。

中国帆船帆板协会秘书长刘卫东表示,青少年是祖国的未来,更是一个运动项目发展、壮大的基础保障。近年来,中国帆船帆板运动协会会同全国各会员协会和会员俱乐部,大力开展青少年帆船的普及与推广工作,并取得初步成效。但是帆船运动本身存在的条件限制以及大众对航海文化的不了解,导致大多数人存在一定的心理距离,导致帆船运动推广缓慢。

现今高校开展帆船运动主要以组建校级帆船队和由学生自发成立帆船社团的形式存在,随着帆船运动在高校的深入开展少部分有教学条件的高校开设了帆船课程。一般来说,帆船运动员是从帆船运动较为发达的青岛、日照、湛江等地挑选的,全国有十几亿人口,但是帆船运动仅普及到几个城市,可见宣传力度非常小。而且并不是每个高校都开设了与帆船运动有关的专业或者俱乐部,以位于青岛的中国海洋大学和位于湛江的广东海洋大学为例,这两所高校凭借得天独厚的地理位置,能开设相关专业并及时地进行实践操作。而其他绝大部分高校都没有开设相关专业,这在教育上也拉低了帆船运动的普及率。

武汉属于内陆城市,与国内沿海高校相比,武汉市高校帆船运动的开展起步较晚。在帆船队组建方面,海军工程大学于2009年组建了武汉市高校中的第一支帆船队,随后武汉大学与武汉学院于2015年、武汉体育学院于2017年相继组建了帆船队。目前武汉市共有9所高校组建有帆船队。在帆船课程设置方面,武汉学院于2016年开设了帆船选修课,2019年开设了帆船专业课,是华中地区首家开设帆船专业课的高等学校。

高校把帆船作为一门体育课,在开展教学的过程中仍面临许多挑战。帆船课程受天气、安全、器材、水域等因素的影响,授课难度大,由于教学资源短缺、教学手段单一,教学质量和教学效果得不到保证。为了推动高校帆船特色课程可持续发展,提高课程的教学质量与教学效果,更好地挖掘教学潜力,分析存在的问题,解决课程发展过程中存在的重点、难点问题对帆船课程建设很有必要。

六、学习帆船运动的意义与价值

(一)意义

帆船运动自在我国兴起以来,得到了蓬勃发展和壮大,越来越多的人加入到帆船运动的行

列中来感受自然、亲近自然。帆船是一项锻炼人的独立、健康、团结、合作等能力的运动,因此越来越受到人们的青睐。学习帆船运动的意义在于:

(1) 回归自然。帆船运动可以让我们回到大自然中去,感受大自然中美妙的声音、清新的空气、洁净的水、温暖的阳光等。

(2) 磨炼意志。户外运动需要与大自然亲密接触,不可避免要与风、雨、湖、海以及四季气候做伴,需要克服恶劣天气、挑战体能极限、不断超越自我的意志力。

(3) 团队协作。团队协作是一种为达到既定目标所显现出来的资源共享和协同合作的精神,它可以调动团队成员的所有资源与才智,并且会自动地驱除所有不和谐、不公正的现象,从而使团队协作产生一股强大而持久的力量。

(4) 增长见识。古人所说的"读万卷书,行万里路""绝知此事要躬行"就是这个道理。通过学习帆船运动,丰富了自己的知识和能力,而且有不少知识及经验是不可能从书本中学到的。

(二) 价值

由于生存与发展的驱使,人们总是在为生计而忙碌,快节奏、高效率的现代生活将人的神经变得高度紧张。长期这样生活,可能使人们变得肤浅,心理畸形发展,身体则易患各种现代都市综合征等。人们渴望一种彻底的身心放松和一种健康的心理状况。真正的身心放松及心理调整最好就是回到大自然中去,那时人世间的世事纷争、功名利禄、荣辱得失等就会变得淡薄,体会到什么是"澹泊",什么是"无为、无不为",体会到什么样的生活及人生观才能保持一个真正的自我。只有达到这种境界,才是本质意义上的身心放松、达观处世。

第二节 帆船运动的特点与帆船分类

一、帆船运动的特点

帆船运动属于水上竞技类运动,国际赛事多在海上举行,进入中国后主要在沿海城市发展,后在中国大陆湖滨城市逐渐发展起来。帆船运动的特点决定了其具有竞技性、规范性、普及性、多样性、变化性、娱乐性和观赏性等,是一项体能挑战与技术竞技相结合的运动,受到世界各国人民的欢迎和喜爱。

(一)帆船运动的竞技性

帆船运动被列为奥运会项目,有其特有的竞技特点:要求运动员在竞速的同时绕过目标,既要判断风向、风速,又要熟悉水上驾驶技术,能够在不同气候和环境下驾驶帆船行驶;有较强的技战术、默契的团队配合以及常年不间断的帆船实操训练。

(二)帆船运动的规范性

自1900年帆船运动被列入第二届现代奥运会之后,这项运动无论是从规模还是从水平上都进入了一个快速发展的时期。帆船竞赛规则包括:各级别竞赛规则、名次计算方法、器材丈量、信号与避让、安全注意事项等。帆船竞赛一般按照国际通用规则进行赛事制定,并且根据不同竞赛场地的地理位置因地制宜地调整竞赛规程,保证竞赛的公平、公正及规范。

(三)帆船运动的普及性

受传统生活方式的影响,多数中国人都对大海抱着一种畏惧和疏远的态度,对帆船这项风靡欧美的现代健身运动知之甚少,更不用说亲身参与。但是,随着改革开放和社会发展,国内外交流增多,人们也逐渐接受和喜爱上这项运动。帆船运动属于体验和参与度较高的运动项目,经过基本的安全讲解就可以乘上帆船,体验水上运动的魅力。现在我国已有约200家帆船俱乐部,分布在各地沿海和湖滨城市,如上海、青岛、厦门、深圳、武汉等地,可以提供帆船体验、学习、交流及开展各类娱乐活动和比赛。

2019年第七届世界军人运动会在武汉举行,其中帆船竞赛在东湖帆船基地举行。至此,我国湖滨城市已经具备举行世界级帆船竞赛的资质和水平。

(四)帆船运动的多样性

帆船运动的多样性是指帆船船型的多样性、水域的多样性。帆船船型分为龙骨型帆船、稳向板型帆船和多体船。不同的船型有不同的结构,船内零部件也有不同的构造。所以,驾驶不同类型的帆船在驾驶技术上也会存在差异和变化。

水域的多样性:帆船最早是海上运动项目,但由于海上风浪较大,危险性较高,所以在内陆逐渐发展为在湖上进行,欧美国家还是以海上为主。不同的海域或水域因水的深浅和含盐量的不同,驾驶帆船的感受也会不同,需要通过多次试航来适应不同地域的海水或湖水。

(五)帆船运动的变化性

帆船运动的变化性主要体现在风的变化上。风是帆船驾驶最重要的因素,舵手通过判断风速和风向来调整船只方向,找到最佳受风点,从而乘风向前直冲终点。帆船靠风行驶,而风存在于自然环境中,变化多,不确定因素多,所以,风的变化直接影响帆船行进的速度。在不同的风速作用下调整帆船驾驶方式也是竞技者们不断挑战的难点,这也恰好体现了帆船运动的魅力所在。

(六)帆船运动的娱乐性

帆船行驶在水上,沐浴在阳光下,因此帆船运动是一项健康阳光的娱乐项目。可以组队出航,也可以分组竞赛。除帆船比赛使用的小型帆船以外,大多数帆船是可以乘坐多人的,还可以在大型帆船上组织派对和聚会。现如今人民生活水平逐渐提高,常见的运动项目已经无法满足人们的需求,而帆船项目即可以体验运动的乐趣,又可以与大自然亲密接触,是当下娱乐健身的最佳选择。

(七)帆船运动的观赏性

帆船运动的观赏性包括:帆的颜色和形状、船的颜色和大小、水上行驶过程中与周围环境结合形成的风景线、运动员矫健的身姿、竞技中激烈的碰撞、阳光与海湖的呼应等。在竞速和绕标的过程中可以看到不同颜色和号码的船只彼此超越、追逐,符合奥林匹克精神的更高、更快、更强。

二、帆船的分类

(一)龙骨型帆船

帆船运动是一项挑战大自然的运动,需要灵活的头脑和身体协调能力,具有非凡的魅力。很多人可能对帆船是否会"翻"存在疑虑。事实上,帆船是不会轻易"翻船"的,帆船能够不轻易被风浪打翻源自其重要结构——龙骨。龙骨型帆船的船底有固定的稳向板和压铅,船体中下部突出一块铁舵或铅块,一是用来防止帆船横向漂移,另一个就是保持帆船的稳定,起到压舱物的作用。现代龙骨帆船利用不倒翁的原理,底部有配重,在翻覆后有自动回正的能力,当然,这是在船体结构未受损伤的情况下。另外,有了龙骨的重量,帆船也就不易发生侧翻了。

龙骨船船体长 6.5～22m 排水量大、稳定性好、帆力强、结构复杂、价格昂贵,由多人操作,适合在深水中驾驶,因此适用于长距离竞赛和远海探险。

(二)稳向板型船

稳向板型船的船身最长为 6 米,最短为 2 米,由单人或双人配合操作,具有小巧、灵活、便于操作、易于普及、造价低的特点,但对操作技术的要求相对较高。稳向板型船船底有一块可拆卸的稳向板,船体中部有安放稳向板的槽,此板可根据需要上下移动。目前奥运会帆船项目中的激光级、芬兰人级、激光雷迪尔级、男子和女子 470 级属于这种船型。

(三)多体船

多体船由两到多个船体组成,多体船比单体船更加稳定,因为船体与水面的接触面积更少,所以阻力更小,能带来更快的速度。

第三节 帆船基础知识及驾驶原理

一、帆船基础知识

(一)帆船部件认识及船员分工

1.帆船部件认识

如果想要熟练驾驶帆船,首先就要熟悉其部件名称,了解其工作原理。

帆船包括船体、前帆、主帆、球帆、桅杆、横杆、龙骨、中央板（稳向板）、舵、索具等部件，如图 15-1 所示。

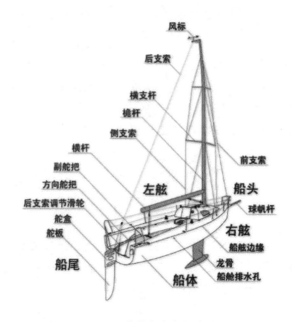

图 15-1　龙骨船各部位名称

首先认识船头及船尾，船头造型一般较窄长，船尾相对较宽，且船尾一般放置舵柄。从船尾向船首看：首尾线左边，船的左侧连接船底的侧壁部分叫作左舷，相反，首尾线右边，船的右侧连接船底的侧壁部分叫作右舷。

船体：帆船的主体。

主桅杆：帆船上最高的杆，金属或木质圆柱，通常从船的龙骨或中板上垂直竖起。可以支撑横桁帆下桁、吊杆或斜桁，可以安装信号灯、雷达，悬挂旗帜，还有吊装物品等作用。

主帆：升在主桅杆之后的帆，动力帆用于顶风受力。

前帆：主桅杆前面使用的帆，用来掌握方向。

球帆：帆船顺风航行时使用的帆，帆型大，受风面积大。

球帆杆：支撑帆船的球帆。

球帆缭绳：操作球帆使用。

索具：索具包括支撑船上桅杆的固定支索的所有绳具，也包括用于升降风帆和收放风帆的活动吊索的所有绳缆。

前支索：桅杆顶向前船艏拉撑，并可将前帆扣上的钢索。

控帆索：主要的控制绳索，可放出或收紧及固定。

帆骨：由帆后缘插入的扁条状物，可维持良好的帆形。

主帆索：控制主帆角度的绳索。

帆桁：伸长状，用来固定支撑主帆底部用。

帆桁下拉索：把帆桁往下拉紧或支撑的索具，以防帆桁向上举起。

侧支索：用来固定桅杆侧向的拉索。

中央板(稳向板)：船体下方可调整吃水深度的板(以轴心为主前后升降式)，帮助掌舵，防止船的侧移，常用在小帆船上，迎风航向时，用以保持航向稳定，可在顺风航行时移走。

方向舵：用以控制帆船行进方向的装置。

绞盘：用来固定和盘绕索具。

横杆吊索：横杆吊索在主帆没有升起的时候，承担着横杆的重量。当主帆升到顶端后，要充分地放松横杆吊索；在降下主帆之前，必须处于完全受力状态。

卸扣：连接绳索和船上各部位的扣环，样式众多。

导绳器：用来控制绳子的走向，样式众多。

夹绳器(Clam cleat)：固定绳索的装置，可以快速地卡住和释放绳索，夹绳器样式众多。

前帆滑轨：用于调节前帆缭绳导向滑轮的放置位置。

气流绳：材质轻盈的细绳，装在帆或支索上，用来判断风向和帆形。

斜拉器：横杆下方连接到桅杆底座的绳索，用于调节主帆后缘的紧绷度，控制船的摇摆。

滑轮装置：有改变拉动绳子的方向和省力的作用。

主帆索滑槽：主帆索滑槽是安装在靠近驾驶舱或船舱顶部尾端上的横向轨道装置，上面装有主帆滑轮组。主桅帆操纵索传动装置通过传动滑轮到达帆桁上的主帆滑轮，帮助控制帆的形状及掌舵的重量。

防碰球：橡胶材质，防止帆船船体与码头碰撞剐蹭。

2. 船员位置分工

帆船运动是一项考验船员之间默契配合的团队运动，每一个位置及分工都与船队运行息息相关。不同的船型，其船员位置分工也不同，激光级小帆船一人就可操作完成，而40尺长的大帆船则由数十人来操作，甚至需要配置功能性人员如医生、摄像等。目前国内场地赛常见船型如J80、珐伊28R等都是由4～6人操作。

船长——整支船队的大脑，对比赛的航线选择、战术设定、鼓舞士气有着领导管理能力，并且大部分船长担任舵手。

舵手——掌控船只"方向盘"的人，同时把握赛场局势，所有船员都要听从舵手指挥，舵手的综合素质决定着整支船队的比赛成绩。因为与船长职责相似，所以大部分舵手也是船长。

缭手——掌握不同风向角、不同风力下主帆和球帆帆型的调整，时刻盯紧船帆，一般分为主帆缭手和球帆缭手。

前甲板手——居于船只最前方，需速度灵活、头脑清晰，观察风向、风摆、阵风，配合升、收球帆，以及起航前的读秒，需要在最危险的前方工作。

中舱键盘手——位于船体中间，控制前帆缭绳，完成前帆帆角调整，完成迎风换舷和顺风换舷，升降主帆及出炮筒、送球帆的工作，需要力量强大的船员担任，起到船首船员及船尾船员的衔接作用。

(二) 帆船运动比赛场地

通常大型帆船赛事在海上举行，因为帆船是靠风力航行，所以必须选择风力条件较好的且开阔的海上进行比赛，离海岸约0.5——2公里，当然必须保证此海域不被污染且不能有险恶的海流及海浪。由于风力、气象等条件的影响，比赛场地并不是固定不变的，通常在比赛开始前1

小时至 5 分钟内规定的区域内进行布设场地。近年来,内陆开阔的湖泊水域帆船赛事组织也日趋增多。

奥运会中的比赛场地由比赛数量来决定,通常是由一片场地举行两到三个帆船项目,2008年北京奥运会帆船比赛在山东青岛举行共有 11 个比赛项目 9 各级别,因此组委会设立 5 块场地来满足比赛要求,他们在离岸 0.5 公里－1 公里范围内取直径 1－1.5 海里的圆形场地内比赛,以保证岸上观赏性。2016 年里约奥运会开展 10 个项目 8 个级别,除个别级别器材由组委会提供外,其余器材均由选手自带。

二、帆船驾驶原理

(一)风的概念

太阳光照射在地球表面,使地表温度升高,地表空气受热膨胀变轻而往上升。热空气上升后,低温冷空气横向流入,上升的空气因逐渐冷却变重而降落,由于地表温度较高,又会加热空气使之上升,这种空气的流动就产生了风。帆船则是依靠风力作用在帆上来前进的。风以多种形式作用于帆,顺风航行和逆风航行在原理上是完全不同的,其最大动力来源是所谓的伯努利效应。在出航前,必须了解当地出航海面及湖面的风力与风向状况。一级软风至八级大风适宜帆船运动,八级以上风力不建议进行帆船运动。国内风力等级对照表如表 15-1 所示。

表 15-1 国内风力等级对照表

风级	名称	风速/(m/s)	陆地地面现象	海面波浪	浪高/m	最高/m
0	无风	0.0～0.2	静,烟直上	平静	0.0	0.0
1	软风	0.3～1.5	烟示风向	微波峰无飞沫	0.1	0.1
2	轻风	1.6～3.3	感觉有风	小波峰未破碎	0.2	0.3
3	微风	3.4～5.4	旌旗展开	小波峰顶破碎	0.6	1.0
4	和风	5.5～7.9	扬起尘土	小浪白沫波峰	1.0	1.5
5	清风	8.0～10.7	小树摇摆	中浪折沫峰群	2.0	2.5
6	强风	10.8～13.8	电线有声	大浪白沫离峰	3.0	4.0
7	疾风	13.9～17.1	步行困难	破峰白沫成条	4.0	5.5
8	大风	17.2～20.7	折毁树枝	浪长高有浪花	5.5	7.5
9	烈风	20.8～24.4	微损房屋	浪峰倒卷	7.0	10.0
10	狂风	24.5～28.4	拔起树木	海浪翻滚咆哮	9.0	12.5
11	暴风	28.5～32.6	损毁重大	波峰呈飞沫	11.5	16.0
12	飓风	＞32.6	损毁极大	海浪滔天	14.0	—

(二)伯努利原理

1726 年,丹尼尔·伯努利提出了"伯努利原理"(见图 15-2)。这是在流体力学的连续介质理论方程建立之前,水力学所采用的基本原理,其实质是流体的机械能守恒,即:动能＋重力势能+压力势能=常数。其最为著名的推论为:等高流动时,流速大,压力就小。为了利用风力,人们设计出了翼面,它能够在不影响空气流动的情况下,使气流转向。风吹过翼面时会形成两种力:一种是"浮生力",一种是"拖拽力",会产生向前、向上的吸引力。现代帆船产生驱动力的原理与之类似——船帆们都起着翼面的作用。因此帆船才可能朝某角度的逆风方向前进。

再来讲船帆的浮生力,因为帆是有形状的,帆面具有弧度,在气流从帆前缘经过并吹到帆后缘时,经过帆上风面的风距离短,而经过帆下风面的风距离长,距离短的边气流速度慢,距离长的那边气流速度快,根据伯努利原理,流速慢的一边压力大,流速快的一边压力就小,因此帆的上风面和下风面形成压力差,帆的下风面就产生拉力,也就是帆的浮升力。当气流吹在帆上,产生浮生力的同时也产生了一定的阻力。

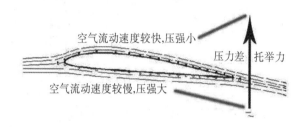

图 15-2　伯努利原理

(三)风向与风速

风吹来的方向叫风向,一般以十六方位来表示。因为风决定着航行方法和航行方向,所以要及时了解风的方向和速度的变化。学习观察水上波纹、旗帜、花草树木、气流线等任何能被风影响的物体;不要观察航速很快的船上的旗帜,因为航速很快的船上的旗帜飘动方向不能表明真实风向。

风速指单位时间内空气在水平方向所流动的距离,常用的单位为米/秒、千米/小时。

(四)真风、船风和视风

真风:海面上实际的风向。

船风:船舶在航行时所产生的一种风向与船舶运动方向相反、风速与船速相等的风。

视风:船舶在航行中观察到的风,是真风与船风的合成风。

(五)风向角

船速的快慢不仅和风速有关,也和风向有着密切关系。风向决定帆船的航向方向,船员通过风的方向及变化来控制帆船的航行。风向角是风向同帆船首尾连线之间的夹角。风向角越合理,帆的作用力越大,船的横移越少,船速越快。要想成为一名优秀的船员,必须了解风向角的概念和无法航行区,只有正确掌握风向角,才能更好地利用风力来驾驶帆船,风向角示意图如图 15-3 所示。

顶风:船头正对风吹来的方向,风向角在 0°～30°。该风向下,帆不受风力无法航行,帆船需走"之"字型方可到达目的地,如图 15-4 所示。

前迎风:风向角在 30°～60°,因为风向角与顶风状态接近,稍不留意就会使船处于顶风状态。

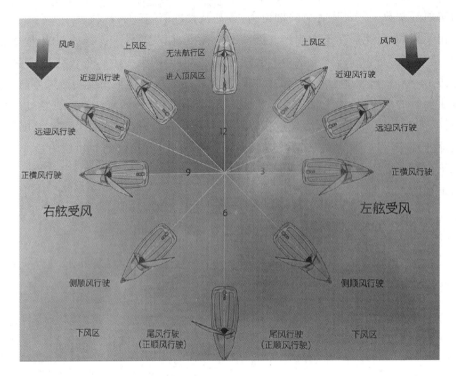

图 15-3 风向角示意图

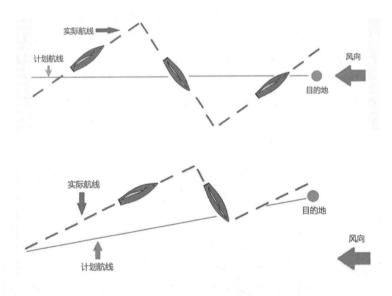

图 15-4 "之"字形航线

后迎风：风向角在 60°～80°，此时帆角的状态大于迎风角，船速大于前迎风。

横风：风向角在 80°～100°，该风向下船的横移量较大，船速最快。

侧顺风：风向角在 100°－170°，船速略慢于横风行驶速度。

正顺风：风向角在 170°－180°，船速大于迎风行驶速度。

所以在相同船型、相同风速下，横风船速＞侧顺风船速＞顺风船速＞迎风船速。

帆角：帆舷线与船首尾线之间的夹角。

迎角：风向与帆杆之间的夹角。

风向角＝迎角＋帆角，如图 15-5 所示。

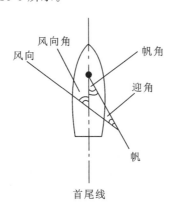

图 15-5　帆角、迎角、风向角

（六）帆船顺风、迎风、横风航行原理

1. 帆船顺风航行原理及换舷

根据风吹到帆上所产生的浮生力和阻力，在顺风航行时，风从帆船后面吹到帆上兜住风就类似于降落伞效应，形成的阻力就可以向前航行，翼面升力的大小就不起决定性作用。

将风来的方向定为零度角，顺风航行时，船头与风的最佳夹角为 135°～225°。当船头与风的夹角呈 180°左右行驶时，是正顺风行驶，除正顺风航行角度之外的顺风角度皆为侧顺风角度。我们知道，当空气流动快的时候，在正面挡住它的物体就会受到空气的冲击，这种冲击产生的压力我们称之为动压力。船的顺风行驶就是靠空气对帆的动压力推动帆船前进的。

1）顺风行驶

以稳向板型船为例，当你在小风中行驶时，帆船的船帆受到的风力不足，那么你可以尽量往前坐，使重心向船头和船体中心移，同时向外推主帆杆，放开主帆缭绳，使帆杆与船体的夹角尽量变大。在调整好帆船顺风状态后，舵手操作舵的动作不宜过大，否则很容易影响帆船的状态，导致船失速。帆船在中等风力下顺风行驶时，基本上要保持船体水平，舵手可以适当调整主帆来获得最佳航行速度。在大风天气时，船体的倾斜度必须在舵手的控制能力范围内。舵手的身体尽力向外压，重心向外移，身体要同时做前后移动，以防止船首冲进浪里。顺风滑浪是一门技巧，需要多练多体会。单面帆和带有球帆的船只航行时的技巧是不同的。

2）顺风换舷

顺风换舷其实就是在顺风中改变航线。通过将主帆在顺风作用下转至另一侧，使船进入新的航线。当帆船处于正顺风航行时，帆船靠风推向前，这时候水手应尽量将帆向外放，以便获得最大的受风面积。在顺风行驶中，将受风的帆面从帆船的一舷换到另外一舷称作"顺风换舷"。

3）顺风换舷的动作要领

（1）在顺风换舷前舵手环顾四周，确认有安全的转向空间后准备转向。

（2）将靠近船尾的脚迈向对侧边甲板上（左舷时迈右脚，右舷时迈左脚），拉舵的同时身体移动到船的中间位置,当船头到达正顺风角度时,帆杆越过头顶的同时,人的身体移动到对面。

（3）身体移至另一船舷坐下,同时舵回到船尾中心线,船头处于顺风航行角度并将左右手的舵和缭绳互换位置。

2. 帆船迎风航行原理及迎风转向

当风从船的前方吹来时,顶风是不能够航行的,所以帆船需要转变角度,使帆与风形成一定的风向角,这样帆船才能前行。帆船迎风行驶时,为了让船前行,必须抵挡住风往横向产生的力量,因此我们需要利用船的龙骨或稳向板来产生阻力,阻力会抵消一部分风的横向压力,剩下的横向压力与帆船的前进力形成合力,推动帆船斜向前进。

1) 迎风行驶

以稳向板型船为例介绍迎风直线行驶的要点。在迎风航行时,我们要将船头与风的角度控制在 45°左右(左舷船头对准 2 点钟,右舷船头对准 10 点钟)。那么在迎风航行中如何控制船的平衡呢？针对不同的风力,我们有不同的控帆与掌舵的方法。迎风航行时船员应根据风力情况来调整姿势：

（1）当风力小时,船员应坐在靠近船舱中心线的位置,使船略微向下风倾斜。

（2）中等风力时船员可以将身体重心略微向上风侧偏移,使船身平稳。

（3）当风力较大时,将脚背绷直,利用压舷带将身体探出船外,使身体重心向船舷外移动,核心收紧,膝盖和背部也要绷直,来保持船体稳定。随着驾驶技巧的提高,舵手能够更加灵活地利用自身体重来控制帆船的平衡,使帆船能获得更好的航行状态。

2) 迎风转向

帆船之所以要变换航向是因为无法顶着风航行,那么我们前进的路线会呈现一个"之"字形,这时候我们就需要进一步学习迎风转向技术,学习如何通过迎风转向来改变帆船航行的路线。一个标准的"迎风换舷"过程如下：

（1）舵手环顾四周,确保船只拥有一个安全的转向空间。

（2）将靠近船尾的脚迈向对侧边甲板上(左舷时迈右脚,右舷时迈左脚),推舵并将身体前移至船的中间位置。

（3）当船头偏转到另一侧迎风角度时,将舵回正,并将身体移至另一侧船舷坐下。

（4）坐下后,将左右手的舵和缭绳互换位置。

3) 迎风转向的动作要领

（1）保持迎风速度,做好转向前的准备。

（2）推舵迎风偏转的同时,根据帆面的受风情况,调整缭绳松紧。此时,最重要的是保持速度,因船首越过风向的瞬间,帆面不受风而失去动力,会出现失速现象,所以转向时要尽量保持船速,依靠惯性越过顶风。

3. 帆船横风航行原理及要领

横风航行和迎风航行的原理一样。风吹来时有两种力量,一种是使船侧向横移的力量,一种是使船前进的力量,而侧向横移的力量被龙骨的力量抵消,只剩很小的侧向横移力量,大部分的力量是使帆船向前行的力。

1）横风直线行

横风行驶时风从帆船正侧面吹来，风向与帆船的航行方向呈大约90°角。对于大多数帆船来说，此时船速能达到最大，在这个时候船体会发生一定程度的倾斜，同时能拥有很好的体验感。横风转向的方法：当我们做横风的推动转向时，船头会往风来的方向进行偏转，船头偏转至顶风时，继续保持推舵，船头会继续偏转，直到换成另外一个舷的横风状态，完成船体的180°偏转从而完成推动转向的过程。

2）横风直线行驶动作要领

横风行驶时我们的帆面应该保持良好的弧度，帆下缘与横杆中点之间保持一个手掌的宽度，尽量保持直线航行。以稳向板型船为例，在微风时，需要保持耐心，同时向前坐以保持重心前移，减少船体和水接触的面积以降低阻力。中等风力时，让船体向上风一侧倾斜，让帆面吃风，并用前臂推出横杆。这样可以减少船体与水接触的面积并平衡船体，以免驶入顶风。风力较大时要在船侧甲板的中部压舷，这里是船身最宽的部分，你的体重可以获得最大的平衡效果，当阵风太大而无法控制船体平衡时，松开主缭驶入下风，当阵风过去后收紧主缭重新驶回正常航线。让帆面飘动仅限于为了保持船身水平，绝不能过度。尽可能向外坐，这样你就可以保持帆面最大受力。

三、帆船挂机安装及离靠码头

帆船通常为单体，也有抗风浪较强的双体船。帆船主要靠帆具借助风力航行，靠桨、橹和篙作为无风时推进和靠泊与启航的手段。

古代大帆船进出港口大多靠小船牵引（拉纤也是个办法但不能太远），只通过调整风帆来靠码头是比较困难的。小型帆船倒是有可能这样做，但也需要极高的技巧，而且不是什么时候都有合适的风。用帆的话也通常是让船有一定速度，然后降下帆靠惯性转弯靠上码头。显然，如果把握不好时机，船的靠岸速度太快就可能撞坏船身，太慢就够不着码头。基本只有一次机会，不像动力船那样，可以慢慢调整。现代一般严禁在码头内使用风帆，有的大帆船上配了桨手，由牵引船牵引和大帆船人工划桨来靠岸，这是一项很辛苦的工作。进入电气时代后，随着科技的发展，人们逐渐发明出了更为便捷的动力——电动挂机和柴油挂机。船用挂机是挂机的一种，船用柴油挂机和螺旋桨组合一一体，外挂在船艉，螺旋桨伸入水中，旋转推动船前进。船用挂桨机一般有两种，一种是小渔船用的，结构简单，功率为9到26马力，有舵，转向时汽油机和螺旋桨不移动，舵叶转向；另一种是快艇和中小型游艇用的，结构复杂，功率大，这种挂机没有舵叶，转向时整个机体移动，改变螺旋桨推水的方向，使船转向。帆船的挂机就是帆船的发动机，外挂在船尾，作为帆船除风帆之外的动力，主要在离靠岸时起辅助动力作用。使用的发动机从原理上分为四冲程和二冲程两种，二冲程的发动机结构简单，易于维修，爆发力大，但燃烧率低；四冲程的发动机结构相对复杂，动力一般，但燃烧效率高。帆船挂机目前使用的主要有瑞典沃尔沃发动机、德国MTU发动机、德国MAN发动机、美国CAT发动机，其中德国MTU发动机性能强大而昂贵，多用于重工业等领域，而市场占有率比较高的是瑞典沃尔沃发动机。帆船的挂机主要由油门、风门、油管、漏油器组成，开启挂机需要挂机的钥匙。

1. 挂机安装及离岸方法

(1) 舵手坐在正常位置;

(2) 解开安全绳;

(3) 把倾斜的把手转入正常位置;

(4) 打开电源,拧转把杆,检查电池是否有电;

(5) 挂上安全绳;

(6) 观察船员并进行询问,呼唤船员解开缆绳;

(7) 当队友解开缆绳后,正视前方,缓慢前行,驶出航道。

注意事项:

(1) 注意电池电量(汽油外挂注意油量);

(2) 注意安全绳是否系好;

(3) 出航时注意观察附近船只。

2. 靠岸方法

(1) 保证帆船平行船岸前进,在帆船即将靠近岸时,将油门降至最小。

(2) 在帆船即将到达停船位置时拉舵,调整船体至平行于停船位置的方向,同离岸一样,在即将平行于目的方向时将方向回正,并保证一侧靠岸边较近(方便下船上岸)。

(3) 在刚靠岸时,拔掉钥匙,人上岸,将缆绳系于岸上固定处,以免帆船撞击到岸边。

(4) 与放挂机时步骤相反,关掉油管、漏油器,将挂机抬起。

采用挂机并驾驶帆船航行时,舵的转向对帆船方向的改变十分灵敏,关键是要牢记推舵和拉舵时船体的偏向,而这极可能是在操作帆船时由于考虑到其他因素而一时反应不过来的。要改变这一缺点,就应该多驾驶帆船,将舵的转向与船体转向的关系熟记于心。另外,靠岸时要比离岸时更多加注意,即何时开始转向可以在靠岸时留出与岸边合适的距离,这就需要在实际操作中多加练习。

第四节 帆船绳结与帆船维护保养

一、绳结

从帆船发展历史来看,古代帆船木质结构较多,需要利用各种绳子将其固定,所以古时绳结系法有一百多种。随着时代的发展,现代帆船都是用钢丝绳及其他机械结构完成固定,但由于在航行过程中把帆船系在码头上、把两根缆绳系在一起、把锚绳系在锚上等情况必须用到尼龙制绳子,所以仍然要学习几种绳结系法,这些系法也可运用到生活当中。

帆船绳结有着特殊的要求:必须在强拉力时不松结,强拉力后能轻松解开。

(一)"8"字结

"8"字结以成型后外形像"8"而命名。8字结适合用于固定收束或拉绳索的把手,通常用于起帆索及缭绳末端,防止绳结从滑轮、导缆器中滑出。其特征是两端拉紧后可以轻松解开,如图15-6所示。

(1) 先将缭绳末端交叉绕一个小圈。

图 15-6　"8"字结打法

（2）将一头的绳索绕过主绳，从绳圈中穿出去拉紧。

（二）称人结（单套结）

称人结又名单套结，有"绳结之王"之称，是栓绑使用的经典绳结。其系法并不复杂，安全性高，用处广泛，宜结宜解，如图 15-7 所示。

（1）将绳索中间绕一个绳环，将绳头穿过绳环中间。

（2）绕过主绳，再次穿过绳环。

（3）将打结处拉紧。

图 15-7　称人结打法

（三）双套结（丁香结）

双套结又名丁香结、卷结，应用于将防碰球系在安全索上。在水平拉力下这种结很牢固，但是拉力时有时无时这种结就很容易松动。

打法一（见图 15-8）：

（1）将绳索绕过物体。

（2）将绳索再绕物体一圈，这次让绳索从下方穿过并固定。

（3）拉紧绳索末端。

打法二（见图 15-9）：做两个绳圈，把右边的绳圈重叠在左边的绳圈上，然后套在物体上。此方法可以直接在绳索中段开始打结，快速又方便。

（四）平结

平结用于连结同样粗细、材质相同的绳子，不适用于较粗且光滑的绳子。平结不易拉开但

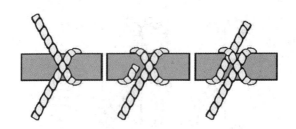

图 15-8 双套结打法一

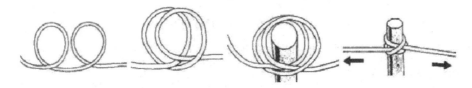

图 15-9 双套结打法二

可轻松解开。平结是两边对称的,两个绳子末端都固定在同一侧,如图 15-10 所示。

(1) 双手各握绳索两端,将两个绳头交叉打成单结。

(2) 将绳索两端缠绕后拉紧。

(3) 在交叉的上方再次交叉两个绳头,与第一次交叉方向相反,如果方向错误就容易打成祖母结。

(4) 拉紧两端绳头。

图 15-10 平结打法

(五)羊角结

羊角结主要用于船只靠岸停泊时缆绳连接系缆桩(羊角),如图 15-11 所示。

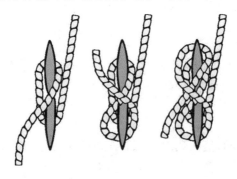

图 15-11 羊角结打法

(1) 先将缆绳在羊角底座绕一圈或两圈。

(2) 把绳索一头斜拉出至斜对角。

(3) 然后再次绕回另一羊角端,使绳索呈"X"形。

(4)重复步骤(2),这次要把绳头插进自己绕出的绳圈里打个结。

二、帆船维护与保养

帆船器材的材质主要有玻璃钢材质、尼龙和碳纤维材质、不锈钢材质、塑料材质、泡沫材质等。器材虽轻便耐用但经不起碰撞、海水腐蚀、暴晒、潮湿。平时的维护保养是十分重要的,一旦保养不当,就会影响器材的使用寿命,在使用时损坏甚至会影响使用者的生命安全。帆船器材维护与保养方法主要有以下几个方面。

（一）防潮

潮湿的环境会影响器材的使用寿命,帆船上的尼龙帆、尼龙纤维和棉质材料的混合绳,需要长期保持干燥通风。如果长期在潮湿环境中存放,将破坏帆和绳子的内部结构,加快器材的损坏。因此,我们需要保持存放器材仓库的干燥,将器材用淡水冲洗干净后,不要立即存放,需要在阳光充足的地方晾晒干,没有水渍后再存放。

（二）防晒

当帆船器材在室外存放时,由于阳光中紫外线辐射强度大,器材在长期暴晒下会加速老化,影响其使用寿命。特别是许多桅杆使用碳纤维材质制作,碳纤维材质韧性好,强度大,唯一缺点是在紫外线长期照射下,内部结构会损坏。为避免损坏,我们需要将其存放在阴凉处,如果条件不允许,也需要用厚实耐用的帆布制作的船罩将器材罩起来,避免紫外线的损坏。

（三）防风

帆船器材比较轻便,如果在室外存放,除避免阳光暴晒外,还需要注意选择风小有遮挡的安全区域。禁止将器材放置于风速较大的区域,将器材放置于风口之中时,很容易被吹翻,造成器材损坏。如果无法避免将器材存放在风较大的区域时,也需要及时选择地面能够将器材固定牢固的物体,以保证器材在风的不断吹动下不会发生位置变化。

（四）防海水腐蚀

帆船大部分时间都在海中行驶,由于海水中存在的盐分、有机物和无机物对帆船器材有很大的腐蚀作用,所以器材每次从海水中拉上来时都需要及时地用淡水全面冲洗,以清洗掉器材上的海水,减小海水对器材的腐蚀。帆船有时会在湖水中行驶,虽然湖水的腐蚀性比海水小很多,但上岸后也要及时用淡水冲洗,因为湖水里也存在微量有机物,用淡水清洗后的器材才能够使用得更久。

（五）防碰撞

玻璃钢材质的帆船可以抗击较大的压强,但无法抗击很小的压力。帆船一旦与物体发生碰撞,器材将在作用力和反作用力下受到损坏。作用力越大,器材损坏程度也越大。在使用帆船时应加倍小心,随时做好观察,提前采取措施避免碰撞。在器材上岸后,也需要注意防止岸上的碰撞。一切碰撞都会影响器材的稳定性,最终影响器材的使用。

（六）长期不使用器材的保养

器材长期不使用时,需要用清水冲洗干净,并放在通风处、阳光下完全晾干。有金属部件的地方要涂抹润滑油,可以起到保护金属、延长寿命的作用。帆需要卷起来存放,在帆与帆之间要留有空隙,保持空气流通,帆和绳索要存放在干燥处,船体需要反扣放在带有保护垫的架子上,船架子上要有海绵或胶皮垫,防止船体直接与架子产生摩擦。帆船的拖船车也需要清洗晾干,轮胎气嘴附近也需要上点黄油以防止氧化,轮胎里面的气放一半,以保持气体在轮胎内有收缩和膨胀的空间。

第五节　安全设备及安全知识

(一)安全设备

1. 个人救生漂浮设备

救生衣是一种能够使人漂浮在水面的穿戴式个人漂浮设备,它可通过浮力使落水者始终保持面部朝上露出水面。浮力通常来源于个人漂浮设备的填充材料——泡沫和空气。水上运动最重要的事情是防止意外落水,所以要根据自己所处的环境来选择合适的个人漂浮设备。下面介绍三种常见的救生衣。

1)普通泡沫救生衣

普通泡沫救生衣的设计类似于背心,因此又称救生背心。其表面采用尼龙面料,中间填充泡沫塑料,穿在身上可在落水时产生浮力,使落水者面部朝上避免溺水。一般用于相对安全的水域。此类救生衣用途相对广泛,适宜帆船运动,如图15-12所示。

穿戴方法:

(1)先将救生衣正面朝外套在脖颈上,合上扣具,系好带子。

(2)将左右两条安全带绕至背后交叉打结。

图15-12　普通泡沫救生衣

2)充气式救生衣

这是一种更高级的救生衣,通过自动或手动充气进行使用。此种救生衣价格比普通救生衣要高,便于携带,但要定期检查其安全性能。此类救生衣适宜帆船运动,如图15-13所示。

自动充气救生衣检查和穿戴方法:

(1)检查救生衣是否破损,是否有破洞,如果发现有破损情况则不能继续使用。

(2)检查自动充气装置所处状况,请参照自动充气装置指示部件检查说明。

(3)检查CO_2钢瓶。

(4)充足气的救生衣很难穿上。通过口吹管排气直到容易穿上为止,使用前先练习闭合扣具及调节,落水后自动充气装置在5秒内自动充气。

手动充气式救生衣穿戴方法:

（1）把头套进救生衣内。

（2）把左右两侧带子绑紧。

（3）拉动左右两侧的拉索，充气阀打开，救生衣在数秒内充气。

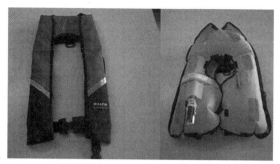

充气前　　　　　　充气后

图 15-13　充气式救生衣

3）全身式救生衣

全身式救生衣是一种包裹全身的永久性浮力储备衣，可以通过吹气管吹气进一步膨胀以增加浮力。目前此类救生衣因活动不便不适宜在小帆船上使用，如图 15-14 所示。

2. 遇险信号设备

如果水上船舶遇到紧急情况可以使用以下遇险信号设备：号笛、烟火信号、遇险灯光等。

1）号笛

航行规则规定，长度小于 12 米的船舶需要携带可发出声响信号的设备。许多船上配有号笛或哨子，而号笛的声响次数也代表一定的意义。比如"五短声"信号通常被称为"危险信号"，其含义是：怀疑他船是否正在避让，警告对方注意并以免碰撞。

2）烟火信号

船舶白天可发出烟雾类信号提醒警示，到了晚上则可发出火光来提醒警示。一般分为手持式红色火焰信号、橙色烟雾信号（手持式仅白天使用）、红色空中火焰信号（流星式火焰）。长度小于 4.8 米的船舶没必要携带日间烟火信号，但晚上航行时必须携带夜间烟火信号设备。如果没有紧急情况而故意发出遇险信号是违法行为，需承担相应的法律责任。

图 15-14　全身式救生衣

3）遇险信号灯

手持式白色光灯，可以自动闪烁摩斯密码求救或警告，但仅限夜晚使用。

3. 航行灯

帆船有时会在夜间航行，因此需要简单了解关于帆船的航行灯知识。

夜间驾驶船只不按规定使用航行灯是触犯相关法律的，需负相关法律责任。夜间驾驶长度大于 7 米的帆船且只在船帆的动力下航行时，必须在船的右舷显示一盏绿色光舷灯，左舷显示一盏红色光舷灯，船尾显示一盏白色光舷灯，三盏灯光角度必须互相呼应为一个整圆，这样其他船只才可以看到位于你船上的至少一个灯光,以此使其他船只判定你的航行方向。夜间驾驶一只长度小于 7 米的帆船时,至少应配备有一盏白光灯,且必须发出白光警示以免其他船只碰撞。在夜间泊船时,帆船也需要显示一盏白光灯,用来提示其他船舶进入泊船区。

4. 助航标志

因为人们只能看到水面上的情况,而无法观察到水下的情况,所以为了避免发生危险,各国政府在水域设立了水上助航标志,用来标示航道。

助航标志通常一端锚定在水底,一端浮立于水面上,浮标的形状有罐形、锥形、球形、柱形和杆形,如图 15-15 所示。国际航标系统通常使用的灯光有红光、绿光、黄光、白光。其中红光和绿光为侧面标志专用,侧面标志标示着航道的界限,也就是通常所说的"左红右绿",船舶航行进港时按照左侧红色标志置于船舶左舷(见图 15-16),右侧绿色标志置于船舶右舷通过,出港时则相反,红色侧标要在船的右舷,绿色侧标要在船的左舷。

图 15-15　不同形状的助航标志

图 15-16　红色助航标志

(二)安全知识

1. 水上安全救生

不管任何时候,我们最不愿意发生的情况就是有人员落水,但是不免有一些意外情况的发生,比如因气候恶劣、操作失误等导致人员落水。即使是在风平浪静、能见度优秀的情况下也不要掉以轻心,要做好预防措施。一旦发生人员落水,我们要想尽方法全力救人,避免造成伤亡。

1)发现有人员落水时如何驾驶帆船靠近落水者

(1)一旦发现有人落水,我们就应该保持注意力,把目光集中在落水人员上,不要让落水人员脱离视线。

(2)因为帆船受到水流、风力等因素的影响始终在横移漂流,所以要伸出自己的手臂,始终指向落水人员,避免因船的移动或者恶劣天气等的影响而丢失救援目标。同时大喊:有人落水!在整个施救过程中要指定一名船员紧盯落水者位置,并与其他船员沟通,向其他船员描述落水者的方位。

(3) 距离落水者最近的船员快速向落水者方向抛出可漂浮救援设备或防碰球、坐垫等可漂浮物。这些设备一来可以帮助落水者漂浮在水面上,二来可以再次确定落水者位置,便于进一步施救。

(4) 另一名船员找出一根结实长绳并打成绳圈,绳圈要够大才能够围住落水者。

以上介绍的方法不论在何种天气条件、人员情况、船只类型等及其他因素下,都是实施救援的基本环节。

2) "8"字救人法

(1) 让船正横风行使并远离落水者,在驶离落水者约20～30米后准备换舷,期间舵手或船员要紧盯落水者位置。

(2) 迎风换舷,然后侧顺风朝落水者下风面行使,放松前帆缭绳,使前帆卸掉风力,减少动力。

(3) 迎风偏转,然后船迎风朝落水者上风面行使,船在上风面是最安全的方法,船可以给落水者挡住风浪,容易向落水者抛出绳索,如果船离落水者太远,就要调整船帆,使船顺着风慢慢靠近落水者,千万不能撞到落水者。

(4) 后迎风行使,让主帆抖动以慢速靠近落水者,把握好速度,不能还没到达落水者的位置船就先停下了,船一旦停下就失去了操舵的能力。

(5) 船一接近落水者。先用称人结的绳子把他拉住,避免船再次远离落水者位置,或船上人员在船边拉住落水者的衣领、腰带等位置,这时一定要集中注意力,把落水者救上船。

2. 落水者上岸后急救

根据落水者上岸后的情况分类救护:如落水者上岸后神志清晰,能够详细描述落水及被救过程,我们应迅速脱掉落水者的全部湿衣服并裹上毛毯或干衣服,让其喝一些热的甜饮料。落水者如果呈昏迷或半昏迷状态,一方面要马上进行现场急救,另一方面迅速拨打120等待医生救护。落水者紧急救护方法建议如下:

(1) 使救上岸的落水者平躺且采取保温措施,避免体热因水分蒸发和风吹而进一步消耗。

(2) 观察落水者身体情况,如果发现呼吸不顺畅,查看有无异物阻挡呼吸道,如未有异物则立即解开落水者内衣、腰带、胸罩等紧裹的衣物,进行人工呼吸。在没有医务人员指导的情况下人工呼吸至少持续30分钟。

(3) 如落水者呼吸道存在异物阻塞呼吸道,先要进行排异物处理。清除口鼻中的泥沙海草,把落水者的头侧向一边,把手伸进落水者的口腔进行清除异物,以便于排出腹水和人工呼吸。

(4) 排出腹水:先将落水者腹部置于救援者屈膝的大腿上,落水者面朝下,背朝上,使头部下垂,救援者拍其背部使呼吸道内的水排出,此动作要迅速,不能因为此动作耽误太多救援时间。另外有倒立排水法,救援者双手抱住落水者,头朝下提起,上下用力抖动倒出腹水,一定要抓紧落水者的腰腹部,避免落水者头部朝下滑落受伤。

第六节 帆船竞赛的分类及竞赛规则

一、帆船竞赛的分类

以下是2016年里约奥运会所设帆船竞赛项目的简介。

(一)激光级

激光级帆船是世界上最受欢迎的单人艇之一,诞生于1971年,长4.23米,宽1.37米,帆面积7.06平方米,船重59千克。激光级首次进入奥运会是1996年。激光级是世界上参加人数最多的一个级别,是男子项目。

(二)激光雷迪尔级

激光雷迪尔级2008年被列为北京奥运会比赛项目,这种船型长4.23米,宽1.37米,帆面积5.76平方米,船重59千克,除帆及部分桅杆以外,其余部分同标准激光级完全相同。由于帆面积比激光级小,所以作为青少年和女子项目开展得比较广泛,在奥运会中是女子项目。

(三)470级

470级帆船是世界上传播范围最广的帆船级别。1976年首次出现在奥运会比赛中。船长4.7米、宽1.7米,船重120千克,主帆及前帆面积13.04平方米,球帆面积12.16平方米,奥运会中有男子470级和女子470级。

(四)芬兰人级

芬兰人级创建于1949年,1952年第一次出现在奥运会比赛中。船长4.5米,船宽1.5米,船重107千克,帆面积10.2平方米。

(五)49人级和49人FX级

49人级首次参加奥运会是2000年。49人级是一种快速艇,最高速度可达25节,船长4.995米,船宽2.9米,船重70千克,主帆和前帆面积为21.2平方米,球帆面积为38平方米。49人FX级于2016年首次参加奥运会,是女子项目,船型与49人级相似,帆面积略小。

(六)RS:X级帆板

RS:X级帆板是2008年北京奥运会首次亮相的帆板比赛项目。RS:X级帆板由单人操作,速度可达30多节,是一种比较考验体能的板型,奥运会设有男子和女子项目。板长2.86米,宽0.93米,重15.5千克,帆面积男子9.5平方米,女子8.5平方米。

二、帆船竞赛规则

帆船比赛是通过在竞赛水域放置若干的浮标,参赛船只按照一定的顺序绕过浮标完成比赛的过程。传统的比赛航线包括梯形航线和迎尾风航线。梯形航线的优势是可以充分利用航线的宽度,在比赛场地同时举行两个项目的比赛而互不干扰。

帆船比赛的具体模式一般都在航行细则中进行说明。航行细则对比赛的轮数、能够去除的最差成绩、是否进行分组比赛、是否有奖牌轮的比赛都进行了明确的规定。帆船比赛的竞赛模式严格按照帆船竞赛规则中所定义的规则进行,包括航行细则中所规定的内容来执行。

在奥运会帆船比赛中,一般要进行 11 轮比赛,其中最后一轮为奖牌轮。在预赛中采取低分计分法,即每轮第一名 1 分,第二名 2 分,依次类推,总积分分数越低、名次越好。积分前十名的运动员能够晋级奖牌轮。奖牌轮采用现场裁判的方式,判罚结果最终不能更改,奖牌轮采用双倍计分的方法,且奖牌轮成绩不能去掉,最终成绩是预赛和奖牌轮成绩的总和。如果最终产生平分的情况,则以奖牌轮比赛成绩好者为胜。如果由于某种原因没有进行奖牌轮的比赛,那么按照预赛成绩确定最终成绩。

由于环境因素的影响,竞赛信号成为最主要也是最可靠的交流手段。竞赛组织者通过竞赛信号表达意图,所以竞赛信号在帆船竞赛中的作用和意义是不可忽视的。每一名教练员和运动员都应熟悉竞赛规则中全部竞赛信号的定义。

音响信号的主要作用是配合视觉信号,以提示运动员信号命令已经发出,视觉信号要与音响信号同步,具体命令以视觉信号为准。音响信号的长短和多少根据视觉信号而定,视觉信号的指令对比赛的意义越大,音响信号的声响次数越多。

图 15-17 左舷船避让右舷船

(一) 航行基本规则

1. 相对舷风

当船只在相对舷风行驶时,左舷船应避让右舷船,如图 15-17 所示。

2. 同舷风、相联

当船只位于同舷风且相联行驶时,上风船应避让下风船,如图 15-18 所示。

3. 同舷风、不相联

当船只处于同舷风但未相联时,明显在后的船只应避让明显在前的船只,如图 15-19 所示。

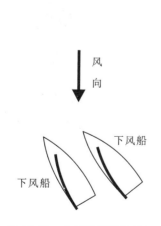

图 15-18 上风船避让下风船

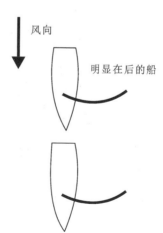

图 15-19 后方船只避让前方船只

4. 给予绕标空间

当船只相联时,外侧船只应给予内侧船只绕标空间,如图 15-20 所示。

（二）信号旗

信号旗是竞赛委员会组织和指挥比赛的用具。帆船比赛的水域较大，只有通过裁判船用国际旗语和音响来传递命令。裁判船的每一种信号旗均用不同颜色和图形代表一个拉丁字母，用以表示一种指令。国际上通常用一面旗或两面旗来表示一个意思。

（1）AP旗：推迟未起航的竞赛。降下后1分钟发出预告信号，除非那时竞赛再次被推迟，如图15-21所示。

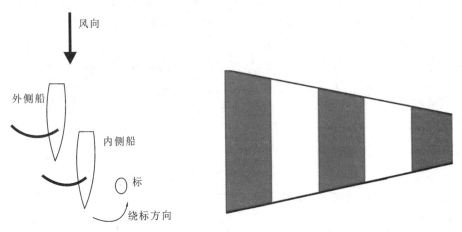

图15-20　外侧船只避让内侧船只　　　　图15-21　AP旗

（2）H旗：当AP旗下方有H旗时，说明推迟未起航的竞赛，在岸上等信号，如图15-22所示。

（3）A旗：当AP旗下出现A旗时，说明推迟未起航的比赛，今天没有比赛了，如图15-23所示。

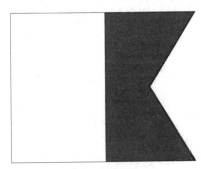

图15-22　H旗　　　　　　　　　图15-23　A旗

（4）P旗：常用的准备信号旗，一般P旗升起说明离起航还有4分钟，P旗降下，说明离起航还有1分钟（请注意区别准备信号和预告信号），如图15-24所示。

（5）数字旗1/2/3：当AP旗下方出现任一数字旗时，说明从原定的起航时间起推迟相对应数字的小时时间。例如：AP旗下方有数字旗2，意味着推迟2小时，如图15-25所示。

（6）I旗：如果I旗已经升起，当一条船在其起航信号前的最后一分钟内，船体、船员或装备的任何一部分处于起航线或其两端延长线的航线一侧，从那时起应航行通过起航线任一端延长线返回预备起航区一侧才能起航，如图15-26所示。

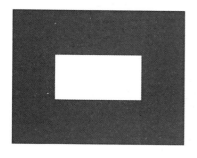

图 15-24　P 旗　　　　　　　图 15-25　数字旗

（7）黑旗：如果黑旗已升起，一条船在其起航信号发出前一分钟，其船体、船员或装备的任何一部分不得处于起航线两段与第一标志形成的三角区域内。如船只违反了本规则并被识别，无须审理，该船将被判取消该轮比赛资格，即使该轮比赛重新起航、重新进行或重新安排比赛时间，此判罚仍有效，并且不能参加重新组织的起航。但如在起航信号发出前，比赛被推迟或放弃，则此判罚失效。黑旗如图 15-27 所示。

图 15-26　I 旗　　　　　　　图 15-27　黑旗

（8）S 旗：起航信号发出后，展示 S 旗并伴随两声音响信号，表示缩短航线，如图 15-28 所示。

（9）X 旗：个别召回，一般在起航时竞赛官若能够清楚判定个别船只违反起航规则，将会升起 X 旗，召回个别船只，如图 15-29 所示。

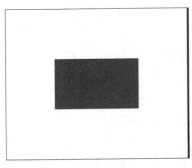

图 15-28　S 旗

图 15-29　X 旗

（10）代旗 1：全部召回，一般在起航时竞赛官若不能判定哪些具体船只抢航，将会升起代旗 1，代旗 1 降下后 1 分钟发出预告信号，如图 15-30 所示。

图 15-30　代旗 1

（11）级别旗：对于级别旗没有明确的规定，以赛事官方文件航行细则中的旗语说明为依据。在起航程序中，当级别旗升起时，说明预告信号发出，离起航开始还有 5 分钟，当级别旗降下时，说明比赛正式开始。

附录A 国家学生体质健康标准(2014年修订)(节选)

一、说明

1. 《国家学生体质健康标准》(以下简称《标准》)是国家学校教育工作的基础性指导文件和教育质量基本标准,是评价学生综合素质、评估学校工作和衡量各地教育发展的重要依据,是《国家体育锻炼标准》在学校的具体实施,适用于全日制普通小学、初中、普通高中、中等职业学校、普通高等学校的学生。

2. 本标准的修订坚持健康第一,落实《国家中长期教育改革和发展规划纲要(2010—2020年)》《国务院办公厅转发教育部等部门关于进一步加强学校体育工作若干意见的通知》(国办发〔2012〕53号)和《教育部关于印发〈学生体质健康监测评价办法〉等三个文件的通知》(教体艺〔2014〕3号)有关要求,着重提高《标准》应用的信度、效度和区分度,着重强化其教育激励、反馈调整和引导锻炼的功能,着重提高其教育监测和绩效评价的支撑能力。

3. 本标准从身体形态、身体机能和身体素质等方面综合评定学生的体质健康水平,是促进学生体质健康发展、激励学生积极进行身体锻炼的教育手段,是国家学生发展核心素养体系和学业质量标准的重要组成部分,是学生体质健康的个体评价标准。

4. 本标准将适用对象划分为以下组别:小学、初中、高中按每个年级为一组,其中,小学为6组,初中为3组,高中为3组;大学一、二年级为一组,三、四年级为一组。

5. 小学、初中、高中、大学各组别的测试指标均为必测指标。其中,身体形态类中的身高、体重,身体机能类中的肺活量,以及身体素质类中的50米跑、坐位体前屈为各年级学生的共性指标。

6. 本标准的学年总分由标准分与附加分之和构成,满分为120分。标准分由各单项指标得分与权重乘积之和组成,满分为100分。附加分根据实测成绩确定,即对成绩超过100分的加分指标进行加分,满分为20分。小学的加分指标为1分钟跳绳,加分幅度为20分;初中、高中和大学的加分指标为男生引体向上和1000米跑,女生1分钟仰卧起坐和800米跑,各指标加分幅度均为10分。

7. 根据学生学年总分评定等级:90.0分及以上为优秀,80.0~89.9分为良好,60.0~79.9分为及格,59.9分及以下为不及格。

8. 每个学生每学年评定一次,记入《〈国家学生体质健康标准〉登记卡》。特殊学制的学校,在填写登记卡时可以按规定和需求相应地增减栏目。学生毕业时的成绩和等级,按毕业当年学年总分的50%与其他学年总分平均得分的50%之和进行评定。

9. 学生测试成绩评定达到良好及以上者,方可参加评优与评奖;成绩达到优秀者,方可获体育奖学分。测试成绩评定不及格者,在本学年度准予补测一次,补测仍不及格,则学年成绩评定为不及格。普通高中、中等职业学校和普通高等学校学生毕业时,《标准》测试的成绩达不到50分者按结业或肄业处理。

10.学生因病或残疾可向学校提交暂缓或免予执行《标准》的申请,经医疗单位证明,体育教学部门核准,可暂缓或免予执行《标准》,并填写《免予执行〈国家学生体质健康标准〉申请表》(见附表 A-1),存入学生档案。确实丧失运动能力、被免予执行《标准》的残疾学生,仍可参加评优与评奖,毕业时《标准》成绩需注明免测。

11.各学校每学年开展覆盖本校各年级学生的《标准》测试工作,《标准》测试数据经当地教育行政部门按要求审核后,通过"中国学生体质健康网"上传至"国家学生体质健康标准数据管理系统"。测试和数据上传时间由教育行政部门确定。

12.本标准由教育部负责解释。

附表 A-1　免予执行《国家学生体质健康标准》申请表（样表）

姓　名		性　别		学　号	
班　级/院（系）		民　族		出生日期	
原因					
				申请人： 　　年　月　日	
体育教师签字			家长签字		
学校体育部门意见					
				学校签章： 　　年　月　日	

注：中等职业学校及普通高等学校的学生，"家长签字"由学生本人签字。

二、单项指标与权重

单项指标与权重如附表 A-2 所示。

附表 A-2　单项指标与权重

测试对象	单项指标	权　重/(%)
小学一年级至大学四年级	体重指数(BMI)	15
	肺活量	15
小学一、二年级	50 米跑	20
	坐位体前屈	30
	1 分钟跳绳	20
小学三、四年级	50 米跑	20
	坐位体前屈	20
	1 分钟跳绳	20
	1 分钟仰卧起坐	10
小学五、六年级	50 米跑	20
	坐位体前屈	10
	1 分钟跳绳	10
	1 分钟仰卧起坐	20
	50 米×8 往返跑	10
初中、高中、大学各年级	50 米跑	20
	坐位体前屈	10
	立定跳远	10
	引体向上(男)/1 分钟仰卧起坐(女)	10
	1000 米跑(男)/800 米跑(女)	20

注:体重指数(BMI)=体重(千克)/身高^2(米^2)。

三、评分表

附表 A-3 和附表 A-4 由《标准》中的单项指标评分表中的数据整合而来。

附表 A-3 　大学男子单项指标评分表

等级	单项得分	肺活量/毫升		50米跑/秒		坐位体前屈/厘米		立定跳远/厘米		1分钟引体向上/次		1000米跑	
		大一、大二	大三、大四	大一、大二	大三、大四	大一、大二	大三、大四	大一、大二	大三、大四	大一、大二	大三、大四	大一、大二	大三、大四
优秀	100	5040	5140	6.7	6.6	24.9	25.1	273	275	19	20	3'17"	3'15"
	95	4920	5020	6.8	6.7	23.1	23.3	268	270	18	19	3'22"	3'20"
	90	4800	4900	6.9	6.8	21.3	21.5	263	265	17	18	3'27"	3'25"
良好	85	4550	4650	7.0	6.9	19.5	19.9	256	258	16	17	3'34"	3'32"
	80	4300	4400	7.1	7.0	17.7	18.2	248	250	15	16	3'42"	3'40"
及格	78	4180	4280	7.3	7.2	16.3	16.8	244	246			3'47"	3'45"
	76	4060	4160	7.5	7.4	14.9	15.4	240	242	14	15	3'52"	3'50"
	74	3940	4040	7.7	7.6	13.5	14.0	236	238			3'57"	3'55"
	72	3820	3920	7.9	7.8	12.1	12.6	232	234	13	14	4'02"	4'00"
	70	3700	3800	8.1	8.0	10.7	11.2	228	230			4'07"	4'05"
	68	3580	3680	8.3	8.2	9.3	9.8	224	226	12	13	4'12"	4'10"
	66	3460	3560	8.5	8.4	7.9	8.4	220	222			4'17"	4'15"
	64	3340	3440	8.7	8.6	6.5	7.0	216	218	11	12	4'22"	4'20"
	62	3220	3320	8.9	8.8	5.1	5.6	212	214			4'27"	4'25"
	60	3100	3200	9.1	9.0	3.7	4.2	208	210	10	11	4'32"	4'30"
不及格	50	2940	3030	9.3	9.2	2.7	3.2	203	205	9	10	4'52"	4'50"
	40	2780	2860	9.5	9.4	1.7	2.2	198	200	8	9	5'12"	5'10"
	30	2620	2690	9.7	9.6	0.7	1.2	193	195	7	8	5'32"	5'30"
	20	2460	2520	9.9	9.8	−0.3	0.2	188	190	6	7	5'52"	5'50"
	10	2300	2350	10.1	10.0	−1.3	−0.8	183	185	5	6	6'12"	6'10"

附表 A-4 大学女子单项指标评分表

等级	单项得分	肺活量/毫升		50米跑/秒		坐位体前屈/厘米		立定跳远/厘米		1分钟仰卧起坐/次		800米跑	
		大一、大二	大三、大四	大一、大二	大三、大四	大一、大二	大三、大四	大一、大二	大三、大四	大一、大二	大三、大四	大一、大二	大三、大四
优秀	100	3400	3450	7.5	7.4	25.8	26.3	207	208	56	57	3'18"	3'16"
	95	3350	3400	7.6	7.5	24.0	24.4	201	202	54	55	3'24"	3'22"
	90	3300	3350	7.7	7.6	22.2	22.4	195	196	52	53	3'30"	3'28"
良好	85	3150	3200	8.0	7.9	20.6	21.0	188	189	49	50	3'37"	3'35"
	80	3000	3050	8.3	8.2	19.0	19.5	181	182	46	47	3'44"	3'42"
及格	78	2900	2950	8.5	8.4	17.7	18.2	178	179	44	45	3'49"	3'47"
	76	2800	2850	8.7	8.6	16.4	16.9	175	176	42	43	3'54"	3'52"
	74	2700	2750	8.9	8.8	15.1	15.6	172	173	40	41	3'59"	3'57"
	72	2600	2650	9.1	9.0	13.8	14.3	169	170	38	39	4'04"	4'02"
	70	2500	2550	9.3	9.2	12.5	13.0	166	167	36	37	4'09"	4'07"
	68	2400	2450	9.5	9.4	11.2	11.7	163	164	34	35	4'14"	4'12"
	66	2300	2350	9.7	9.6	9.9	10.4	160	161	32	33	4'19"	4'17"
	64	2200	2250	9.9	9.8	8.6	9.1	157	158	30	31	4'24"	4'22"
	62	2100	2150	10.1	10.0	7.3	7.8	154	155	28	29	4'29"	4'27"
	60	2000	2050	10.3	10.2	6.0	6.5	151	152	26	27	4'34"	4'32"
不及格	50	1960	2010	10.5	10.4	5.2	5.7	146	147	24	25	4'44"	4'42"
	40	1920	1970	10.7	10.6	4.4	4.9	141	142	22	23	4'54"	4'52"
	30	1880	1930	10.9	10.8	3.6	4.1	136	137	20	21	5'04"	5'02"
	20	1840	1890	11.1	11.0	2.8	3.3	131	132	18	19	5'14"	5'12"
	10	1800	1850	11.3	11.2	2.0	2.5	126	127	16	17	5'24"	5'22"

参 考 文 献

[1] 全国体育院校教材委员会.篮球运动教程[M].北京:人民体育出版社,2001.
[2] 卢昌亚,李洁,龙之友.运动生理学[M].桂林:广西师范大学出版社,2008.
[3] 凌月红.体育健康教育与运动处方[M].北京:北京体育大学出版社,2005.
[4] 傅兰英,杨晓林.大学体育与健康教程[M],北京:高等教育出版社,2009.
[5] 姚鸿恩.体育保健学[M].4版.北京:高等教育出版社,2006.
[6] 王琳,王安利.实用运动医务监督[M].北京:北京体育大学出版社,2005.
[7] 曲绵域,于长隆.实用运动医学[M].北京:北京大学医学出版社,2003.
[8] P. A. F. H. 伦斯特伦.运动损伤预防与治疗的临床实践[M].王安利,译审.北京:人民体育出版社,2006.
[9] 全国体育院校教材委员会.排球运动[M].北京:人民体育出版社,2003.
[10] 贾鹏飞.公共体育课教程[M].北京:人民体育出版社,2010.
[11] 丁俊武,王锋,王松.公共体育[M].武汉:华中科技大学出版社,2012.
[12] 袁建国,白富帅,尹斯年.大学体育与健康教育教程[M].西安:西安交通大学出版社,2014.
[13] 皮埃尔·德·顾拜旦.体育颂[J].陈国平,译.新体育,1982(08).
[14] 文超.田径运动高级教程[M].修订版.北京:人民体育出版社,2004.
[15] 贾鹏飞主编.公共体育课教程[M].北京.人民体育出版社,2010.
[16] 周贤彪.大学体育与健康教程[M].武汉:湖北科学技术出版社,2006.
[17] 向智星.形体训练[M].北京.高等教育出版社,2004.
[18] 李建平.体育与健康[M].武汉:武汉大学出版社,2007.
[19] 蔡仲林.周之华.武术[M].高等教育出版社,2000.
[20] 严双军.太极拳[M].杭州:浙江人民出版社,2007.
[21] 江百龙.武术运动丛论[M].武汉:湖北科学技术出版社,2009.
[22] 温力.武术与武术文化[M].北京:人民体育出版社,2009.
[23] 蔡德森,张春堂,邹蕾.体育与健康[M].武汉:华中科技大学出版社,2017.
[24] 张泽正.中国武术基础理论[M].北京:人民体育出版社,2008.
[25] 王夫权,刘金柱.新编大学体育与健康教程[M].北京:电子科技大学出版社,2020.
[26] 刘建国,范秦海,李建英,等.田径运动[M].3版.北京:高等教育出版社,2016.
[27] 张瑞林.体育保健与康复[M].北京:高等教育出版社,2005.
[28] 常晓峰.帆船文化与运动[M].青岛:中国海洋大学出版社,2016.
[29] 国家体育总局青少年体育司,国家体育总局水上运动管理中心.中国青少年帆船帆板训练教学大纲[M].北京:北京体育大学出版社,2016.
[30] 美国帆船协会.美国帆船协会帆船驾驶入门[M].深圳:海天出版社,2015.
[31] 世界帆船运动联合会.帆船竞赛规则与案例解析[M].青岛:青岛出版社,2017.